国家自然科学基金面上项目（72172016）
国家自然科学基金青年项目（71802026）
北京社会科学基金青年项目（18GLC077）

# 科技创新政策与企业高质量创新

# TECHNOLOGICAL AND SCIENCE POLICIES AND ENTERPRISES' HIGH-QUALITY INNOVATION

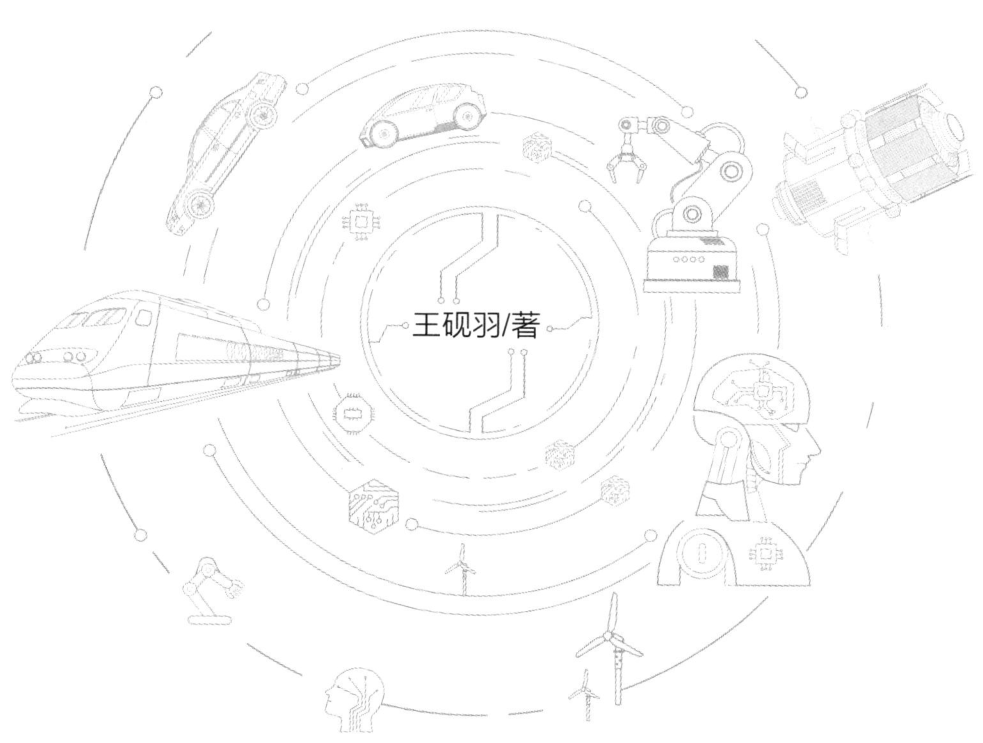

王砚羽/著

经济管理出版社
ECONOMY & MANAGEMENT PUBLISHING HOUSE

图书在版编目（CIP）数据

科技创新政策与企业高质量创新/王砚羽著．—北京：经济管理出版社，2023.9
ISBN 978-7-5096-9240-0

Ⅰ．①科…　Ⅱ．①王…　Ⅲ．①技术革新—科技政策—研究—中国 ②企业创新—研究—中国　Ⅳ．①G322.0 ②F279.23

中国国家版本馆 CIP 数据核字(2023)第 178375 号

组稿编辑：张巧梅
责任编辑：张巧梅　白　毅
责任印制：张莉琼
责任校对：张晓燕

出版发行：经济管理出版社
（北京市海淀区北蜂窝 8 号中雅大厦 A 座 11 层　100038）
网　　址：www. E-mp. com. cn
电　　话：（010）51915602
印　　刷：唐山昊达印刷有限公司
经　　销：新华书店
开　　本：720mm×1000mm/16
印　　张：17
字　　数：343 千字
版　　次：2023 年 9 月第 1 版　　2023 年 9 月第 1 次印刷
书　　号：ISBN 978-7-5096-9240-0
定　　价：88.00 元

# 前　言

“科技是第一生产力、人才是第一资源、创新是第一动力。”

——选自党的二十大报告

科技自立自强是国家强盛之基、安全之要。发达国家在科技领域的霸权主义和长臂管辖启示我们，模仿没有出路，唯有创新才能自强。

近年来，中国在基础科学前沿、战略新兴技术、民生科技等领域取得了重要进展：载人航天、探月工程、量子通信、北斗导航、载人深潜、航空母舰等领域创新成果不断涌现，映照出中国科技力量正在从量的积累迈向质的飞跃、从点的突破迈向系统能力的提升。以电动载人汽车、锂电池、太阳能电池为代表的“新三样”产品出口增势迅猛，外贸出口产品呈现“新旧之变”，其背后正是持续的技术创新变革与产业结构转型升级。然而，我们也清醒地看到，尽管我国实现了“祝融”探火、“天和”遨游、“嫦娥”揽月等科技奇迹，但是在许多关键重要领域的技术还受制于人。因此要加快建设科技强国，充分发挥“有为政府+有效市场”的双轮驱动作用，这样才能让科技成为提升综合实力的“新引擎”。

科技创新政策是政府发挥“有为政府”职能的重要手段和工具，也是引领科技发展的重要风向标。新中国成立之后，中国的科技创新政策与经济社会发展相辅相成，形成了具有阶段性特征的演进规律，在政策作用工具、作用主体、作用方式、作用时间等方面呈现不同的效果，极具探讨价值。

在创新的市场活动中，企业是创新的主体，企业高质量创新是突破“卡脖子”技术、打破关键技术国际垄断的根本路径。然而创新具有外部性和风险性，如何实现企业高质量创新、提升企业的自主创新能力，不仅是企业的头等大事，同时也是一个政府层面非常关注的问题。

本书的关注焦点便是中国科技创新政策在促进企业高质量创新中的作用。

全书分为上、下两篇，上篇为科技创新政策篇，主要聚焦科技创新政策的梳理，包括发达国家及地区创新政策概览、中国科技创新政策发展历程、中国科技创新政策体系、北京市科技创新政策文本分析和新能源汽车行业政策文本分析。

下篇为政策机制探索篇，探究了科技创新政策对企业创新质量的影响。具体来说，首先基于宏观科技数据和微观企业专利数据对中国科技创新基本面进行了描述性分析；其次采用五个实证研究，从五个维度探讨了科技创新政策不同层面对企业创新质量的作用机理。这五个实证研究分别是：①补贴时点、人才补贴与环境补贴对创新质量的影响；②政府补贴与自有经费对创新质量的影响；③税收优惠与政府补贴对创新质量的影响；④成立时的宏观政策环境对创新质量的影响；⑤补贴退坡对企业创新质量的影响。

全书内容丰富、理论全面、实证扎实，全方位地将中国科技创新政策及其作用机理进行了详细探讨，希望为相关研究人员和决策制定者带来一定的启发和借鉴。

另外，感谢国家自然科学基金项目（72172016、71802026）以及北京社会科学基金（18GLC077）对本书的支持。本书的核心内容是在这两项基金资助下长期积累的研究成果，也是笔者多年来对科技创新政策的深入思考所形成的成果。感谢经济管理出版社张巧梅编辑的悉心帮助，感谢我的研究生卢婷、有清华、梁若彤在研究过程中的贡献。当然，本书也有缺陷和不足之处，欢迎读者指正。

# 目　录

## 下篇 政策机制探索篇

# 第一章 引论

科技创新政策是政府行政职能的有效手段，尤其对关键技术突破和国家重大科技项目的实施，起到了重要的引导和激励作用。因此，科技创新政策对于国家科技发展、国家安全意义重大。

2015~2023 年，“科技创新” 在政府工作报告中连续 9 年被提到，是政府工作中名副其实的 “热门词汇”。在过去 3 年的政府工作报告中，“科技创新” 的相关表述也逐年变化。2021 年政府工作报告提出 “大力促进科技创新，产业转型升级步伐加快”；2022 年提出 “推进科技创新，促进产业优化升级，突破供给约束堵点，依靠创新提高发展质量”；2023 年提出 “增强科技创新引领作用”。

Cooke 等（2003）认为创新是大多数政府政策议程的最高优先级。在科技创新政策引导下，我国科技创新成果丰硕。构建新型举国体制，组建国家实验室，分批推进全国重点实验室重组。一些关键核心技术攻关取得新突破，载人航天、探月探火、深海深地探测、超级计算机、卫星导航、量子信息、核电技术、大飞机制造、人工智能等领域创新成果不断涌现。全社会研发经费投入强度从 2.1%提高到 2.5%以上，科技进步贡献率提高到 60%以上，创新支撑发展能力不断增强。

在众多创新活动中，企业是主体。与经济发展脉络相辅相成，中国政府在科技创新领域发布的政策在促进企业创新进而推动企业高质量发展中发挥着不可替代的作用。

## 一、科技创新政策对企业创新影响的评述

### （一）科技创新政策对企业创新影响的学理基础

政府支持微观主体创新的理论依据最早可以追溯到 Arrow（1962）的观点。

由于创新活动具有极高的非专有性、难以分隔性以及不确定性，企业往往难以完全享有研发活动所带来的效益，存在知识和技术的外溢风险，因此 R&D 活动的外部性决定了企业在完全竞争市场中可能对研发活动投资不足，难以将社会福利最大化（Hall & Lerner，2009）。而政府的公共支持能够有效化解市场失效的难题（Dosi et al.，2006），促进企业资源向研发活动配置以实现社会最优。基于这一观点，各国政府纷纷探索支持企业创新活动的实践（Guo et al.，2016），理论界对政府支持企业研发活动也展开了丰富的研究。

### （二）政府科技创新政策对企业影响的矛盾观点

然而在众多的研究中，政府创新政策对企业创新的影响的研究结论却是不一致的。

大多数研究结论认为政府创新政策会促进企业创新产出。Guan 和 Yam（2015）提出政府创新政策可以达到多种目标：一是提高国家创新能力；二是提高企业生产力；三是增强企业的竞争力；四是营造良好的创新氛围。Guo 等（2016）认为，获得补贴的企业成长更快，更加容易获得其他的外部资金，以便投资更多的研发活动，并获得更高的社会回报。Bronzini 和 Piselli（2016）提出政府通过补贴或其他财政手段支持企业研发活动能够有效降低企业创新活动的成本，促进企业将更多的资金用于研发投入。Branstetter 和 Sakakibara（1998）通过日本的例子证明了政府的科技财政补贴提高了企业的生产率和利润率。中国学者朱明皓等（2017）针对中国企业产业技术创新政策进行了效果评价，研究发现，国家政策支持了企业产业创新发展，总体取得良好效果。

然而，也有证据发现获得政策支持的企业创新产出反而减少。持这一观点的学者认为，公共的 R&D 支持并不能鼓励企业的创新绩效，或者对企业的创新产出只有非常有限的作用（Clausen，2009）。一些研究甚至发现政府的创新政策对企业的 R&D 投入具有一定的挤出效应，进而减少了社会福利（Acemoglu et al.，2018）。一方面，负面影响与制度设计有很大的关系，不完善的制度能让创新主体把更多时间和资源转向寻租行为而不是生产创新活动（Anokhin & Schulze，2009）。例如，黎文靖和郑曼妮（2016）从宏观产业政策角度研究发现，当公司预期将获得更多的政府补贴和税收优惠时，其专利申请，特别是非发明专利申请数量显著增加，使企业为“寻扶持”而创新，创新质量本质上并没有显著的提高。另一方面，负向影响也与政府和企业之间的信息不对称有关。政府不可能拥有关于企业技术演进的全部信息，而专业性知识和实践的局限也使政府难以预见未来技术的前景（Powell，2005），因此政府的补贴和支持优惠往往是基于事前接收企业释放的创新信号来选择扶持对象的。为了迎合政策的规定，企业有动力进行“寻补贴”的逆向选择，其目的不是谋求技术进步和产品升级，而是释放创新信号以获得政策红利。

### （三）矛盾的结论背后的原因机制

政府创新政策对企业创新效果截然相反的作用方向，吸引了国内外研究人员的兴趣。从已有研究来看，大致归纳为以下原因：

第一，不同国家政府的政策导向不同，导致政策对企业的作用机制产生差异。发达国家政府的创新政策具有功能性政策导向（江飞涛和李晓萍，2010）。这种“市场友好”的创新政策使更多的企业被准许进入市场，在激烈的市场竞争中，企业为了赢得更多的市场份额，进而产生创新动力，谋求技术进步和产品升级（Zucker & Darby，2007）。同时，以“前期支持”（如科技投入、基础设施建设、人才培育）激发企业创新，帮助企业克服各种不确定性的影响，使企业有足够的信心、动力和条件进行“高质量”的创新。而众多的创新追赶国家，如日本、韩国，其创新政策具有选择性导向。政府为了实现利用创新驱动推动经济转型的目标，会扶持和管制特定行业（如高科技企业、高精尖企业），推动企业迅速形成创新成果（黎文靖和郑曼妮，2016）。这类国家主要采用“后期补助”（如税收优惠、财政补贴）的方式推动企业创新赶超，这种方式往往使企业片面追求创新数量以获得更多的政府补助（Hall & Harhoff，2012）。

第二，不同政策类别与企业特征的交互效果不同，其作用于创新活动的机制也不一样。创新政策支持工具有多种类别，总的来说，包括科技政策、产业政策、财政政策、税收政策、金融支持政策（Liu et al.，2011）。不同创新政策的侧重点不同，作用于不同特征下的企业其创新效果也会存在差别。同时创新政策也受到宏观经济发展的影响，具有阶段性特征。例如，中国的科技创新政策大致可以划分为七个阶段（本书划分），分别为 1949～1977 年、1978～1984 年、1985～1994 年、1995～2005 年、2006～2012 年、2013～2020 年、2021 年至今。不同政策类别和不同阶段的政策独具特色，与不同的企业特征相互影响将产生不同的创新效果，然而这类宏观与微观相结合的研究在已有研究中并没有详细展开。

## 二、本书的切入点

综上所述，政府的创新政策对企业创新的促进作用尽管在理论上是存在的，但是实践中却出现了不一致的研究结论。这一矛盾的结论启发我们从两个方面进行探讨：

第一，在已有研究创新政策效果的文献中，大多数关注创新的直接产出或经济效果（Bronzini & Piselli，2016），而对于企业的创新能力和创新质量关注不足。我国企业的技术创新正在从数量扩张型向质量提升型转变。党的二十大报告指出，着力推动高质量发展，主动构建新发展格局。中国虽然是创新大国，但还不是创新强国，“卡脖子”技术等关键核心技术领域的创新突破还是举国上下的难题。因此创新政策的作用点不仅要关注数量，更要关注创新质量和企业高质量创新能力的提升，以期实现创新升级。

第二，中国创新政策的系统性和内容性研究还不是很深入。中国情境是研究技术创新政策对企业创新效果影响的一个非常好的机会，一方面中国的科技创新政策随着经济发展有多次变化，形成了特色鲜明的发展历程。各阶段以重要的全国科技工作会议为核心，聚集性地出台思想统一、特色鲜明的系列科技创新政策，塑造了每个阶段独特的企业创新特点，也形成了研究政策效果的天然实验室。另一方面基于建设“有为政府”的出发点，中国的中央政府和地方政府出台了大量的科技创新政策文件，形成了中国科技创新独特的政策体系。政府的主导作用远大于西方国家，创新政策的不同维度（如类型、手段、方式、时间等）对企业的影响不容忽视。另外，随着文本挖掘和深度学习等人工智能技术的发展，有关科技创新政策的研究手段也在不断更新，为我们梳理科技创新政策特征提供了更加便捷的技术手段。

基于上述分析，我们认为，当前研究中国科技创新政策促进企业高质量创新可从以下两个方面入手：一是对科技创新政策进行深入细致梳理；二是从科技创新政策的不同维度出发对企业高质量创新提升机制进行分析。这也是本书的核心研究内容。

## 三、本书研究框架

基于上述分析，本书的研究框架如图 1-1 所示。

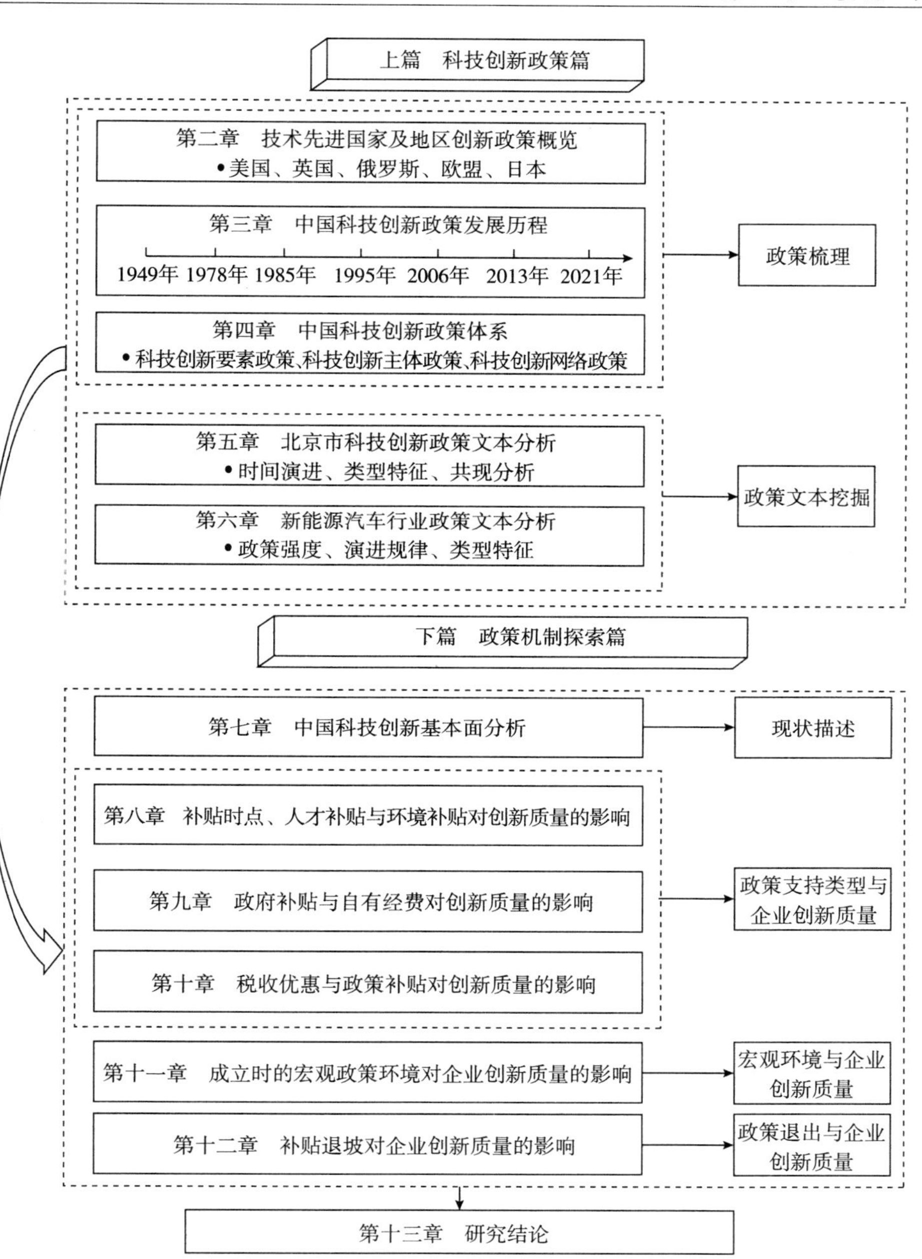
上篇 科技创新政策篇
第二章 技术先进国家及地区创新政策概览
•美国、英国、俄罗斯、欧盟、日本
第三章 中国科技创新政策发展历程
1949年 1978年 1985年 1995年 2006年 2013年 2021年
第四章 中国科技创新政策体系
•科技创新要素政策、科技创新主体政策、科技创新网络政策
政策梳理
第五章 北京市科技创新政策文本分析
•时间演进、类型特征、共现分析
第六章 新能源汽车行业政策文本分析
•政策强度、演进规律、类型特征
政策文本挖掘
下篇 政策机制探索篇
第七章 中国科技创新基本面分析
现状描述
第八章 补贴时点、人才补贴与环境补贴对创新质量的影响
第九章 政府补贴与自有经费对创新质量的影响
第十章 税收优惠与政策补贴对创新质量的影响
政策支持类型与企业创新质量
第十一章 成立时的宏观政策环境对企业创新质量的影响
宏观环境与企业创新质量
第十二章 补贴退坡对企业创新质量的影响
政策退出与企业创新质量
第十三章 研究结论

**图 1-1 本书的研究框架**

# 四、上篇主要内容

这一部分主要关注世界及中国科技创新政策的演进并进行内容梳理，具体包括以下内容：

第二章：技术先进国家及地区创新政策概览。本章概述了美国、英国、俄罗斯、欧盟和日本等技术先进国家及地区的国家级创新战略及其科技创新政策着力点。包括美国的《美国创新新战略》、英国的《我们的增长计划：科学和创新》、俄罗斯的《俄罗斯 2013—2020 年国际科技发展纲要》、欧盟的《地平线 2020 计划》、日本的《科学技术创新综合战略 2014——为了创造未来的创新之桥》。通过本章的分析，有助于了解国际科技战略走向和国际主要竞争者的科技关注点。

第三章：中国科技创新政策发展历程。本章首先梳理了主流的三种中国科技创新政策体系演进的研究结论，认为已有学者的不同结论在本质上没有区别，对于关键事件和重要政策的把握是一致的。接下来基于中华人民共和国成立以来的关键科技工作会议，结合已有学者提供的划分结论，对各个时期的关键政策进行了梳理，将中国科技创新政策发展历程分为七个阶段，分别是：第一阶段，向科学进军（1949~1977 年）；第二阶段，科学技术是第一生产力（1978~1984 年）；第三阶段，全面科技体制改革阶段（1985~1994 年）；第四阶段，科教兴国战略（1995~2005 年）；第五阶段，提高自主创新能力（2006~2012 年）；第六阶段，创新驱动发展战略（2013~2020 年）；第七阶段，科技政策聚焦自立自强（2021 年至今）。我们梳理了每个阶段的重要政策文件和各个阶段的政策侧重点，以期为政策的时间阶段特征研究提供基础。

第四章：中国科技创新政策体系。本章分为四个部分：①中国科技创新政策体系概述，论述了理论基础、体系特征，并进行内容描述；②科技创新要素政策；③科技创新主体政策；④科技创新网络政策。通过梳理，让读者熟悉中国的科技创新政策体系的构成以及不同要素下的重要科技创新政策内容。

第五章和第六章，分别为基于区域和基于行业的科技创新政策文本挖掘。我们选取了北京市和新能源汽车行业作为文本挖掘的对象，主要考虑到两者在区域和行业中的典型性和代表性。

第五章：北京市科技创新政策文本分析。采用文本挖掘技术，以北京市 1982~2021 年各政府部门出台的 545 份科技创新政策文本为研究样本，重点分析

了三个问题：一是北京市科技创新政策的时间演进特征；二是北京市科技创新政策的类型特征；三是以北京市上市公司为研究对象，分析了北京市上市公司政府补贴的相关情况。

第六章：新能源汽车行业政策文本分析。采用北大法宝法律法规检索系统以及政府官方网站，获得了2007~2020年颁布的与新能源汽车直接相关的国家层面的法律法规文件共50篇。基于文本挖掘技术，重点分析了三个问题：一是新能源汽车产业政策强度；二是新能源汽车政策特征的演进规律；三是三大类型政策工具使用强度。

## 五、下篇主要内容

这一部分包括一个全面描述和六个实证研究成果，主要从政府补贴类型、时点、方式、退出及宏观环境角度对科技创新政策在企业创新质量中的作用机制进行研究。

第七章：中国科技创新基本面分析。本章基于《中国统计年鉴》、《中国科技统计年鉴》、《中国火炬统计年鉴》、WinGo（文构）文本数据库、中国科技指标数据库等，对全国基本面创新投入和创新产出情况、企业创新产出和创新质量现状、区域创新能力现状、高新技术产业现状、国家科技计划进行了描述性的统计，并分析了世界五大知识产权局主要创新统计指标。

第八章：补贴时点、人才补贴与环境补贴对创新质量的影响。研究了事后补贴、环境补贴与人才补贴对企业创新产出的影响。通过人工分类的方式，将包含环境、节能、淘汰、环保、资源、绿色、废旧、老旧、污染、植保、回收、清洁这些关键词的补贴条目归类为环境补贴，包含人力、人才、人员、培养、培训、英才、博士、专家、员工、实习生、团队、精英、稳岗补贴等关键词的补贴条目归类为人才补贴，包含成果、转化、奖励、表彰、退税、贴息、返还等关键词的补贴条目归类为事后补贴。选取上市企业作为研究样本，基于国泰安数据库的政府补贴数据与企业金融数据以及CNRDS数据库获取的企业专利数据构建出横跨2010~2021年的一个研究样本。验证了以下结论：事后补贴、人才补贴作为一种资源支撑与利好信号，激励了企业投入更多的资源在研发创新活动中，显著促进了企业的创新产出。此外，人才补贴和环境补贴更能促进企业的实质性创新而不是策略性创新。

第九章：政府补贴与自有经费对创新质量的影响。创新经费的不同来源是否对企业创新质量有异质性的作用？本章认为，企业的自有创新经费和政府研发补贴都存在促进策略性创新的动机，但本质上企业为了谋求竞争优势，两种来源的经费对实质性创新绩效的影响将大于策略性创新。另外，政府经费还可能挤出自有创新经费对实质性创新的作用。以中国上市公司 2010～2017 年面板数据为样本对假设进行了检验，结果表明：第一，企业自有创新经费和政府研发补贴无论是对策略性创新还是对实质性创新都具有显著促进作用。从回归系数的 Suest 检验来看，相比于策略性创新，自有创新经费和政府的研发补贴更大程度上促进了实质性创新。第二，政府研发补贴对企业自有创新经费的使用效果产生一定的挤出作用。第三，在竞争程度激烈的行业，政府研发补贴刺激自有创新经费做策略性创新的现象相对更少。

第十章：税收优惠与政策补贴对创新质量的影响。本章探讨环境型创新政策和供给型创新政策对于企业创新质量的影响。环境型创新政策关注税收优惠，供给型创新政策聚焦于政府的直接 R&D 补贴。本书认为，作为一种事前激励，直接 R&D 补贴充实了企业的现金流，受政府部门的主导程度较高，更有可能诱使相对价格扭曲，削弱价格信号的调控功能，阻碍企业的创新产出；而税收优惠是一种相对稳定的规范，能给企业稳定的预期，企业更加倾向于提前预算创新投入，进而能够促进企业高质量创新产出。本书以 505 家创新型试点企业 2011～2013 年专利申请数据为样本，利用随机效应面板泊松模型对假设进行了验证，结果表明：税收优惠对于整体创新效果和高质量创新具有促进作用，而政府直接 R&D 补贴对于创新具有挤出作用。同时该项目验证了政府政策和企业技术能力的交互作用，研究结果发现，在技术能力较高的企业中，政府创新政策对于高质量创新的影响更弱。

第十一章：成立时的宏观政策环境对企业创新质量的影响。本章从历史的视角探讨企业成立时的宏观政策环境对企业创新质量的影响。组织的历史客观存在，组织的生存与发展中携带着历史的痕迹（Penrose，1959）。组织成立之初以及成长过程中某些重要、特殊时期的条件或事件会在组织中形成印记（Johnson，2007），这些印记不仅会对组织当前的结构、战略的形成有显著影响，印记的持续以及固化使其在组织未来的结构、能力、发展战略选择中也会产生作用（Marquis & Tilcsik，2013；Dobrev & Gotsopoulos，2010）。由此可以推出，企业成立时的环境条件是组织印记产生的重要因素（王砚羽和谢伟，2016），当时的经济技术条件会通过印记作用于企业未来的组织行为（Johnson，2007）。因此，本章从历史的角度出发，以成立于 1995～2010 年、在中小板与创业板上市的新创公司为样本，研究企业成立时外部经济政策环境的繁荣或衰退对未来创新战略选择的影响。同时本章在主模型的基础上从创新资源和 CEO 技术背景两个维度扩展了

理论的边界。这一章的研究结论为：第一，成立于经济衰退时期的企业，因为成立时的资源匮乏形成的保守印记，在未来仍然更倾向于选择利用式创新战略。第二，创新资源投入强度高的企业，贫资源印记与企业未来选择利用式创新战略的关系会减弱。第三，CEO 有技术背景的企业，贫资源印记与企业未来选择利用式创新战略的关系会减弱。

第十二章：补贴退坡对企业创新质量的影响。评估政府研发补贴的真正效果还需要关注补贴退出后行业是否能够真正具有创新能力和创新持久力，就好像婴儿“断奶后的成长”。中国新能源汽车行业为我们提供了这样的研究机会。中国的新能源汽车行业作为国家战略性新兴产业，经历了政策扶持和补贴退坡的全过程，为我们研究政策的作用效果提供了难得的机会。本章研究以 2016 年为政策断点，分析退坡政策颁布前后企业研发行为以及创新质量选择的变化。结果表明：政府补贴退坡后，企业的研发投入显著增加，策略性创新数量显著降低。其中，非国有企业在面临补贴退坡时对研发投入的力度比国有企业更强，减少策略性创新行为的力度也更大；财务资源丰富的企业在政府退补后加强了研发投入，财务资源相对匮乏的企业则在减少策略性创新方面行动力更强。

第十三章：研究结论。本章综合了全书各章节的研究内容，总结研究结论，并提炼出对中国科技创新政策的建议。

# 上篇　科技创新政策篇

# 第二章　技术先进国家及地区创新政策概览

放眼全球，科技创新是世界各国关注的重点问题，也是国际力量角逐的关键因素。我们对国外发布的国家级科技创新政策进行概览，旨在了解技术发达国家科技创新的总体趋势，以便借鉴国外科技创新实践中的优秀经验。各国政府发布的国家级科技创新政策如表 2-1 所示。

**表 2-1　各国政府发布的国家级科技创新政策**

| 国别 | 年份 | 政策名称 | 内容 |
| --- | --- | --- | --- |
| 美国 | 2015 | 《美国创新新战略》 | 论述了未来美国在科技创新方面的新战略 |
| 英国 | 2014 | 《我们的增长计划：科学和创新》 | 优先重点、人才培养、科研设施、一流研究、刺激创新和国际化 6 项战略要素 |
| 俄罗斯 | 2012 | 《俄罗斯 2013—2020 年国家科技发展纲要》 | 俄罗斯将完成 5 项任务：发展基础科学研究；在科技发展优先方向建立前沿性的科技储备；统筹科技研发部门的发展，完善其结构、管理体系及经费制度，促进科学和教育的结合；完善科技研发部门现代化的技术装备等基础设施；保障俄罗斯研发部门与国际科技平台接轨 |
| 欧盟 | 2014 | 《地平线 2020 计划》 | 欧盟所有的研发与创新计划聚焦于 3 个共同的战略优先领域，分别为基础科学领域、工业技术领域、社会挑战领域 |
| 日本 | 2014 | 《科学技术创新综合战略 2014——为了创造未来的创新之桥》 | 提出将日本打造成为“全球领先的创新中心”的宏伟战略 |

# 一、美国

## （一）《美国创新新战略》简介

2015 年 12 月，美国国家经济委员会、国家科学与技术政策办公室联合发布 2015 版《美国创新新战略》，详细论述了未来美国在科技创新方面的新战略，提出 6 个关键要素，力挺 9 大战略领域。《美国创新新战略》认为联邦政府在投资美国创新基本要素、激发私营部门创新、赋予全国创新者权利方面具有重要作用。该战略具体描述了政府应该如何创造高质量就业岗位和持续的经济增长、推动国家优先领域突破及建设创新型政府服务大众等内容。

其中，6 个要素分别是：

（1）投资创新基础要素。在基础研究方面进行世界领先的投资，推进科学、技术、工程、数学的教育高质量发展；开辟移民路径以帮助推动创新型经济发展；建设一流的 21 世纪基础设施；建设下一代数字基础设施。

（2）激发私营部门创新。加强研究与实验税收抵免；支持创新的企业家；确保适当的创新框架条件；将公开的联邦数据授权给创新人员；促进联邦资助的研究商业化；支持区域性创新生态系统的发展；帮助创新的美国企业在国外竞争。

（3）打造一个创新者的国家。通过激励奖励利用美国人民的创造力；通过制作、众包及公民科学挖掘创新人才。

（4）创造高质量就业岗位和持续的经济增长。加强美国先进制造的领先地位；投资未来产业；建设包容性创新经济。

（5）推动国家优先领域突破。在国家优先领域创新影响的最大化意味着确定重点投资领域能够取得变革性结果，以应对国家和世界面临的挑战。其中，政府着重发展的研究领域包括以下 9 项：先进制造业、精密医疗、大脑计划、先进汽车、智慧城市、清洁能源和节能技术、教育技术、太空探索、计算机新领域。

（6）建设创新型政府服务大众。采取创新的工具包解决公共部门问题；在联邦机构的创新实验室推动创新文化革新；通过更高效的数字服务传递，为美国民众提供更好的服务；提升政府解决社会问题的能力，推动社会创新。

### （二）美国科技创新政策特征

1. 嗅觉灵敏，眼光长远

美国在技术发展过程中，非常重视科技创新政策的前瞻性和响应性。早在2016年，美国就公布了一份长达35页的《2016—2045年新兴科技趋势报告》，该报告通过对超过600项科技趋势的综合对比分析，确定了20项最值得关注的科技发展趋势。这20项科技发展趋势包含物联网、量子计算、网络安全、太空科技、能源、机器人与自动化系统、混合现实、社交网络、合成生物科技、新型武器、智能手机与云端计算、数据分析、先进数码设备、增材制造、食物与淡水科技、智能城市、人类增强、先进材料、医学和对抗全球气候变化。该报告的发布目的，一是帮助美国相关部门对未来30年可能影响国家力量的核心科技有一个总体上的把握；二是为国家及社会资本指明科技投资方向，以确保美国在未来世界中的战略优势。

除了极强的前瞻性，美国的创新政策还具有高度的响应性。美国政府不断调整和审查科技创新政策，先后发布了《21世纪美国国家安全科技与创新战略》《开放政府数据法案》《核能创新与现代化法案》《5G安全和超越法案2020》等，及时破除科技发展的阻力。例如，《21世纪美国国家安全科技与创新战略》的核心思想在于美国科技工作者要持续推动创新、技术进步，时刻确保美国国家军事和国土防御水平世界领先，并对新挑战作出迅速反应；《开放政府数据法案》强调政府信息要以机器可读的格式向公众开放。

2. 技术封锁，加大保护

在“美国优先”的理念下，美国政府实施大量技术保护政策，保护美国科技创新企业的发展。例如，2017年8月18日，美国正式启动对中国的“301调查”，以此达到保护美国技术、防止美国高新技术或知识产权流向中国的目的。近年来，越来越多的中国企业被纳入“实体清单”，遭到学术、产品、销售等领域的全面隔绝。2020年后，美国不断升级出口管制，加大对我国航空航天、人工智能、机器人、网络科技等领域的技术封锁。

除了技术封锁，美国还通过人才政策对我国进行科技打压。2020年5月29日，美国不顾国际反对，公开宣布限制中国理工科类学生留学申请。

3. 军民两用，共同推进

在美国，互联网、纳米技术、声呐侦察系统等军用技术，在军用领域得到领先发展的同时，也成功转化为民用技术。除了军转民，美国在民转军方面强调“利用民用经济中发生的高新技术爆炸来实现国防科技的跨越式发展”，民企进入军工领域的门槛不断降低。2014年，美国提出“以创新驱动核心、以发展改变未来战局的颠覆性技术群为重点”战略，加速民用颠覆性技术向军事应用转化。美国国会和国防部出台《采办变革：变革的命令》，推动民用技术的军事应用。在军民两用方面，美国政府也积极推动开发军民两用技术，并提供资金支持，不断打通军民互转的双向通道。

4. 资金雄厚，优惠丰富

美国政府非常重视对研发资金的投入，美国 1978 年研发项目总预算为 39.3 亿美元，2020 年增长到 202.9 亿美元。值得关注的是，美国军方研究经费的投入强度不断增加，2020 年，美国国防部高级研究计划局预算申请额为 35.56 亿美元，比 2019 年增长了 3.8%，比 2018 年增长了 15.2%。除了直接提供资金支持，美国还积极引导资金进入科技创新领域，政府通过完善税收抵免、“一日创业计划”、成果转移转化激励等配套措施进一步引导资金流向科技创新领域。

5. 聚焦尖端，重点攻关

美国为了保证自己技术领先的地位，对于关键技术和新兴领域的关注不断增加。例如，为了确保在量子科学领域的领导地位，2018 年，美国提出了《国家量子信息科学战略概览》，提出在小学阶段就开始对学生进行量子科学教育。2018 年 12 月，美国通过了《国家量子计划法案》，授权国内三家机构在 2019~2023 年进行相关项目研究，并提供 12.75 亿美元的资金投入。

人工智能技术也是美国关注的尖端技术领域之一。美国为了探索和创造新一代人工智能，制定了《2018 年国防部人工智能战略》；为了促进社会大众对人工智能的信任，减少发展阻力，2019 年发布了《维护美国人工智能领导力的行政命令》。

6. 教育投入，人才培养

美国政府近年来不断加大在 STEM（科学、技术、工程、数学）教育上的投入力度。奥巴马在任期间，美国政府就发起了“竞争卓越”“为创新而教”和“尊重项目”计划，在 2012 年又提出了新科技教育十年计划。2017 年，把建立高质量的 STEM 教育作为教育部优先关注项目之一，承诺每年至少向 STEM 教育投入 2 亿美元。

## 二、英国

### （一）英国《我们的增长计划：科学和创新》简介

英国政府于 2014 年 12 月 17 日发布《我们的增长计划：科学和创新》战略

文件，以卓越、敏捷、合作、融入和开放为原则，指出优先重点、人才培养、科研基础设施、一流研究、刺激创新和国际化这6项战略要素，把科学和创新置于英国长期经济发展计划的核心位置，使英国成为全球最适合科技和商业发展的国家之一。

第一，确定优先重点项目。通过政产学通力合作，根据英国科学界和产业界的实力，英国政府与研究创新界确定了英国研究水平世界一流、产业应用广泛、商业潜力大的8项技术，包括大数据和高能效计算、合成生物学、再生医学、农业科技、能源及储能、先进材料及纳米技术、机器人及自治系统、卫星及航天技术应用。英国政府计划向这8大新兴技术投资6亿英镑。

第二，培养人才。关于教育问题，英国政府在中小学、职业教育、高等教育和职业发展等方面均投入了很大的关注，以支持、培养和输送最出色的人才。在中小学教育方面主要投资于提高教师数量与质量；在数字技能、风能、先进制造业等关键领域提供更多的职业教育机会；为有志向读取硕士的符合资格的学生提供助学贷款；帮助职业中断的人群重返职场。

第三，投资科研基础设施。英国政府将在2016~2021年投入59亿英镑用于科研资产支出。向极地科考船新建、平方公里阵列射电望远镜等项目投资10亿英镑；投资2.35亿英镑建设先进材料研究院；1.13亿英镑被投向哈璀超算中心大数据研究；9500万英镑被用于欧洲航天局计划；6000万英镑被用于扩建国家核用户设施；2000万英镑被用于建设老龄化创新中心。为敏捷地应对重大科学挑战，英国还将投入9亿英镑设立科研资产投资机动基金，用于解开当代的巨大奥秘、把握当代的巨大机遇。除此以外，还有30亿英镑用于支持单个科研项目和单个机构的一流实验室，并提供资助。

第四，支持卓越研究。科学与创新战略必须为科研支持方式、资金分配和资助机制确定核心原则。继续确保研究的独立性和卓越性，同时突出社会、纳税人和政府的关注重点；打破学科界限，使企业、公共部门和社会之间建立伙伴关系，加强产业界与研究界的联系；加强公众参与，鼓励高校开放数据；确保政策制定的科学性；提高英国科研的有效影响。

第五，投资知识交流并刺激创新。要建设良好的环境和基础设施；支持创新型企业建设，减少企业创新障碍；联合各方企业扶持力量，促进金融市场更好地支持企业创新；激发地方创新活力，促进地方经济增长。

第六，参与全球科研与创新，实现国际合作的全部效益。出资建设全球性大型科研基础设施；促进英国在全球合作网络中成为关键伙伴；吸引外来投资，支持国际贸易；利用科学及创新实力，帮助伙伴国促进经济发展、提高社会福祉；对海洋、北极、大气层、网络空间等不由单个国家统治的研究领域进行研究并推进。

### （二）英国科技创新政策特征

1. 多措并举，加大投入

金融危机后，英国政府虽然面临公共支出受到严格限制的局面，但仍坚持保证 46 亿英镑的资源性科学经费投入。特蕾莎·梅政府增设了产业战略挑战基金和国家生产力投资基金，使英国公共研发投入从 2016 年的 95 亿英镑增加至 2021 年的 125 亿英镑。

2023 年 3 月，英国政府公布新的《科学技术框架》，确定了包括人工智能、工程生物学、未来通信、半导体和量子技术在内的 5 项关键技术组合，以及包括为创新科技初创企业提供融资等在内的 10 项关键行动。英国政府在公报中提到，将利用超过 3.7 亿英镑的新政府基金推动基础设施、投资和技能发展。

2. 改革体系，提高效率

英国政府注重科研创新资助的管理水平和效率的提高。2016 年，英国发布《高等教育和研究法案》，建立新的英国研究与创新署。英国研究与创新署董事会成员由商业、能源与产业战略部的国务大臣任命，任期一般为 3~5 年，有可能会延长任期。当前，英国研究与创新署全面接管商业、能源与产业战略部和英格兰高等教育基金委员会负责的项目，主要包括五大类计划：英国研究与创新署未来领袖奖学金（FLF）计划、地方强化基金（SIPF）、人工智能博士培训基金（AICDT）、全球挑战研究基金（GCRF）、产业战略挑战基金（ISCF）。英国研究与创新署董事会在提升英国科技创新能力、为国会提供科技与创新相关的战略咨询建议等方面发挥着关键作用。

3. 立足总体，指导未来

2017 年英国政府发布了《产业战略：建设适应未来的英国》白皮书，以抓住技术变革的机遇，用科技促进经济发展。在白皮书中，英国政府列出了影响未来的四大挑战，即人工智能、清洁增长、未来交通运输和老龄化社会。白皮书还提出英国未来实现经济转型发展的五大基础，即创新思想——世界上最具创新性的经济；人力资源——为所有人提供最好的工作和激发最大的赚钱能力；基础建设——对英国基础设施进行一次重大升级；商业环境——让英国成为创业和经商的最佳场所；地方经济——在英国各地创建繁荣的社区。具体的政策措施则包括：自 2018 年 1 月 1 日起，将企业研发支出税收抵扣率由 11%提升至 12%；在首轮 10 亿英镑创新投入的基础上，未来 4 年继续向产业战略挑战基金新增 7.25 亿英镑的创新投入；将国家生产力投资基金规模从 230 亿英镑增加至 310 亿英

镑等。

4. 低碳增长，绿色发展

2017 年，英国商业、能源和产业战略部发布《清洁增长战略》。《清洁增长战略》给出了面向 2030 年的低碳发展路线图，从 8 个方面提出 50 项举措，包括提高行业能效、交通能效、住房能效以及发展电动汽车等多项内容，确定了在技术突破和大规模部署方面需要实现最大进展的领域，并采取加速清洁增长、提高企业和行业效率、提高家庭能源利用效率、加速转向低碳运输、提供清洁智能灵活的电力、提高自然资源的效益和价值等关键行动。《清洁增长战略》承诺 2015~2021 年，英国政府预计投资超过 25 亿英镑用于低碳能源、运输、农业和废弃物方面的研究、开发与示范。

5. 国际合作，全球研发

基于务实主义和重商主义的传统理念，英国从两方面入手开展国际科技合作：一方面，保持与美国、加拿大、澳大利亚等传统伙伴国的合作，通过提供大量海外合作经费，吸引海外研发人员和优秀科学家的方式建立英国的优势领域。为了在脱欧后仍旧保持英国与欧盟伙伴国的科技合作，英国出台《科技创新合作面向未来伙伴》的报告，承诺继续执行欧盟现有的资助计划，信守已有的承诺和义务。另一方面，英国加强与新兴市场国家的合作，通过设立牛顿基金、全球挑战研究基金和繁荣基金等，抓住与新兴发展中国家合作的机会，共同应对地区和全球问题。

## 三、俄罗斯

### （一）《俄罗斯 2013—2020 年国家科技发展纲要》简介

2012 年 12 月，俄罗斯出台《俄罗斯 2013—2020 年国家科技发展纲要》，指出在 2013~2020 年，俄罗斯将完成 5 项任务：发展基础科学研究；在科技发展优先方向建立前沿性的科技储备；统筹科技研发部门的发展，完善其结构、管理体系及经费制度，促进科学和教育的结合；完善科技研发部门现代化的技术装备等基础设施；保障俄罗斯研发部门与国际科技平台接轨。

俄罗斯优先发展的基本任务主要是：发展高科技产业（核能、航空航天等），为发展俄罗斯技术密集型经济打好技术基础；为医疗、农业、交通、能源、建造等行业对科技创新的需求提供支撑；解决国家安全问题。其具体投入的领域包括以下 8 类：

（1）信息系统相关领域，包括计算机结构及系统、电信技术、信息处理技术、电子设备和机器人、信息安全、算法和软件开发等。

（2）生物学相关领域，包括基因组分析、合成生物学、生物工程、免疫生物学、生物细胞技术以及工业、农业、环境、食品、森林生物技术等。

（3）医疗与卫生，包括个性化医疗的分子诊断、人蛋白质组分析、生物医学细胞技术等。

（4）新材料和纳米技术，包括结构材料、功能材料、混合材料和融合技术、材料和工艺的计算机模拟技术、材料诊断等。

（5）运输和空间系统，包括提高运输系统的安全性和环保性能等。

（6）自然资源的合理利用，包括保护环境和生态安全的技术、环境监测、评估和预测自然灾害以及矿产资源的勘探、开采和集成技术的研究等。

（7）能源效率和节能，包括新能源技术、未来智能能源系统、能源的有效利用、未来能源的新材料和催化剂等。

（8）社会经济和人文的跨学科研究，包括模拟和预测世界及国内社会经济和政治领域的科技发展趋势、经济活动新机制、人类潜能的发展、社会稳定和团结、地区和城市化可持续发展等。

俄罗斯推动优先领域发展的具体措施主要有以下几方面：

（1）与国际接轨建立独立的评估机构，拓宽政府科技部门的融资渠道，鼓励民间力量推动科技进步。

（2）奠定基础科学研究的物质技术基础。

（3）支持一流科研机构的中期综合发展计划。

（4）对具备国际一流水平的研究人员和研究团队给予特殊支持，推进俄罗斯研发部门人才政策的现代化，吸引青年专业人才从事科学和创新工作。

（5）完善国家科研中心体制，提高俄罗斯研发工作的效率和竞争力，包括更新实验和研究工作的硬件设备。

（6）促进企业科研活动。

（7）改革科技领域工资制度。

（8）加大对基础研究的资金扶持力度。

（9）提高科研机构创新项目的管理水平，保证有效进行成果转化。

（10）加快俄罗斯研发成果的推广使用，优化民用和军用科研成果的转化机制。

### （二）俄罗斯科技创新政策特征

1. 国家管理，助力复苏

苏联解体后，俄罗斯的科技界一直处于动荡的状态中，直到普京上台，俄罗斯的科技发展才逐步走上正轨。2016 年，普京批准了当代俄罗斯第一份以“总统令”形式规划国家科技发展的《俄罗斯联邦科技发展战略》（以下简称《战略》）。《战略》提出，俄罗斯科技总体发展目标是“通过整合国家智力资源，有机统一科技创新能力，使科技与国家经济社会体系充分融合，以保证国家独立和国际竞争力”。《战略》分两个阶段进行：第一阶段为 2017~2019 年，主要任务有：从组织、财政和法律等方面提供机制保障，调整科技创新和国家经济社会政策，做好应对重大挑战的准备；启动一系列适应国家中长期发展需要的基础及交叉学科研究项目；完善国家科技人才培养和引进体系；创造条件，吸引国内外投资进入科技创新领域。第二阶段为 2020~2025 年，主要任务是：制定一批俄联邦科技发展的优先规划，为国家经济发展提供全新技术解决方案；在组织和法律上为落实科技规划提供保障，推动科技成果商业化，加速新产品研发，做好应对重大挑战的准备；通过实施“国家技术计划”，支持企业走向国际市场，扩大科技产品出口。

以此纲领为指导，2016~2018 年，俄罗斯政府在科技发展战略上做了一系列具体部署，例如，发布《俄联邦科技发展战略实施计划》，旨在从五大领域重点部署落实 2017~2019 年科技发展规划；发布《数字经济计划》，旨在推广利用现代数字技术，保证国家信息安全。

2. 注重基础研发，产学研一体化

历史上，在基础研究领域，俄罗斯为世界科技发展作出过重要贡献。尽管后来优势渐微，但俄罗斯仍是世界上除美国以外在所有科学领域都开展基础研究的国家。2017 年，俄罗斯正式启动了“总统研发专项计划”，用来支持科学家打造世界级的基础研究和探索性研究。2019~2030 年，俄罗斯政府计划累计投入 10 万亿卢布支持科技创新和基础研究，目的在于推动创新链一体化部署和数字技术在现代化经济体系中的应用。

产学研一体化是俄罗斯发展创新经济背景下的重要创新模式。为了进一步推进一体化进程，俄罗斯在 2009 年发布《教育与经济的创新发展：2009—2012 年的现代教育模式》，鼓励国家预算内科研院所和学校开办自己的公司。2010 年，俄罗斯启动“高科技生产综合项目单位遴选实施及公开竞标”，投入超过 190 亿卢布，推动高科技产品的研发，推动学校和企业的合作。

## 四、欧盟

### （一）欧盟《地平线2020计划》简介

2014年欧盟正式启动了“地平线2020”计划，这是欧盟此前制定的“欧洲2020战略”中创建新型社会的落实创新政策工具。该计划周期为7年（2014～2020年），预算总额约为770.28亿欧元。该计划的目的是：①帮助科研人员实现科研设想，获得科研上新的发现、突破和创新；②促进新技术从实验室到市场的转化。

该计划要求欧盟所有的研发与创新计划聚焦于3个共同的战略优先领域，分别为基础科学领域、工业技术领域、社会挑战领域。

基础科学领域总预算为244.41亿欧元，旨在加强和扩大欧盟在基础科学上的优势，巩固欧洲研究区，使欧盟研究和创新体系在全球范围内具有更强的竞争力。其具体内容包括前沿研究、开拓新的创新领域、科研培训和职业发展计划、建造世界一流的基础设施。

工业技术领域总预算为170.16亿欧元，其目标是加快技术和创新的发展，支持未来工业，并帮助欧洲创新型中小企业成长。其具体内容包括保持信息技术和工业技术领军地位（如通信技术、纳米技术、材料科学、生物技术、先进制造、空间科技等），鼓励研发和创新领域的私人投资和风险投资，促进各类中小企业的创新。

社会挑战领域总预算为296.79亿欧元，其目标是汇集各领域、技术和学科的资源与知识，包括社会科学和人文科学，涵盖从研究到市场的所有活动，新的专注点在创新活动，如试点、示范、试验平台以及公共采购和市场转化，还包括进行欧洲创新伙伴关系（EIP）试点。具体内容包括7项：

（1）卫生、人口变化和福利，“地平线2020”计划将投资多项提高人类健康水平的研究和创新，也支持有益于健康和保健系统可持续发展的研究与创新。

（2）食品安全、可持续发展农业、林业和渔业、海洋和内陆水域以及生物经济，在这些领域投资支持对粮食安全、气候保护和可持续发展而进行的研究和创新，使欧洲获得未来相关市场领导地位，实现欧盟统一农业政策和生物经济战略，实现“地平线2020”旗舰计划制定的“创新联盟”“资源节约型欧洲”目标。

(3) 安全、清洁、高效能源，支持现有能源系统过渡到可靠、可持续发展、有竞争力能源系统而进行的研究和创新。

(4) 智能、绿色和综合交通运输，旨在增强欧洲运输行业的竞争力，实现资源节约型、气候与环境友好，对所有公民、经济和社会安全和无缝衔接的欧洲运输系统。

(5) 应对气候变化行动、环境、资源效率和原材料，目标是将全球升温幅度控制在2℃之内，避免超出生态系统和社会适应气候变化和环境变化的承受范围，确保环境的完整性、恢复能力和可持续性。

(6) 创建具有包容性、创新性和反省性的欧洲社会，减少不平等和社会排斥。

(7) 社会安全——保护欧洲及其公民的自由与安全，开展社会安全方面的研究将有助于落实“欧盟2020发展战略”的政策目标、安全产业政策、内部安全策略和网络安全战略。

### (二) 从“地平线2020”到“地平线欧洲”

2021年1月，欧盟开始实施第九期研发框架计划——“地平线欧洲”(2021~2027年)。“地平线欧洲”包含两个研究部分：民用和军用。其中，民用研究是“地平线欧洲”的主体，预算为955.17亿欧元；军用研究预算为79.53亿欧元。民用研究包括三大支柱和一个横向支撑板块，三大支柱是“卓越科学”支柱（侧重基础研究）、“全球挑战与欧洲产业竞争力”支柱（侧重应用研究）和“创新型欧洲”支柱（侧重产业化）；横向支撑板块是“广泛参与研发框架计划以及加强欧洲研究区建设”板块（侧重区域协调发展）。

从“地平线2020”到“地平线欧洲”，有以下几个主要变化：

第一，与“地平线2020”相比，“地平线欧洲”在设计理念上强调“影响力导向”，注重科技创新的影响力，而“地平线2020”强调“科研活动导向”。为了让大众感知到设计创新的变化，“地平线欧洲”聚焦民生领域的关键问题，布局食品、健康、交通等科研领域。

第二，“数字”和“绿色”成为“地平线欧洲”关注的重点科研领域。据统计，“地平线欧洲”约有35%的预算与气候变化领域项目相关。同时“地平线欧洲”还积极布局人工智能、机器人、大数据、量子技术、先进材料、卫星系统、智能交通、网络安全、储能技术等前沿领域研究。

第三，在研发框架方面，“地平线2020”按照基础领域、经济领域和民生领域开展布局，而“地平线欧洲”按照基础研究、应用研究、产业化和横向支撑板块进行布局，后者更加简洁科学。此外，由于没有了向欧盟缴纳“会费”的压力，“地平线欧洲”的预算增长 30%，在所有预算中占有最高比例的是应用研究，其次是基础研究和产业化。

第四，相较于“地平线 2020”期间推行科研数据默认开放共享，“地平线欧洲”直接要求其资助产生的所有科研成果和数据均须开放共享，总原则是“尽可能开放，必要时关闭”，基本要求是“可发现、可获取、可兼容、可重复使用”。

## 五、日本

### （一）日本《科学技术创新综合战略 2014——为了创造未来的创新之桥》简介

日本内阁于 2014 年 6 月通过了新版科技创新综合战略《科学技术创新综合战略 2014——为了创造未来的创新之桥》，提出将日本打造成为“全球领先的创新中心”的宏伟战略。该战略认为，日本正在从经济复兴迈向持续增长，而“科学、技术与创新”是日本迈向未来的“救命稻草”与“生命线”，至 2030 年，日本将通过科技创新实现三大愿景：①拥有世界一流的、可持续发展的经济；②建设国民能够切实感受到富足、安全和放心的社会；③打造与世界共生、为人类进步作出贡献的经济社会。

在这一过程中应重点推进信息通信技术、纳米技术和环境技术三大跨领域技术发展，并使其成为日本产业竞争力增长的源泉。

（1）信息通信技术，以大数据推动经济社会发展。旨在整合人类知识、物质信息及多种数据库，通过分析，创造新的物质和概念，构建虚拟空间，对现实社会进行预测，创造新的服务。其核心关注技术包括信息安全、先进网络、大数据分析、脑信息处理、多种语音识别与翻译、自然语言和手语、人机互动、虚拟通信、传感装置、传感识别、虚拟现实技术等。

（2）纳米技术，以实现低碳节能环保为目标，兼顾新功能材料研发。其核心技术包括电力电子技术、高性能传感器装置、高效能高可信电路设计、仿生学装置系统、药物输送系统、纳米生物电子装置系统、结构材料、新型催化剂、纳米碳材料等。

（3）环境技术，旨在加速地球观测技术研究，向用户提供观测数据等信息；开展废弃物、污染物等的治理，实现经济增长与环境和谐发展。其核心技术包括地球环境监测及气候变化预测技术、可回收材料筛选分离技术、利用有限资源产

生较高附加值的资源循环与再生技术。

### （二）日本科技创新政策特征

1. 注重人才培养，改善研究环境

日本十分重视人才的培养，于2011年开始“培养和确保研究管理人员的系统建设项目”，并在大学和其他机构部署了大学研究管理员（University Research Administrator，URA）。在2020年制定了《加强研究能力和支持青年研究人员综合方案》，旨在让研究人员在一个更稳定良好的环境中专注于开展挑战性研究。从2021年开始，预计到2025年，日本博士生增加到以前的3倍，并通过“下一代研究人员挑战性研究计划（SPRING）”和“科技创新大学奖学金”为优秀博士后提供生活和研究上的支持。中央教育审议会和产业结构审议会参与日本综合科技创新会议，制定了关于“实现社会5.0的教育和人力资源开发”的一系列计划。

2. 完善研发体制和科技评估制度

2004年，日本设立技术转移机构，进行创业中心建设，并且开始实施国立大学法人制度。2015年，日本推出国立研究开发法人制度，提高国立研究机构地位。

另外，日本强调科技评估的必要性和重要性，并通过具体的制度将科技评估融入到日常的科技管理中。例如，早在1997年，日本就出台了《国家研究开发评估实施办法纲领指南》，规定科技评估的标准，该标准于2012年进行了第四次修订。

3. 关注科技前沿，引领民间投资

在新兴技术领域发展上，日本在2018年发布了战略性创新推进计划（SIP）第二期（2018~2022年），该计划主要涉及自动驾驶、能源互联网、智能物流等。同年发布的日本官民研究开发投资扩大计划（PRISM）旨在在研发成果应用前景广阔的领域吸引民间研发投资，包括基础设施建设、维护与管理和信息通信技术人才培养等。除此之外，2019年，日本政府公布登月型研究开发制度，该制度主要以新技术开发为目标，并设定2035年、2040年、2050年和2060年四个期限。

目前，日本积极讨论海上风力、氢、燃料氨、碳回收、蓄电池等项目，并通过新能源和工业技术开发组织（NEDO）公开招募实施者，旨在引导民间企业的研发和资本投资，并将全球3500万亿日元的环境、社会和企业治理（ESG）资金引入日本，以创造经济和环境的良性循环。

# 第三章　中国科技创新政策发展历程

制度是人类社会的一种精神现象，其产生和演进与成员间的共享信念密切相关（陈劲和柳卸林，2008）。邱晓华（2006）等将制度作为解释经济增长的一个因素。科技创新政策的演进变迁是中国经济和社会发展变革的重要组成部分。中华人民共和国成立以来七十多年的科技创新政策演变，是政府根据不同时期科技活动的特点和需求、经济社会发展的阶段性特征，进行的政策性探索的过程。反映了不同阶段特有的价值理念、政策目标、政策工具、政策资源等的嬗变过程和规律（黄萃等，2015）。当下，全球进入了科技革命蓬勃发展、国际科技实力较量决定国家竞争力的时刻，构建科技发展自立自强的宏伟架构，有必要梳理分析中国科技创新政策的演进脉络，反思科技创新政策体系构建中的经验教训以及规律和方向。

## 一、中国科技创新政策体系演进的研究梳理

中国的科技创新政策与经济发展相辅相成。新中国成立以来，伴随着我国经济的发展，科技创新政策经历了从无到有、从简单到成熟、从单一到完善的历史演进过程。历届党和国家领导人高度重视科学技术发展，根据国际形势、国家战略以及自身科技发展情况，提出了不同时期各具特色的科技政策体系，有效地推动了科学技术的发展。关于中国科技创新政策体系的演进阶段，现有研究基于不同的维度做出了多种演进阶段划分。

### （一）以 1949 年、1978 年、1992 年、2006 年、2013 年为节点的划分方法

《中国科技创新政策体系报告》研究组划分了我国科技创新政策大体经历了五个阶段。周建霞等编著的《我国科技创新政策体系及内容》也大致参照了这样的划分方法。

第一阶段：向科学进军阶段（1949~1977 年）。

这一阶段科技政策制定的理念主要是基于线性模型，其代表是美国 1945 年发表的《科学——永无止境的前沿》。线性模型认为创新是一个单项的、顺序的、由多个环节构成的链条，这些环节从起始到终点的顺序是：基础研究—应用研究—产品开发—生产与销售。政府负责基础研究，市场负责应用研究与市场化。

这阶段特征是注重基础研究，使用苏联模式。在这个阶段，学术研究主要由政府资助，在国家重点实验室和大学进行，科研机构主要由中央政府控制。

第二阶段：科学技术是第一生产力（1978~1991 年）。

20 世纪 50 年代中期至 70 年代中期，美国、欧洲和日本等国家和地区，在新科技革命浪潮的推动下实现了科技和经济的迅速发展。随着国际竞争的加剧，创新理论越来越关注如何在既有的资源约束下通过资源的合理配置与协调实现创新。创新理论开始关注科学技术与市场需求间的关联和互动。而同期，中国则遭遇了一系列困境，直至“科学的春天”的来临。1978 年 3 月，中共中央召开全国科学技术大会，邓小平明确指出“科学技术是第一生产力”。

这一阶段的特征是在“改革开放”政策推动下，国家经济快速发展，技术创新取得显著进展。在这个阶段，国际合作得到大力发展，科学和技术开始扮演重要角色，应用研究开始受到重视。

第三阶段：科教兴国战略（1992~2005 年）。

在经济全球化背景下，科技、教育、产业、贸易等领域不同创新要素的互动变得更为重要，人们对创新活动的组织也有了更深的认识。1987 年，经济学家弗里曼分析日本当时经济腾飞的秘诀就是通过政府的干预，如产业政策、技术贸易政策，使“二战”后的日本快速地追赶了上来。此外创新系统、三螺旋等创新理论应运而生，指导国家创新体系的构建，以及推动政策发挥在搭建不同主体间的沟通平台和桥梁中的作用。

这一阶段，我国在科教兴国战略指导下，注重开展高等学校和科研机构的改革，发挥多元科技创新主体的积极作用。注重自主创新能力和加速科技成果产业化，使我国高新技术产业实现数量上的突破。科技体制改革进一步深化，科技与经济紧密衔接并行，为 21 世纪中国科技创新打下了坚实的基础。

这一阶段的特征是通过全面发展教育，特别是科学教育，加速国家科学技术体系的建设。在这个阶段，科学技术被视为推动经济增长的关键，并支持创新型企业的发展，政府出台了一系列优惠政策和资助计划。

第四阶段：提高自主创新能力（2006~2012 年）。

在全球化的创新网络条件下，创新主体间的关联变为异常复杂的“巨系统”，创新过程的不确定性大幅增加，政策的着力点需要更多面向如何激励资源的流动和整合。这个时期，创新政策的设计在创新系统的基础上，又增加了创新网络、开放创新、协同创新等理念。

中国经过多年的改革开放，经济实现了起飞，工业化发展取得了巨大的进步，制造业在全球范围内产生了深远的影响。但是不得不承认，国家的整体创新能力还不强，大量的创新还停留在模仿和引进消化阶段。因此，在社会主义市场经济体制的框架初步建立起来之后，2003 年 10 月，中共十六届三中全会通过了《中共中央关于完善社会主义市场经济体制若干问题的决定》；2004 年，在中央召开的经济工作会议上，明确提出“自主创新是推进经济结构调整的中心环节”。

这一阶段的特征是通过增加科技研发经费，建设更多的高科技研究中心和实验室，提高自主创新能力。在这个阶段，中国大力投资于国内基础研究和前沿技术领域，积极授权和保护知识产权。

第五阶段：创新驱动发展战略（2013 年至今）。

此时，世界多极化、经济全球化、文化多样化、社会信息化深入发展，新一轮技术革命和产业变革蓄势待发。从理论上看，创新系统仍是政策框架涉及的主流，与此同时，治理理论、共享经济理论、包容性创新理论等对创新政策的制定产生着越来越大的影响。

这一阶段的特征是国家继续推进创新驱动发展战略，促进产业升级和经济结构优化。在这个阶段，中国政府把“创新”视为全球竞争中一个非常关键的环节，加大人才吸引力度，优化知识产权保护和科技转化体制，注重自主创新和高质量技术产出。

### （二）以 1949 年、1978 年、1985 年、1995 年、2006 年为节点的划分方法

黄萃等（2011）回顾和梳理了新中国成立以来的发展历程，结合中国科技创新的关键事件，以及科技创新政策分布时序状态，划分出了中国科技创新政策的五个阶段。

第一阶段：探索起初阶段（1949~1977 年）。

新中国成立伊始，科技事业百废待兴。这一阶段共有科技创新政策 225 份，主要聚焦于四个点，分别是教育和高等学校、工农业生产、科技规划和统一科学计量标准。

第二阶段：恢复调整阶段（1978~1984 年）。

这个阶段是科技创新政策变化较为显著的阶段。与此前相比，这一阶段的科技创新政策数量迅猛增加到 421 份，高频主题词有“成果”“奖励”“标准”“技术转化”等。科技创新政策聚焦于奖励、技术和设备进口、技术革新和新产品开发。

第三阶段：改革发展阶段（1985~1994 年）。

全面科技体制改革的阶段。这一阶段中央政府制定实施的科技创新政策共计 1155 份，高频词有“奖励”“项目”“成果”等。科技创新政策的着力点为高技术研发、人力资源、科技成果的评估与管理、奖励。

第四阶段：深化改革阶段（1995~2005 年）。

在全国范围内实施科教兴国战略，揭开了我国科技创新体制深化改革的序幕。这一阶段科技创新政策达到 1809 份，高频主题词有“项目”“中国科学院”“企业”等。除奖励、人力资源和科技计划之外，新的政策关注焦点为“科技体制改革”“国际合作”“产业化”。

第五阶段：战略发展阶段（2006~2010 年）。

自主创新的指导思想和建设创新型国家的战略目标设立。这一阶段的科技创新政策共计 1097 份，高频词有“项目”“技术”“企业”“创新”“节能”。该阶段科技创新政策的聚焦点为创新和节能、人力资源、产业化、发展规划。

### （三）以 1978 年、1985 年、1998 年、2006 年、2013 年为节点的划分方法

薛澜（2018）对中国科技创新在改革开放之后的变化进行了回顾，对中国科技创新体系改革的历程进行了阶段划分。

第一阶段：酝酿改革阶段（1978~1985 年）。

这一阶段的首要任务是让中国的科技教育体系重新恢复到正常发展的轨道上。其间的一个标志性事件就是 1978 年 3 月的全国科学大会。同时这个阶段中国的科技管理部门开始考虑如何合理配置科技资源。

第二阶段：科技创新体制重大改革阶段（1985~1998 年）。

1985 年，中央发布了《中共中央关于科学技术体制改革的决定》，开启了中国科技体制改革的序幕。同时，国家在科技体制的宏观层面也建立了一系列新机制，包括建立国家自然科学基金，设立“863”“973”等各类科研计划。

第三阶段：国家科技创新体系的布局建设阶段（1998~2006 年）。

1997 年 12 月，中国科学院向中央提交了《迎接知识经济时代，建设国家创新体系》的报告，得到了中央领导的支持，开启了以国家创新体系布局建设为核心的新一轮科技创新体系改革。1998 年，国务院机构改革，上千所公立研究院所完成转制。1999 年，世界一流大学建设计划（“985 工程”）率先在北京大学和清华大学开始实施。

第四阶段：国家科技创新体系的系统运行和提高阶段（2006~2013 年）。

2006 年，《国家中长期科学和技术发展规划纲要（2006—2020 年）》正式公布，明确了“自主创新、重点跨越、支撑发展、引领未来”的科技工作指导

方针。部署了重要的基础研究领域和交叉领域的研究任务，批准设立了16个重大科技专项，并出台了一系列配套措施。

第五阶段：创新驱动发展战略实施阶段（2013年至今）。

2016年，中央发布了《国家创新驱动发展战略纲要》，为中国科技创新未来发展提供了顶层设计和系统谋划，明确了到2050年中国创新驱动发展的目标、方向和重点任务。同时，国务院出台《国务院关于大力推进大众创业万众创新若干政策实施的意见》，推进科技创新与双创融通发展。

### （四）小结

学术界对于中国科技创新政策演进阶段的划分尽管呈现出不一致的结果，但是已有学者的划分在本质上并没有分歧，他们对关键事件和重要政策的把握是一致的。对于下述重要的科技工作会议或者政策文件的历史作用，学者们具有一致的判断（见表3-1），并且在各自的划分方案中反复提及。差异仅存在于对个别政策的阶段特征的理解上。

**表3-1 改革开放后中国重要科技创新会议和政策节点**

| 时间 | 事件 | 内容 |
|---|---|---|
| 1978年 | 全国科技工作大会 | 中国改革开放之初的一次全国性科技会议，主要讨论改革开放对科技发展的重大意义以及怎样加强科技战线的建设。邓小平在会上做了重要讲话，他明确指出“科学技术是第一生产力” |
| 1985年 | 全国科学大会 | 主要讨论科学的发展方向、改革科研制度、加强科技人才队伍等问题。同年中央发布了《中共中央关于科学技术体制改革的决定》，开启中国科技体制改革的大幕 |
| 2006年 | 全国科技工会会议 | 主要讨论推进科技创新，加快创新型国家建设，构建科技强国的新战略。同年出台了《国家中长期科学和技术发展规划纲要（2006—2020年）》 |
| 2016年 | 全国科技创新大会 | 主要讨论以创新为核心的发展理念，大力推进科技创新、培育科技创新人才、加强国际科技合作等问题。同年出台了《国家创新驱动发展战略纲要》，加快与国际先进水平接轨的制造业发展战略规划 |

## 二、中国科技创新政策演进不同阶段的关键政策和特征

梳理上述中国科技创新政策演进历程已有的划分，我们清晰地了解了中国

科技创新政策演进历史上的重要节点。基于关键科技工作会议，笔者以此为节点，结合已有学者提供的划分结论，分阶段地提供各历史时期详细的关键政策和特征。

### （一）第一阶段：向科学进军（1949~1977年）

这一时期，中国在"冷战"和资本主义发达国家的经济封锁下，自力更生，实现从农业国家向现代化工业国家的转变。在这个阶段，我国在科技政策方面开始了起步性的探索，坚定了基本的制度基础。这一阶段的关键事件如图3-1所示。

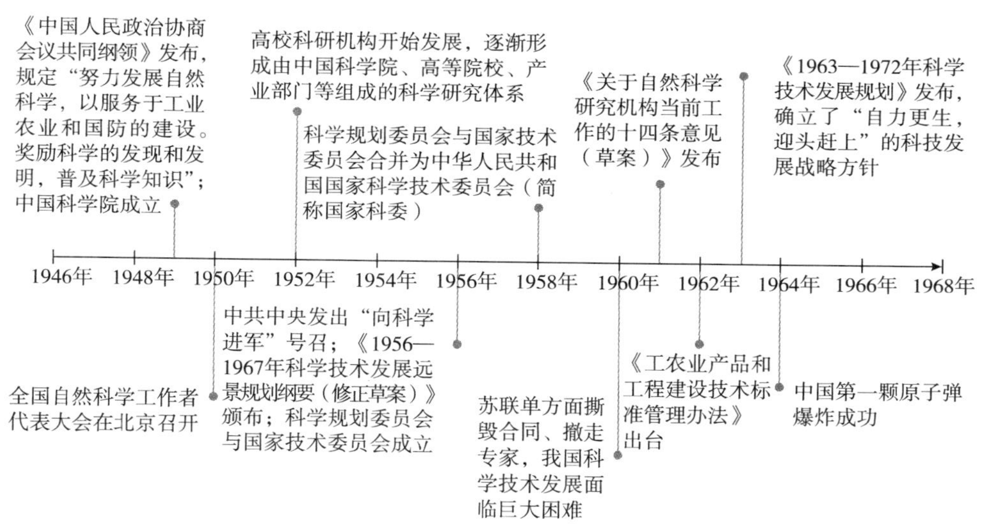


**图3-1 "向科学进军（1949~1977年）"阶段关键事件**

一是战略指导。1949年9月，在中国人民政治协商会议第一届全体会议上，通过了起临时宪法作用的《中国人民政治协商会议共同纲领》，其第43条提出"努力发展自然科学，以服务于工业农业和国防的建设。奖励科学的发现和发明，普及科学知识"。1956年1月，中共中央发出"向科学进军"号召。1956年召开第一届全国人民代表大会，第一次明确地提出要实现工业、农业、交通运输业和国防的四个现代化任务。同年这一任务列入中国共产党第八次全国代表大会所通过的党章中。

二是部署中长期规划。1956年12月，经过全国600多位科学专家的共同努力，中华人民共和国第一个科学技术发展远景规划，即《1956—1967年科学技术发展愿景规划纲要（修正草案）》成功颁布，从经济建设、国防安全、基础科学等13个方面提出57项重要科学技术任务，确定12个重点项目，从此我国的科学技术事业有了一个长期、全面的规划，这是我国科学技术史上的一件大事。

受中苏关系恶化影响，1960年苏联单方面撕毁合同、撤走专家，使我国科学技术发展面临巨大困难。1963年制定《1963—1972年科学技术发展规划》确立了“自力更生，迎头赶上”的科技发展战略方针，安排重点科研项目374项，规划了农业、工业等各个方面的最新科学技术研究和运用。仅3年时间，就取得“两弹一星”、电子计算机、射电望远镜等一批重要成果，1964年10月16日15时，中国第一颗原子弹爆炸成功，这是中国国防和科技发展的一次重大成就。

三是组建机构。1956年成立科学规划委员会与国家技术委员会。1958年合并为中华人民共和国国家科学技术委员会（以下简称国家科委），统一掌管全国科学技术工作，颁布科技创新政策与管理中国科技事业的发展。

四是培养科技人才。《中国人民政治协商会议共同纲领》第47条规定“注重技术教育，加强劳动者的业余教育和在职干部教育”。1949年11月成立中国科学院；1950年8月在北京召开全国自然科学工作者代表大会；1952年高等院校经过院系调整，高校科研机构开始发展起来，逐渐形成中国科学院、高等院校、产业部门等组成的科学研究体系。

1961年6月，国家科学技术委员会党组和中国科学院党组提出《关于自然科学研究机构当前工作的十四条意见（草案）》（以下简称《科研工作十四条》），后来被称为科学工作的第一部“宪法”，是第一个全面系统的科技政策文件。《科研工作十四条》中最重要的是知识分子政策。

五是科技计量标准。1962年出台了《工农业产品和工程建设技术标准管理办法》，规定了标准的制定和修订、技术标准的审批和发布、技术标准的贯彻执行。

### （二）第二阶段：科学技术是第一生产力（1978~1984年）

1978年12月，中国共产党十一届三中全会胜利召开，拉开了改革开放的序幕。这个阶段，国家从科技人员、科技投入、科研机构、产业技术等多个方面开展改革，并布局设计了各类科技政策，为经济活动的全面恢复提供了有力的制度保障，进而支撑了中国经济此后30多年的高速发展。此阶段的关键事件政策如图3-2所示。

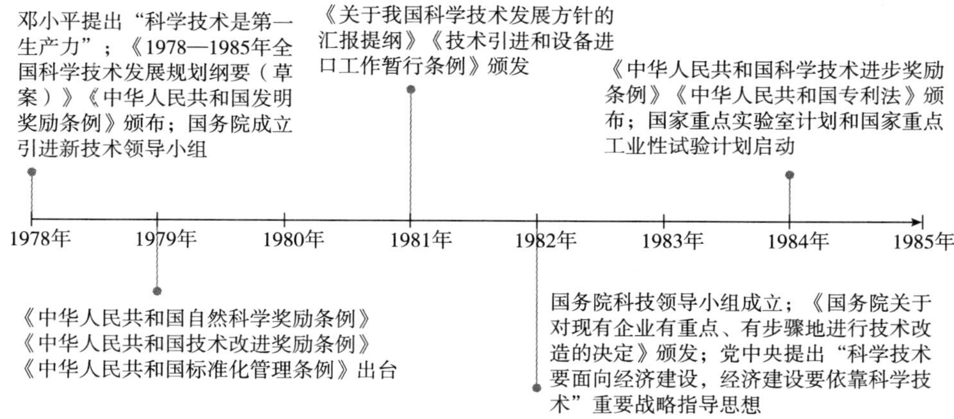


**图 3-2 "科学技术是第一生产力（1978~1984 年）"阶段关键事件**

第一，逐渐形成科技与经济相结合的科技发展战略。

1978 年 3 月，邓小平在全国科学技术大会上做了重要讲话，他明确指出"科学技术是第一生产力"。该大会还通过了《1978—1985 年全国科学技术发展规划纲要（草案）》。国务院科技领导小组于 1982 年成立，以加强科研工作的统一部署和规划，由此，中国迎来了"科学的春天"。大批知识分子重新回到教学科研岗位。国家科学技术委员会和地方科学技术委员会相继恢复。中国科学技术协会和专业学会积极开展工作。中国科学院大批划归地方的研究机构重新回归，并成立了一批新的科研机构。一系列政策法规相继颁布（见表 3-2）。

**表 3-2　改革开放后一系列政策法规的颁布**

| 颁布时间 | 条例法规 |
|---|---|
| 1978 年 12 月 28 日 | 《中华人民共和国发明奖励条例》 |
| 1979 年 11 月 21 日 | 《中华人民共和国自然科学奖励条例》 |
| 1979 年 4 月 23 日 | 《中华人民共和国技术改进奖励条例》 |
| 1979 年 7 月 31 日 | 《中华人民共和国标准化管理条例》 |
| 1981 年 1 月 21 日 | 《技术引进和设备进口工作暂行条例》 |
| 1982 年 1 月 18 日 | 《国务院关于对现有企业有重点、有步骤地进行技术改造的决定》 |
| 1984 年 9 月 12 日 | 《中华人民共和国科学技术进步奖励条例》 |
| 1984 年 3 月 12 日 | 《中华人民共和国专利法》 |

1981 年出台了《关于我国科学技术发展方针的汇报提纲》，为科学技术与国

民经济的方针政策打下了理论基础并提供了制度保障。1982 年，党中央提出“科学技术要面向经济建设，经济建设要依靠科学技术”重要战略指导思想。“依靠”和“面向”战略的核心思想是促进科技与经济相结合，促进科学技术生产力功能的发挥。

第二，充分调动科技人员积极性。

虽然新中国成立初期通过颁布《中华人民共和国发明奖励条例》等政策初步建立起了科技奖励制度，但是科研人员的科技积极性依然不高。1978~1979 年，国家集中颁布了《中华人民共和国发明奖励条例》《中华人民共和国自然科学奖励条例》《中华人民共和国技术改进奖励条例》。1984 年，国务院出台了《中华人民共和国科学技术进步奖励条例》，这是我国第一个全面的科技奖励条例，奖励在推动科学技术进步中作出重要贡献的集体和个人，范围包括应用于社会主义现代化建设的新科学技术成果，推广、采用已有的先进科学技术成果，科学技术管理以及标准、计量、科学技术情报工作等。

第三，进口技术和机器设备。

1978 年，中共中央批准国务院成立引进新技术领导小组。1981 年，国务院颁发《技术引进和设备进口工作暂行条例》，设备和技术引进成为改革初期实现技术快速追赶的主要方式。在此基础上，20 世纪 80 年代初期开始了科技创新历史上具有中国特色的“市场换技术”模式的探索。80 年代中后期的《中华人民共和国技术引进合同管理暂行管理办法》《引进技术消化吸收工作条例》进一步使我国技术引进政策逐渐制度化。

第四，加强实验室、技术市场等载体建设。

1984 年国家发展计划委员会启动了国家重点实验室计划和国家重点工业性试验计划等。原国家经济贸易委员会于 20 世纪 80 年代初和 1982 年分别颁布“国家重点技术发展项目计划”和“国家技术改造计划”，这些技术政策都体现了国家对技术发展基地的重视。1985 年 1 月，国务院出台了《国务院关于技术转让的暂行规定》，同年 3 月，《中共中央关于科学技术体制改革的决定》又进一步指出“技术市场是我国社会主义商品市场的重要组成部分”。技术市场在我国的地位和作用得到充分肯定。

### （三）第三阶段：全面科技体制改革阶段（1985~1994 年）

1985 年《中共中央关于科学技术体制改革的决定》的颁布，拉开了全面科技体制改革的序幕。此后陆续出台了改革科技拨款制度、科研事业费管理办法、专业技术职务聘任制度、自然科学基金制度以及建立技术市场等一系列重大政策举措，注重科技活动自身规律和特点，运用非行政化的手段管理科技活动，扩大

科研机构和人员的自主权，促进科技与经济的结合。在这一阶段，科技创新政策的法制化建设也取得重大突破，《中华人民共和国科学技术进步法》于 1993 年 7 月正式颁布。这一阶段的关键政策和事件如图 3-3 所示。

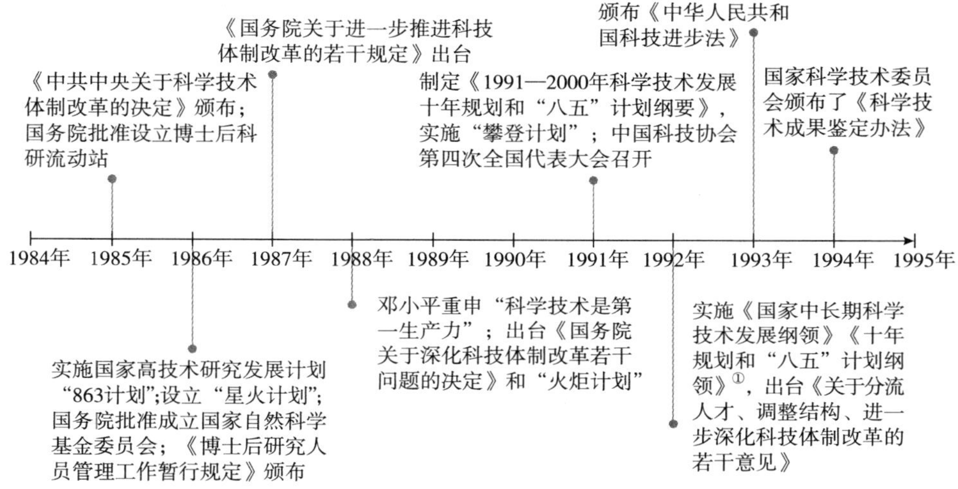


**图 3-3 “全面科技体制改革阶段（1985~1994 年）”阶段关键事件**

第一，开启科技体制改革。

1985 年，中共中央发布了《中共中央关于科学技术体制改革的决定》，全面启动了科技体制改革。以通过改革拨款制度来开拓技术市场为突破口，加快推进科技与经济一体化发展，最大限度地发挥科学技术对经济社会的引导和推动作用。①在运行机制方面，改革拨款制度，克服单纯依靠行政手段管理科研工作的不足。②在国家项目方面，要引入经济杠杆和市场机制。③在组织结构方面，改变部门分割、行业分割等科研与生产脱节现象，提高企业 R&D 能力。④在人事制度方面，推进人才流动。在这些措施的引导下，科技界以空前的热情投入到经济建设主战场。1987 年，国务院颁布了《国务院关于进一步推进科技体制改革的若干规定》，在进一步放活科研机构、放宽放活科研人员管理政策、促进科技与经济融合方面提出具体措施。

1988 年，邓小平同志重申“科学技术是第一生产力”，改革科技与经济“两张皮”、科技创新资源利用率相对不高、科技管理体制比较僵化等突出问题。同

① https：//www. gov. cn/test/2006-03/21/content_ 232531. htm。

年，国务院颁布了《国务院关于深化科技体制改革若干问题的决定》，进一步明确了改革思路。同时强调积极推进各种形式的承包经营责任制，鼓励和支持科研机构与高等院校以各种形式直接介入经济领域，并支持集体、个体等多种所有制科研机构的发展；在智力密集地区开设高新技术产业开发区，发展高新技术产业；大力推动企业和农村科技进步；积极推行各种形式的承包经营责任制。1991年，在中国科技协会第四次全国代表大会上"科学技术是第一生产力"被确立为现代化建设新阶段的指导方针。

1992 年实施《国家中长期科学技术发展纲要》和《十年规划和"八五"计划纲要》，阐明了我国中长期自然科学技术发展的战略、方针、政策和发展重点。同年，发布《适应社会主义市场经济发展，深化科技体制改革实施要点》，在总结科技体制改革经验的基础上，明确提出了新型科技体制的总体框架。1992 年 8 月 27 日，国家科学技术委员会、国家经济体制改革委员会联合发布了《关于分流人才、调整结构、进一步深化科技体制改革的若干意见》，将科技改革的重点逐步转向结构调整和综合配套改革上，尝试性地提出了"进行分流和调整的基本路子是稳住一头、放开一片"。"稳住一头"是希望稳住基础研究，稳住科技人员这支队伍；"放开一片"是继续鼓励科技工作面向社会，面向经济建设。这一阶段的政策措施，包括增加各级政府对科技活动的财政投入，优化科技投入的结构，推进院所管理制度改革，鼓励各类科研机构变为企业、进入企业、与企业相结合，支持和扶持技术中介机构等。

第二，初步形成国家科技计划体系，高技术研发项目涌现。

1982 年出台的"国家重点科技攻关计划"是中国第一个国家科技计划，面向国民经济建设的主战场，重点解决中国国民经济建设和社会发展中的重大科技问题。这一阶段以 1986 年实施的国家高技术研究发展计划（"863 计划"）为标志，国家开始了生物技术、行业技术、信息技术、激光技术、自动化技术、能源和新材料等领域的技术研发工作。面向高技术研发、国家高新技术开发区、科技企业孵化器等，还设立了"星火计划"（1986 年）。1986 年 2 月，国务院批准成立国家自然科学基金委员会，支持基础研究，形成和发展了"项目"和"人才"两大自主板块。1987 年出台《国务院关于进一步推进科技体制改革的若干规定》，1988 年出台《国务院关于深化科技体制改革若干问题的决定》和"火炬计划"，1991 年制定《1991—2000 年科学技术发展十年规划和"八五"计划纲要》和实施"攀登计划"。

第三，制定实施产业技术政策。

1986 年以后，中国形成了单独的技术政策制定方式，改变了以前一直与科

学政策合在一起制定的局面。技术政策与产业政策、经济政策既有联系又有区别①。1986 年，国务院发布了能源、交通、通信、农业、消费品工业、机械工业、材料工业、建筑材料工业、城市建设、村镇建设、城乡住宅建设和环境保护十二个领域的技术政策要点，在全国予以贯彻执行。

第四，鼓励人才和科技成果评估。

这一时期人才在科技工作中的作用被进一步认可，一系列人力资源鼓励政策相继颁布。例如，1985 年 7 月，国务院批准了设立博士后科研流动站，国家科委于 1986 年颁布了《博士后研究人员管理工作暂行规定》，对博士后的管理作出了详细规定。1994 年，国家科学技术委员会颁布了《科学技术成果鉴定办法》，对科技成果的鉴定范围、鉴定组织、鉴定程序、鉴定管理作出了具体规定。此后，一些围绕科技成果评价、管理、配置与应用的政策相继出台。1993 年，颁布《中华人民共和国科技进步法》，这是我国第一部科学技术基本法，明确加强自主创新能力在科技进步中的重要性。

### （四）第四阶段：科教兴国战略（1995~2005 年）

1995 年首次提出在全国实施科教兴国战略，解开了我国科技创新体制深化改革的序幕。科教兴国战略的提出，是我国科技事业发展史上的一个重要里程碑，对建立与社会主义市场经济体制和科技自身发展规律相匹配的科技体制、实现科技与经济的有机结合发挥了重要作用。此阶段的关键事件如图 3-4 所示。

第一，确立“科教兴国”国家发展战略。

1995 年，颁布《关于加速科学技术进步的决定》，首次提出在全国实施科教兴国的战略。同年，中共十四届五中全会《中共中央关于制定国民经济和社会发展“九五”计划和 2010 年远景目标的建议》中把实施科教兴国战略列为今后 15 年直至 21 世纪加速中国社会主义现代化建设的重要方针之一。1997 年，党的十五大正式把“科教兴国”确定为国家发展战略，“要充分估量未来科学技术特别是高技术发展对综合国力、社会经济结构和人民生活的巨大影响，把加速科技进步放在经济社会发展的关键地位”。

第二，科技体制改革啃“硬骨头”。

科技体制改革是这一阶段的最强音，以 1996 年《中华人民共和国促进科技

① 技术政策是编制科技发展规划、经济和社会发展规划，指导科技攻关、技术改造、技术引进、重点建设及产业结构调整和发展的重要依据。产业政策是跨行业的，主要回答经济布局、产业结构和各行业的比例关系等。经济政策主要包括价格、财政、金融和贸易等方面。纯属经济政策和产业政策的内容，不在技术政策中规定。技术政策大体包括发展目标、行业机构、技术选择和促进技术进步的途径与路线及措施四个方面的内容。

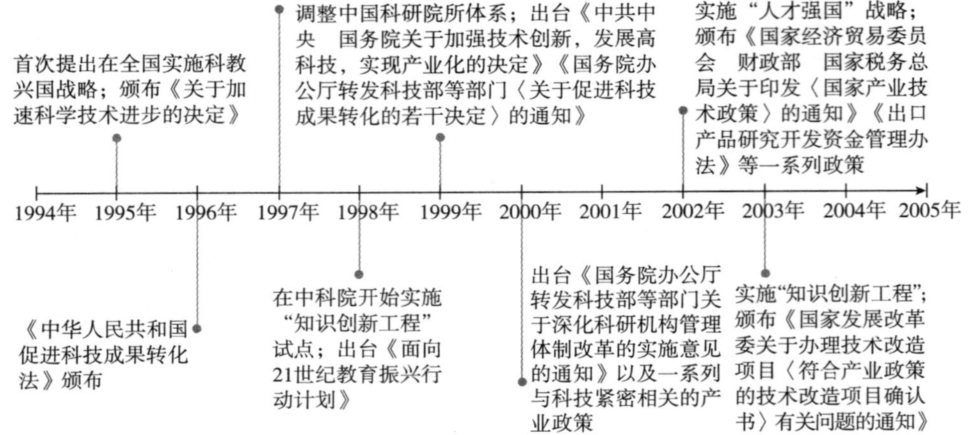


**图 3-4 “科教兴国战略（1995~2005 年）”阶段关键事件**

成果转化法》的颁布为标志，一系列关于科技体制改革、促进成果转化、加强科技与经济结合的政策文件不断出台。1998 年，在中科院开始实施“知识创新工程”试点。同年，出台《面向 21 世纪教育振兴行动计划》，提出为实现现代化，我国要建设若干所具有世界先进水平的一流大学，即“985 工程”。“211 工程”和“985 工程”的建设，对我国高等院校学科体系发展和科研能力提升都起到了较大的推动作用。1999 年，中共中央、国务院出台《中共中央 国务院关于加强技术创新，发展高科技，实现产业化的决定》。同年，以调整结构布局和优化科技资源配置为内容，以原 10 个国家局所属 242 个科研机构向企业化转制为突破口，中国科研院所体系进行了大幅度调整。要求科研机构、高等学校转化职务科技成果，确立了提高自主创新能力、促进企业成为技术开发主体、推动产学研结合的科技制度改革目标，提出企业要构建科技创新体制。国务院办公厅转发科技部等部门《关于国家经贸委管理的 10 个国家局所属科研机构管理体制改革意见的通知》，提出对国家经济贸易委员会管理的内贸局、煤炭局、机械局、冶金局、石化局、轻工局、纺织局、建材局、烟草局、有色金属局 10 个国家局所属 242 个科研机构进行管理体制改革。该通知要求，242 个科研机构按照实现产业化的总体要求，从实际情况出发，自主选择改革方式，包括转变成科技型企业、整体或部分进入企业和转为技术服务与中介机构等。2000 年，《国务院办公厅转发科技部等部门关于深化科研机构管理体制改革的实施意见的通知》等文件，从

国有资产、税收、职工养老等多方面进行了政策配套。2003 年，“知识创新工程”正式开始实施。

第三，产业技术政策深入发展。

1996 年，出台《中华人民共和国促进科技成果转化法》，促进科技成果转化为现实生产力。同年出台《技术创新工程纲要》，旨在发展高新技术落实产业化，提升产业的科技创新实力，构建产业科技创新环境。1997 年，出台国家重点基础研究发展规划（“973 计划”）。1999 年，出台《中共中央　国务院关于加强技术创新，发展高科技，实现产业化的决定》《国务院办公厅转发科技部等部门〈关于促进科技成果转化的若干决定〉的通知》。

2000 年，国家部委很多部门都颁布了与科技紧密相关的产业政策，其中包括：①国家计划委员会、国家经济贸易委员会颁布的《当前国家重点鼓励发展的产业、产品和技术目录（2000 年修订）》《印发〈关于深化改革　建立面向行业的技术开发基地的意见〉的通知》；②国务院颁布的《国务院关于印发进一步鼓励软件产业和集成电路产业发展若干政策的通知》；③国家经济贸易委员会颁布的《印发〈关于加速实施技术创新工程形成以企业为中心的技术创新体系的意见〉的通知》。

2002 年，国家经济贸易委员会、财政部、科学技术部、国家税务总局颁布了《国家经济贸易委员会　财政部　国家税务总局关于印发〈国家产业技术政策〉的通知》《关于用高新技术和先进适用技术改造提升传统产业的实施意见》。2002 年，对外贸易经济合作部、国家知识产权局颁布了《对外贸易经济合作部、国家知识产权局关于印发〈关于加强对外贸易中的专利管理意见〉的通知》。2002 年，对外贸易经济合作部、财政部颁布了《出口产品研究开发资金管理办法》。2003 年，颁布了《国务院关于加快科技成果转化、优化出口商品结构的若干意见》。2003 年，国家发展和改革委员会颁布了《国家发展改革委关于办理技术改造项目〈符合产业政策的技术改造项目确认书〉有关问题的通知》等。

第四，奖励、人力资源与科技计划的融合。

本阶段《国务院办公厅转发人事部等部门关于培养跨世纪学术和技术带头人意见的通知》等政策加大了对学术和技术带头人的培养，实施了一系列人才计划如“跨世纪人才培养计划”“长江学者奖励计划”等。随着 2002 年“人才强国”战略的实施及一系列配套政策的出台，人才政策的内容得到极大丰富。

### （五）第五阶段：提高自主创新能力（2006~2012 年）

2006 年召开的全国科学技术大会是中国科技发展史上的一个重大事件，与大会的召开同时颁布的《国家中长期科技发展规划纲要（2006—2020 年）》全面规划部署了21世纪中国的科技发展战略和重点，提出了自主创新的指导思想和建设创新型国家的战略目标。这一阶段的关键政策和事件如图3-5所示。

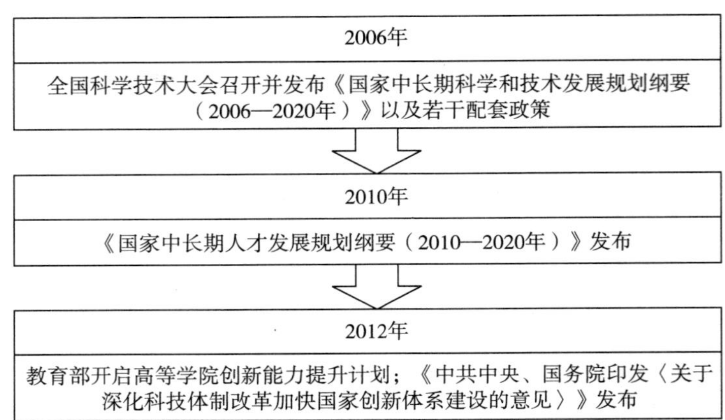


**图3-5 “提高自主创新能力（2006~2012年）”阶段关键事件**

第一，提高自主创新能力，建设创新型国家。

2006年1月，全国科学技术大会召开，发布了《国家中长期科学和技术发展规划纲要（2006—2020年）》（以下简称《规划纲要》），以此为标志，预示着我国科技发展战略向自主创新的重大转变和调整。该《规划纲要》立足国情、面向世界，以增强自主创新能力为主线，以建设创新型国家为奋斗目标，对我国未来15年科学和技术发展做出了全面规划与部署，提出我国科学技术发展的16字方针，即自主创新、重点跨越、支撑发展、引领未来。这一方针是我国半个多世纪科技事业发展实践经验的概括总结，是面向未来、实现中华民族伟大复兴的重要抉择。

同年，发布了《国务院关于印发实施〈国家中长期科学和技术发展规划纲要（2006—2020年）〉若干配套政策的通知》，从科技投入、税收激励、金融支持、政府采购、引进消化吸收再创新、创造和保护知识产权等10个方面提出60条政策措施。

第二，实施人才强国战略。

2010年6月，国务院公布了《国家中长期人才发展规划纲要（2010—2020年）》（以下简称《人才规划》），部署12项重大人才工程，提出了“服务发展、人才优先、以用为本、创新机制、高端引领、整体开发”的人才发展指导方针，明确了人才队伍建设的主要任务。2012年，教育部开启了高等学院创新能

力提升计划（也称“2011 计划”），它是继“211 工程”和“985 工程”之后，高等教育系统又一项体现国家意志的重大战略举措。

第三，推进国家创新体系建设。

2012 年中共中央、国务院召开了科技创新大会，发布了《中共中央、国务院印发〈关于深化科技体制改革加快国家创新体系建设的意见〉》，全面部署了科技体制改革，围绕该意见的落实，各部门共出台了 200 多项改革政策文件。在中央财政科技计划管理改革、院士制度改革、科技奖励制度改革等方面取得重要进展。

### （六）第六阶段：创新驱动发展战略（2013~2020 年）

这一阶段，我国经济发展进入新常态，处于经济发展方式转变和经济结构调整的关键时期，这要求进一步解放思想，加快科技体制改革的步伐，更加充分地发挥科技创新的支撑引领作用，让科技创新更加紧密地服务社会发展。经过几十年的不懈努力，这一阶段，我国的科技发展取得了举世瞩目的伟大成就，在一些重要领域跻身世界先进行列，某些前沿方向开始进入并行、领跑阶段。这一阶段的关键政策和事件如图 3-6 所示。

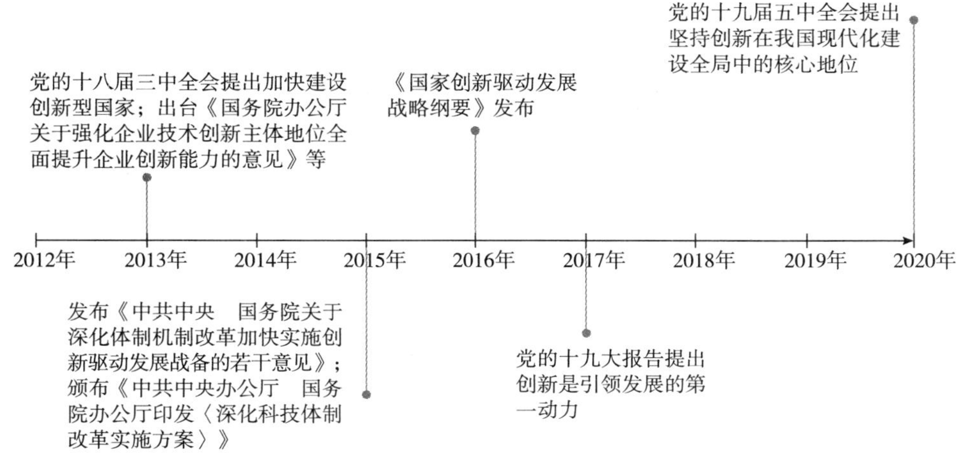


**图 3-6　“创新驱动发展战略（2013~2020 年）”阶段关键事件**

第一，迈进创新型国家行列。

2013 年，党的十八届三中全会提出加快建设创新型国家，推动经济更有效率、更加公平、更可持续地发展。2015 年 10 月，中共十八届五中全会把创新作为五大发展理念之首，提出必须把创新摆在国家发展全局的核心位置，不断推进理论创新、制度创新、科技创新、文化创新等各个方面。2016 年 5 月 19 日，中共中央、国务院印发《国家创新驱动发展战略纲要》。2017 年，党的十九大报告提出创新是引领发展的第一动力。2020 年，党的十九届五中全会提出坚持创新在我国现代化建设全局中的核心地位。结合 2012 年以来的政策措施，我国已经全面进入了科技创新的阶段。

第二，深化科技体制改革和国家创新驱动发展战略。

2015 年 3 月，发布《中共中央　国务院关于深化体制机制改革加快实施创新驱动发展战略的若干意见》，提出深化体制机制改革总体思路、主要目标和若干意见。9 月 25 日，《中共中央办公厅　国务院办公厅印发〈深化科技体制改革实施方案〉》颁布，以构建中国特色国家创新体系为目标，围绕建立技术创新市场导向机制、构建更加高效的科研体系、健全促进科技成果转化的机制等 10 个方面进行了全面部署，提出了 32 项改革举措，143 项政策措施。

第三，提升企业技术创新能力，推进协同创新。

在充分发挥市场配置资源的决定性作用、引导企业加强研发的同时，以贯彻落实国务院办公厅《国务院办公厅关于强化企业技术创新主体地位全面提升企业创新能力的意见》为主线，积极发挥政府的政策引导作用，加快推动以企业为主体、市场为导向、产学研相结合的技术创新体系建设。不断完善引导企业加大研发投入的机制，出台了《财政部　科技部关于印发〈国家科技计划及专项资金后补助管理规定〉的通知》《关于印发〈民口科技重大专项后补助项目（课题）资金管理办法〉的通知》，引导企业按照国家战略和市场需求先行投入研发活动。扩大中关村国家自主创新示范区“1+6”相关税收政策的试点范围，做好相关政策在其他地区的落实。

重点围绕深化科研院所改革和高校科研体制改革、促进民办科研机构发展、推动区域创新体系建设、完善军民科技融合创新体系建设、加强科技中介服务体系建设，促进各创新主体系统发展，加速要素流动，提升国家创新体系整体效能。

第四，完善人才评价和激励机制。

重点围绕深化科技评价和奖励制度改革、完善科技人才流动机制、推进院士制度改革等展开。制定《教育部关于深化高等学校科技评价改革的意见》，推动建立激励与约束并重，与科技、教育、经济规律相适应的评价体系，建立以创新质量和实际贡献为导向的科技评价机制。推进《国家科学技术奖励条例》以及其实施细则的修订，加大对团队协同创新、青年人才和企业技术创新的奖励力度，推进《社会力量设立科学技术奖管理办法》的修订，推动社会力量设奖有

序发展。

### （七）第七阶段：科技政策聚焦自立自强（2021 年至今）

“嫦娥”揽月、“蛟龙”入海、“墨子”传信、“祝融”探火……改革开放之后，科技领域四十多年的积累，成就了我国的整体科技实力。我国基础研究和原始创新不断加强，一些关键核心技术实现突破，战略性新兴产业发展壮大，载人航天、探月探火、深海深地探测、超级计算机、卫星导航、量子信息、核电技术、大飞机制造、生物医药等取得重大成果，中国进入创新型国家行列。然而随着国际技术封锁的愈演愈烈，众多领域受制于人，中国的科技事业面临着重要的挑战，科技政策正在聚焦探索出一条科技自立自强的道路。

总体来说，中国科技领域未来将致力于加强基础科学研究，推广数字技术，加快数字化转型，鼓励科技企业加强创新和竞争力，加大对关键技术的支持和保护力度。未来的科技创新政策更加关注以下领域：

（1）新一代人工智能发展规划。政策特点：制定了 2030 年实现人工智能核心产业规模超过 1 万亿元的目标，重点支持人工智能基础理论、技术和应用的深度融合。

（2）数字人民币试点实施。政策特点：首次全球推出的中央银行数字货币，将数字技术与货币体系紧密结合，有望在金融业领域掀起深刻变革。

（3）加强网络安全等级保护的指导意见。政策特点：指导意见强调了网络安全等级保护的重要性，要求企业加强对网络安全的认识和保护，推进信息系统安全运行。

（4）针对芯片产业的多项政策出台。政策特点：政府将奖励芯片产业初创企业，提高对先进半导体设备及材料的进口关税，推动国产芯片的发展。

（5）数字经济发展三年行动计划。政策特点：计划提出了一系列数字经济发展目标及支持政策，将数字技术与现代化产业体系全面融合，促进经济高质量发展。

# 第四章　中国科技创新政策体系

伴随着我国对科技事业的认识逐步加深和科技体制改革不断深化，我国在不同时期研究制定了大量的科技创新政策。从系统论的视角出发，科技创新政策体系可分为三方面：要素政策、主体政策及网络政策。

## 一、科技创新政策体系概述

### （一）科技创新政策体系的理论基础

随着科技创新在国家发展与竞争中发挥着越来越重要的作用，构建一个系统有效的科技创新政策体系日渐成为重要国际议题。然而，面对复杂的社会现状，构建一个全面、科学、合理、清晰的科技政策体系面临着系统与具体两个层面上的障碍。系统角度主要有三方面挑战：一是科技创新深入各行各业，需要各个领域支持的同时，也对不同行业的发展起着关键作用；二是科技创新政策的对象囊括了纵向的每一个层面，既有国家层面的发展与安全，又有个体层面的人员与设施；三是科技创新对专业性水平要求较高，不同角度的创新政策要结合相应的发展特征与规律，才能真正做到科学有效。从具体角度看，科技创新政策的制定需要解决市场失灵、系统结构性失灵、系统改革的阻力和无力等具体问题。按照挑战与问题导向的思路，新古典主义经济理论和系统论的视角为科技创新政策体系的形成与发展提供了指引和理论基础。

从新古典主义经济模型看，由于创新是非损耗的、累积性的，市场分配机制可能会出现问题甚至失败，这时就需要政策加以干预，调节资源分配。从系统论视角看，科技创新是创造知识、转化知识并应用的过程，其本质是知识流动的系统，因而可能出现知识流动不畅导致系统失灵的情况，阻碍创新进程。科技创新

政策的完善能够促进知识的流转，提高创新绩效。

### （二）科技创新政策体系特征

科技创新政策体系是指不同科技创新政策单元之间和同一科技创新政策内部不同要素之间的关联性及其与经济、社会环境相互作用而形成的科技创新系统。科技创新政策体系应具备系统性、协调性与有效性、多层次性及有序开放性的特点。

一是系统性。一方面科技创新活动是包括了从科学发现、技术开发、技术转移到产业化完整链条的整个系统，另一方面科技创新活动与经济和社会的众多领域相互连接、相互作用。

二是协调性与有效性。科技创新政策不仅要解决知识创造的问题，也要解决知识的转化与应用问题，因此，科技创新政策体系往往与产业政策、区域政策等多领域政策相关联。但综合性政策体系不一定会实现比预期更好的政策效果，这是因为政策制定者更倾向于制定综合性政策，在这个过程中可能忽视了政策的目标导向，减弱了政策的有效性。

三是多层次性。科技创新政策体系的多层次特征体现为纵向与横向两方面的层次性。从纵向结构来看，科技创新政策体系从高层到低层分为若干等级。科技创新政策体系既要走向科技前沿，也要面向民众发展；既是宏观政策的落脚点，也是微观政策的参考点。此外，要从创新主体的视角来进行政策设计。从横向结构来看，科技创新政策体系应整合供给面政策、环境面政策、需求面政策。

四是有序开放性。一方面科技创新政策体系应按照一定的秩序有规则地进行设计及运行，另一方面要充分考虑政策体系运行时与经济、社会环境之间的相互作用。

### （三）我国科技创新政策体系及内容描述

我国科技创新政策体系及内容发展是从思想到政策、从具体到综合的过程，即我国政策理论进步先于创新活动和实践需要。我国科技创新政策的文件主要包括三个重点部分：科技创新政策体系、科技体制机制改革及科技创新政策的最新要求。具体如表 4-1 所示。

**表 4-1　科技创新政策体系归纳**

| 分类 | 主要政策 | 政策主要内容 |
| --- | --- | --- |
| 科技创新政策体系 | 《国家中长期科学和技术发展规划纲要（2006—2020 年）》 | 中国特色国家创新体系五大分类：技术、知识、国防科技、区域、科技中介服务创新体系 |

续表

| 分类 | 主要政策 | 政策主要内容 |
| --- | --- | --- |
| 科技创新政策体系 | 《国家创新驱动发展战略纲要》 | 建设国家创新体系的四大分类：创新要素、创新主体、创新体制、创新环境 |
| | 《国务院关于印发"十三五"国家科技创新规划的通知》 | 建设高校协同的国家创新体系的六大分类：创新主体、创新基地、创新增长极、创新网络、创新治理结构、创新生态 |
| 科技体制机制改革 | 《中共中央　国务院关于深化体制机制改革加快实施创新驱动发展战略的若干意见》 | 建立技术创新市场导向机制；构建更加高效的科研体系；创新培养、用好和吸引人才机制；完善成果转化激励政策；强化金融创新的功能；加强创新政策统筹协调；推动形成深度融合的开放创新局面；营造激励创新的公平竞争环境 |
| | 《中共中央办公厅　国务院办公厅印发〈深化科技体制改革实施方案〉》 | 建立技术创新市场导向机制；构建更加高效的科研体系；改革人才培养、评价和激励机制等的创新人才体系；健全促进科技成果转化的机制；建立健全科技和金融结合机制；构建统筹协调的创新治理机制；推动形成深度融合的开放创新局面；营造激励创新的良好生态；推动区域创新改革 |
| 科技创新政策的最新要求 | 《中华人民共和国国民经济和社会发展第十四个五年规划和2035年远景目标纲要》 | 以强化国家战略科技力量、激发人才创新活力、提升企业技术创新能力、完善科技创新体制机制为战略目标 |
| | "十四五"深化科技管理体制改革具体任务内容（2021） | 加快科技管理职能转变；整合财政科研投入体制；推行技术总师负责制；健全科技评价机制；建立健全科研机构现代院所制度；建立健全创新资源自由有序流动机制；深入推进全面创新改革试验 |

综合前文对理论的讨论，从系统论的视角能更好地找到构建科技创新政策体系分析框架的路径，这种视角也得到了学界的广泛认可。系统是由多层次、多要素、相互作用的各个部分组成的。对应系统论角度，本书构建的科技创新政策体系框架如表4-2所示。

**表4-2　科技创新政策体系框架**

| 分类 | 主要内容 |
| --- | --- |
| 科技创新要素 | 科技人才政策 |
| | 科技投入政策 |
| | 科技创新基础条件平台与基地政策 |
| | 深化科技管理体制改革与加强创新政策统筹协调 |
| | 科技创新环境政策 |

续表

| 分类 | 主要内容 |
|---|---|
| 科技创新主体 | 企业技术创新政策 |
| | 创新创业服务机构政策 |
| | 科研院所与高等院校政策 |
| 科技创新网络 | 产业技术政策 |
| | 科技创新区域政策 |
| | 产学研结合 |
| | 促进科技成果转化政策 |
| | 军民融合 |

## 二、科技创新要素政策

### （一）科技人才政策

科技人才是指具有一定的专业知识或专门技能，从事创造性科学技术活动，并对科学技术事业及经济社会发展作出贡献的劳动者。科技人才是科技创新的关键因素，是推动国家经济社会发展的重要力量。从理论层面来看，科技人才政策包括人才培养、引进、激励、评价等方面。从现实实践层面来看，我国在统筹提升科技人才队伍的规模与质量上，已经形成人才快速发展的“新态势”。综合我国科技人才政策的理论角度与现实因素，《中国科技创新政策体系报告》研究组将我国科技人才政策大体划分为人才培养、人才引进、人才使用管理、人才流动及人才创业五类。

1. 科技人才政策发展历程

党中央及政府逐步树立“人才资源是第一资源”的科技人才政策基本理念，并形成了以调整优化人才布局、突出高端引领、促进人才流动、实施重大人才工程、探索技术要素参与分配及鼓励创新创业为特点的科技人才政策体系。

同我国科技创新政策发展历程同步，我国科技人才政策经历了从知识分子政策到人才政策五个阶段发展历程。第一阶段是“组织知识分子队伍”阶段。这一阶段科技人才政策的实施，开始重视知识分子人才队伍的建设，为改革开放以后的科技发展奠定了基础。第二阶段是“落实科技人才政策”阶段。这个时期，随着科技体制改革的启动，科技人才的社会地位、工作环境等发生了重大变化，科技人才政策进入了新的发展阶段。第三阶段是“人才强国战略”阶段。这个时期，随着社会主义市场经济的逐步建立，人才强国战略的提出使我国科技和人才的管理向科学、合理迈进了一大步。第四阶段是“人力资源强国政策”阶段。这个时期，“以人为本”的人才管理观念逐渐得到重视，我国科技人才管理走向国家、科技、人才三者统一的阶段。第五阶段是“人才驱动战略政策”阶段。这个时期，国家牢固树立人才是第一资源的理念，大力加强高层次创新型科技人才的培养。

2. 人才培养政策

我国人才培养政策主要包括青年科技创新人才培养、国内高层次创新人才培养及紧缺领域专业技术人才培养三个方面，初步形成了针对不同阶段、接力式的人才培养计划支持体系。

青年科技创新人才培养是国家科技与创新未来发展潜力的重要保障。我国针对青年科技人才的支持计划及支持部门越来越多，但以支持对象来看，仍主要集中在基础研究领域。《国家中长期人才发展规划纲要（2010—2020 年）》明确提出实施青年英才开发计划，并提出重点支持和培养中青年科技创新领军人才。

高层次创新人才的培养是迅速提升国家人力资源水平和科技创新能力的关键。2007 年，科学技术部出台《关于印发〈关于在重大项目实施中加强创新人才培养的暂行办法〉的通知》，优先支持由青年研究员主持的、知识结构合理的、跨领域合作的团队研究。

紧缺领域专业技术人才培养工作为我国提供强有力的人才支撑。我国紧缺领域专业技术人才培养政策的制定，紧跟国家产业发展及企业需求，形成了政府调控、院校引导、单位吸引、学生自愿的培养机制。2007 年，教育部、国家发展和改革委员会等联合发布《教育部、国家发展改革委、财政部、人事部、科技部、国资委关于进一步加强国家重点领域紧缺人才培养工作的意见》。

3. 人才引进政策

我国人才引进政策同时关注留学归国人才与海外来华人才，就引进对象来看，主要是高层次创新人才。自 2006 年《国家中长期科学和技术发展规划纲要（2006—2020 年）》和 2010 年《国家中长期科技人才发展规划（2010—2020 年）》发布实施以来，一系列以引进海外高层次人才及团队为目标的政策和措施纷纷加紧实施，我国海外人才引进工作逐渐制度化、规范化和常态化。“中国留学人员回国创业启动支持计划”和“海外赤子为国服务行动计划”是这一时期并行的重点措施。

4. 人才使用管理政策

我国人才使用管理政策主要包括人才管理、职称评定、收入分配、工资制度、人才评价五个方面。

人才管理方面，主要关注创造宽松的环境和鼓励人员流动两方面。1985 年 3 月，中央出台的《中共中央关于科学技术体制改革的决定》，对促进人才流动、试行聘任制、允许适当兼职等问题进行明确。

职称评定方面，我国打破专业技术职务终身制，推动人才流动的实现。2011 年 8 月，配合推进实施事业单位分类改革，《中共中央办公厅 国务院办公厅印发〈关于进一步深化事业单位人事制度改革的意见〉的通知》发布，全面推行聘用制，大力推行竞聘上岗制度。

收入分配方面，一方面我国开始探索生产要素分配的制度改革，另一方面也在先行试点技术要素参与分配的制度。2012 年《中共中央、国务院印发〈关于深化科技体制改革加快国家创新体系建设的意见〉》发布，提出要完善科技人员收入分配政策，健全与实际贡献等紧密联系和鼓励创新创造的分配激励机制。

工资制度方面，我国政策调整的方向主要包括突出不同事业单位的特点、建立激励机制和监督约束机制、健全收入分配制度三个方面。

人才评价方面，坚持注重公平、公开、全面、重视能力的政策导向。《中共中央、国务院印发〈关于深化科技体制改革加快国家创新体系建设的意见〉》明确要求建立以科研能力和创新成果等为导向的科技人才评价标准，完善人才发展机制，激发科技人员积极性与创造性。

5. 人才流动政策

促进科技人才流动才能更好实现人才的合理分布与人才价值的最大发挥。但人才的流动并不是无序的，而是要有计划、有步骤地促进科技人员按照合理的方向流动，即从城市到农村；从大城市到中小城市；从内地到边远地区；从科技人员富余的部门和单位，到科技力量薄弱而又急需加强的部门和单位。

为了更好地促进人才流动，国家出台相关政策建立人才产权制度，解除人才流动的户籍限制，破除人才流动中的身份限制，从根本上打破人才流动的阻碍。2002 年 5 月，我国发布第一个综合性人才队伍建设规划《2002—2005 年全国人才队伍建设规划纲要》，要求改革户籍管理制度，探索多种人才流动形式，加快建立和完善养老保险、失业保险、工伤保险和医疗保险制度。

6. 人才创业政策

科技人才创业扶持政策的完善，能够打破捆住科技人员手脚、束缚市场活力和社会创造力的不合理现象，推动大众创新创业局面的形成。2015 年，《国务院关于大力推进大众创业万众创新若干政策措施的意见》明确提出，支持科研人员、大学生及境外人才来华创业。总体来看，我国已出台包括科技人员、海外留学人才、高校大学毕业生等多群体在内的全方位的创业扶持政策。

支持科技人员创办科技企业。《国家中长期科技人才发展规划（2010—2020年）》提出要重点扶持一大批拥有核心技术或自主知识产权的优秀科技人才创办科技型企业，同时健全科技人才流动和利益保障机制，为科技人才流动提供良好的服务，促进科技人才向企业流动和集聚。

鼓励留学人员归国创新创业。我国鼓励留学人员归国创新创业政策体系，以留学人员创业园的建设和增加为主体，同时注入留学人员创新创业大赛等新元素。2011 年，《中组部　人力资源社会保障部印发〈关于支持留学人员回国创业的意见〉的通知》发布，正式从国家层面对支持留学人员回国创业的各方面政策作出规定。

允许在校大学生（研究生）创办科技型企业。鼓励大学生自主创新创业也是我国科技人才创业政策体系的重要组成部分，主要体现在增强创业意识、培养创业技能、宽容创业失败几个方面。人社部等九部委于 2010 年、2014 年实施两轮“大学生创业引领计划”，具体包括普及创业教育、加强创业培训、提供工商登记和银行开户便利等政策。

### （二）科技投入政策

根据《关于改进和加强中央财政科技经费管理的若干意见》，我国中央财政科技投入主要分为以下五类：国家科技计划（专项、基金等）、科研机构运行经费、基本科研业务费、公益性行业科研经费和科研条件建设经费。

*1. 我国科技投入政策的发展历程*

改革开放以来，国家科技计划经历了从无到有、从有到多、从多到统的发展历程。

第一阶段是科技计划从无到有。1982 年，国家科学技术委员会和国家计划委员会发布“第六个五年计划科学技术攻关项目计划”，标志着我国综合性科技计划从无到有，成为我国科技计划体系发展的里程碑。第二阶段是科技计划从有到多。在国家科技攻关计划之后，我国陆续出台了一系列由国家财政支持的科技计划（基金、专项），如国家自然科学基金、“863”计划等。这些计划的设立和实施取得了一系列重大科研成果，有力地支撑了我国改革与发展的进程。第三阶段是科技计划从多到统。2014 年，《国务院关于深化中央财政科技计划（专项、基金等）管理改革方案的通知》（以下简称《计划改革方案》）发布，提出通过撤、并、转等方式按照新的五个类别对现有科技计划（专项、基金等）进行整合，大幅减少科技计划（专项、基金等）数量。

2. 中央财政科技政策体系

改革开放以来，我国相继设立的科技计划解决了一大批制约经济和社会发展的技术"瓶颈"问题，全面提升了我国科技创新整体实力。但也存在缺乏顶层设计和统筹考虑、条块分割、多头申报项目、资源配置"碎片化"等突出问题，以及重复、分散、封闭、低效等现象。

2014年的《计划改革方案》提出建立公开统一的国家科技管理平台和优化形成五大类科技计划（专项、基金等）布局体系。新五类科技计划（专项、基金等）既有各自的支持重点和各具特色的管理方式，又彼此互为补充，通过统一的国家科技管理平台，建立跨计划协调机制和评估监管机制，确保五类科技计划（专项、基金等）形成整体，既聚焦重点，又避免交叉重复。具体如表4-3所示。

**表4-3　新五类科技计划（专项、基金等）功能定位**

| 计划 | 分类 | 计划路径 |
| --- | --- | --- |
| 科技计划（基金、专项等）通过撤、并、转等方式整合原有计划（基金、专项等） | 国家自然科学基金 | （在原有国家自然科学基金的基础上）进一步完善管理，加大资助力度；加强基金与其他类科技计划的有效对接 |
| | 国家科技重大专项 | （在原国家科技重大专项的基础上）进一步改革创新组织推进机制和管理模式，突出重大战略产品和产业化目标，控制专项数量，与其他科技计划（专项、基金等）加强分工与衔接，避免重复投入 |
| | 国家重点研发计划 | 将科学技术部管理的国家重点基础研究发展计划、国家高技术研究发展计划、国家科技支撑计划、国际科技合作与交流专项，国家发展和改革委员会、工业和信息化部共同管理的产业技术研究与开发资金，农业部、国家卫生和计划生育委员会等13个部门管理的公益性行业科研专项等，整合形成一个国家重点研发计划 |
| | 技术创新引导专项（基金） | 对国家发展和改革委员会、财政部管理的新兴产业创投基金，科学技术部管理的政策引导类计划、科技成果转化引导基金，财政部、科学技术部等四部委共同管理的中小企业发展专项资金中支持科技创新的部分，以及其他引导支持企业技术创新的专项资金（基金）进行分类整合 |
| | 基地和人才专项 | 对科学技术部管理的国家（重点）实验室、国家工程技术研究中心、科技基础条件平台、创新人才推进计划，国家发展和改革委员会管理的国家工程实验室、国家工程研究中心、国家认定企业技术中心等合理归并，进一步优化布局，按功能定位分类整合。加强相关人才计划的顶层设计和相互衔接 |

### （三）科技创新基础条件平台与基地政策

科技创新基础条件平台与基地政策是面向国家（重点）实验室、工程（技术）研究中心等研究实验基地和重大科研基础设施、科学数据共享平台等的一类要素政策。科技创新基础条件平台与基地为国家创新水平的提高提供着重要的资源和载体，是实施创新驱动发展的关键前提和物质保障。

改革开放以来，我国一直十分重视科技创新基础条件平台与基地建设，经过多年的探索，我国这类政策呈现出以下特点：围绕着创新链条支持各类科技创新基地的建设布局，基本完成了涵盖多个创新环节的各类科技创新基地的建设布局。依托科技基础条件平台建立起科技基础条件资源网络体系，强调科技创新资源的开放共享。这类政策主要包括科技创新基地建设与运行管理政策、重大科研基础设施建设和运行管理政策、国家科技基础条件平台建设和运行管理政策及开放共享政策四个部分。

1. 科技创新基地建设与运行管理政策

科技创新基地是面向科学技术前沿发展、国家战略需求及产业创新发展需要，依托科研院所、高等院校及有关企业组建的开展前沿性、基础性、战略性研究及产业共性关键技术研发等科技创新活动的重要研发与创新基地，主要包括国家（重点）实验室、国家工程技术研究中心、国家工程技术中心等。

近年来，国家发布的主要文件有《中共中央、国务院印发〈关于深化科技体制改革加快国家创新体系建设的意见〉》《国务院关于印发国家重大科技基础设施建设中长期规划（2012—2030 年）的通知》等，加强了布局建设和运行管理，进一步推动了科技创新基地建设及其开放与共享。这一系列政策重点关注了四个方面：不断优化各类创新基地布局，强调功能差异化发展；加强对科技创新基地的经费支持；加强科技创新基地的运行管理；强调建立科技创新基地的绩效评估机制。

2. 重大科研基础设施建设和运行管理政策

重大科研基础设施是为探索未知世界、发现自然规律、实现技术变革提供极限研究手段的大型复杂科学研究系统，是突破科学前沿、解决经济社会发展和国家安全重大科技问题的物质技术基础。《国务院关于印发国家重大科技基础设施建设中长期规划（2012—2030 年）的通知》是我国历史上第一份系统部署国家重大科研基础设施中长期建设和发展的指导性文件。

国家为推动重大科研基础设施出台的一系列政策，一方面关注构建布局完整、技术先进、运行高效、支撑有力的重大科技基础设施体系；另一方面重视健全面向重大科技基础设施的建设运行的全过程管理制度。2014 年，《关于印发实施〈国家重大科技基础设施管理办法〉的通知》发布，重点从主体责任、项目决策与申报、建设管理、运行管理等多方面进行规范引导。

3. 国家科技基础条件平台建设和运行管理政策

科技基础条件平台是在信息、网络等技术支撑下，由研究实验基地、大型科学设施和仪器装备、科学数据与信息、自然科技资源等组成，通过有效配置和共享，服务于全社会科技创新的支撑体系。它是优化科技资源配置、推动科技资源开放共享的重要载体，是科技创新的物质基础和根本保障。

为改变我国科技条件建设多头管理、分散投入的状况，推动创新资源合理分配，2003年，国家启动了科学基础条件平台建设。《国家中长期科学和技术发展规划纲要（2006—2020年）》明确提出，加强科技基础条件平台建设，其建设重点包括：①国家研究实验基地。根据国家重大战略需求，在新兴前沿交叉领域和具有我国特色与优势的领域，主要依托国家科研院所和研究型大学，建设若干队伍强、水平高、学科综合交叉的国家实验室和其他科学研究实验基地。加强国家重点实验室建设，不断提高其运行和管理的整体水平。构建国家野外科学观测研究台站网络体系。②大型科学工程和设施。重视科学仪器与设备对科学研究的作用，加强科学仪器设备及检测技术的自主研究开发。建设若干大型科学工程和基础设施，包括在高性能计算、大型空气动力研究试验和极端条件下进行科学实验等方面的大型科学工程或大型基础设施。推进大型科学仪器、设备、设施的共享与建设，逐步形成全国性的共享网络。③科学数据与信息平台。充分利用现代信息技术手段，建设基于科技条件资源信息化的数字科技平台，促进科学数据与文献资源的共享，构建网络科研环境，面向全社会提供服务推动科学研究手段、方式的变革。④自然科技资源服务平台。建立完备的植物、动物种质资源，微生物菌种和人类遗传资源以及实验材料，标本、岩矿化石等自然科技资源保护与利用体系。⑤国家标准、计量和检测技术体系。研究制定高精确度和高稳定性的计量基标准与标准物质体系，以及重点领域的技术标准，完善检测实验室体系、认证认可体系及技术性贸易措施体系。

4. 开放共享政策

针对我国科技资源分散、重复、封闭、低效等问题，应坚持“创新机制，盘活存量，整合完善，开放共享”的方针；强化政策法规建设，优化科技资源开放共享制度环境；整合和完善科技资源共享服务平台，构建多层次、多领域、定制化服务的开放共享网络；实行分类开放共享；建立促进开放的激励引导机制；建立科研设施与仪器开放评价体系和奖惩办法；加强开放使用中形成的知识产权管理。

### （四）深化科技管理体制改革与加强创新政策统筹协调

推动科技创新政策体系更加科学化、合理化、系统化，应强化政策的管理与统筹，做好深化科技体制改革并加强创新政策统筹协调，做好政策规划的同时注重政策目标方向的一致性，促进科技创新高效率、高质量地成长。

1. 深化科技管理体制改革发展及政策

深化科技管理体制改革能够有效提升科技资源分配效率，解决科技资源市场失灵现象，疏通创新障碍，加强科技、经济、社会等方面政策的统筹协调和有效衔接，推进科技治理体系和治理能力现代化建设。我国深化科技管理体制改革的发展历程主要包括以下三个阶段：

一是科技创新管理体制改革阶段政策（1985~2005 年）。1995 年，中共中央、国务院作出《关于加速科学技术进步的决定》，提出深化科技体制改革，建立适应社会主义市场经济体制和科技自身发展规律的新兴科技体制，建立适应社会主义市场的经济体制的宏观科技管理体系。

二是科技创新宏观管理与统筹协同阶段政策（2006~2014 年）。2006 年《国家中长期科学和技术发展规划纲要（2006—2020 年）》提出推进科技管理体制改革，重点是健全国家科技决策机制，切实提高整合科技资源、组织重大科技活动的能力。

三是科技创新治理阶段政策（2015 年至今）。这一阶段的主要政策包括 2015 年发布的《中共中央办公厅　国务院办公厅印发〈深化科技体制改革实施方案〉》、2016 年发布的《国务院关于印发“十三五”国家科技创新规划的通知》及 2020 年发布的《中共中央关于制定国民经济和社会发展第十四个五年规划和二〇三五年远景目标的建议》。

2. 加强创新政策统筹协调

加强创新政策统筹协调是科技管理体制的重要内容之一，与深化科技管理体制改革共同构成科技管理体制内容，二者有机结合，密不可分。

加强创新政策的统筹协调主要包括三个部分的重点内容，分别是建立健全国家科技宏观统筹协调机制、加强创新体系整体统筹部署和协同创新、完善政府统筹协调和政策咨询机制。发布的主要政策文件有 2006 年的《国家中长期科学和技术发展规划纲要（2006—2020 年）》、2012 年的《中共中央、国务院印发〈关于深化科技体制改革加快国家创新体系建设的意见〉》及 2016 年的《国务院关于印发“十三五”国家科技创新规划的通知》等。

### （五）科技创新环境政策

创新环境对于新知识、新技术的产生具有显著的外部影响。良好的环境能够催生创新成果的产生与转化，混乱的创新环境可能扼杀创新行动。因此，为科技创新提供良好的发展环境，是科技创新要素政策的重要组成部分。主要包括支持科技创新的政府采购政策、金融政策、市场环境、法律环境、知识产权与技术标准政策、国际化政策及文化环境政策 7 个部分。

1. 支持科技创新的政府采购政策

政府采购政策是一个常用的创新支持政策。自 1995 年《关于进一步实施火炬计划加速高新技术产业化的若干意见》提出实行有利于高新技术产业发展的国家采购政策和技术标准政策以来，至 2006 年《国家中长期科学和技术发展规划纲要（2006—2020 年）》全面提出政府采购政策框架，我国政府采购政策在探索中不断总结经验，日渐成为我国创新政策的一个重要组成部分。主要内容包括扶持自主创新、支持技术创新服务及建立符合国际规则的支持采购创新产品和服务的政府采购政策。

2. 支持科技创新的金融政策

金融与科技的紧密结合是创新的一大助力，我国从 20 世纪 90 年代开始制定促进科技与金融结合的政策以来，从试点开始到建立科技和金融结合协调机制，不断创新发展金融服务科技的方式和途径，金融为科技创新提供了有力保障。科技金融是指通过创新财政科技投入方式，引导和促进银行业、证券业、保险业的金融机构和创业投资等各类资本为初创期到成熟期各个发展阶段的科技企业提供融资支持和金融服务。支持科技创新的金融政策的发展主要经过了制定促进科技和金融结合阶段、建立科技和金融结合阶段及健全支持科技创新创业人的金融体系阶段三个阶段政策的演变。

自 1985 年《中共中央关于科学技术体制改革的决定》提出要设立创业投资和积极开展科学技术信贷业务，我国科技金融事业逐步开展到 2006 年《国家中长期科学和技术发展规划纲要（2006—2020 年）》及其配套措施不断改善科技金融环境政策，再到 2021 年《中华人民共和国国民经济和社会发展第十四个五年规划和 2035 年远景目标纲要》提出完善金融支持创新体系，推进金融机构数字化转型等要求，把科技与金融的结合工作推向了新阶段。

支持科技创新的具体金融政策主要涉及创业风险投资、科技担保和贷款、科技保险等方面。创业风险投资的对象往往是高科技企业，这些企业具有极高的成长性和效益性，但其在发展初期往往缺乏资金且面临着较高的风险，因而需要创业风险投资机构的资金支持。加大政府对创业风险投资的支持力度，改善投资环境，是非常必要的举措。近年来，创业风险投资政策逐渐完善，出台了一系列促进创投业发展的政策措施，营造出了有利的政策环境。

科技信贷与担保政策主要是针对科技型中小企业的融资问题。科技信贷政策主要是对商业银行对科技型中小企业的贷款进行指导和规定，其发展历程大致分为四个阶段：建立政策框架和基础；知识产权质押融资概念提出；对小企业支持进一步强化；政策综合推进，投资联动等新工具出现。而科技担保政策的发展主要从两方面展开：一方面是加强中小企业信用担保体系建设，另一方面是逐步规范担保行业。

科技保险是指采取政策引导和商业化运作的经营模式，由政府提供财政补贴和税收优惠，通过保险公司的商业化运作，为高新技术企业提供财产、人员、责任及融资等方面的保险保障和服务，以提高企业的生存和发展能力。科技保险政策的发展主要经历了推动在产品研发、成果转化和出口方面进行科技保险探索与不断创新科技保险产品、加大对中小企业的支持力度两个阶段。

3. 科技创新市场环境

积极营造公平、开放、透明的市场环境，发挥市场竞争激励创新的根本性作用，才能充分激发市场主体创新活力，加快形成大众创业、万众创新的创新新气象。与科技创新市场环境有关的政策主要包括以下两个方面：

一是营造激励创新的公平、开放、透明的市场竞争环境。2015 年，《中共中央 国务院关于深化体制机制改革加快实施创新驱动发展战略的若干意见》提出营造激励创新的公平竞争环境。发挥市场竞争激励创新的根本性作用，营造公平、开放、透明的市场环境，强化竞争政策和产业政策对创新的引导，促进优胜劣汰，增强市场主体创新动力。2015 年，《中共中央办公厅 国务院办公厅印发〈深化科技体制改革实施方案〉》提出，积极营造公平、开放、透明的市场环境，推动大众创业、万众创新。强化知识产权保护，改进新技术新产品新商业模式的准入管理和产业准入制度，营造勇于探索、鼓励创新、宽容失败的文化和社会氛围。

二是放管结合营造公平市场环境。2018 年，《国务院关于推动创新创业高质量发展打造“双创”升级版的意见》提出放管结合营造公平市场环境。加强社会信用体系建设，构建信用承诺、信息公示、信用分级分类、信用联合奖惩等全流程信用监管机制。引导和规范共享经济良性健康发展，推动共享经济平台企业切实履行主体责任。

4. 科技创新法律环境

落实和完善创新政策法规，加强科技立法和执法工作，强化创新法治保障，使创新在法律保护完善的环境中茁壮成长。与科技创新有关的法律政策主要包括

以下三个方面：

一是加强科技立法和执法工作。1995 年，《关于加速科学技术进步的决定》提出加强科技立法和执法工作，依法惩处各种形式的侵犯知识产权的违法行为，打击各种假冒科技之名危害人民利益的违法活动，反对各种伪科学活动，使科技工作沿着法制的轨道有序地进行。

二是强化创新法治保障。2016 年，《国务院关于印发“十三五”国家科技创新规划的通知》明确落实和完善创新政策法规，提出强化创新法治保障，要求推动科技资源共享立法，研究起草科学数据保护与共享等法规，强化财政资助形成的科技资源开放共享义务。此外，我国还落实《中华人民共和国科学技术进步法》《中华人民共和国促进科技成果转化法》《中华人民共和国科学技术普及法》等法律文件，努力为科技创新保驾护航。

三是健全保护创新的法治环境。2016 年，《中共中央　国务院印发〈国家创新驱动发展战略纲要〉》提出健全保护创新的法治环境。加快创新薄弱环节和领域的立法进程，修改不符合创新导向的法规文件，废除制约创新的制度规定，构建综合配套精细化的法治保障体系。

5. 知识产权与技术标准政策

知识产权是指“权利人对其所创作的智力劳动成果所享有的财产权利”，是针对权利人在权利时期内的专有权利。知识产权主要包括专利权、商标权、服务标志权、厂商名称权、原产地名称权、制止不正当竞争权等。我国知识产权政策包括知识产权创造、知识产权运用、知识产权保护、知识产权管理四种。从中华人民共和国成立初期到改革开放，再到现在，我国的知识产权政策经历了从无到有、从学习模仿到初步发展完善，再到与国际接轨的提升成长，现在正在主动地进行战略性设计。

经过几十年的发展，从主体角度来看，我国对企业研发的关注与支持越来越多，并积极培育相关专业的人才队伍，为知识产权政策未来的发展储备人才。从管理角度来看，我国知识产权管理从大类管理中分离出来成为相对独立的政策类别，并形成了由知识产权行政管理机关、海关及司法机关共同保护的格局，相关案件管辖和确权类案件审理分工更加规范与合理，知识产权政策全面进入了主动的战略设计阶段。

技术标准是指“从事生产、建设工作及商品流通的一种共同技术依据”。技术的标准化为知识产权的赋予提供了依据，是创新成果的衡量依据，对科研和创新具有重要作用。我国现行的标准化法将标准按属性分为强制性标准和推荐性标准，此外，标准还可以分为市场主导的标准化和行政主导的标准化，我国目前实行的是行政主导的标准化。2013 年 12 月，国家标准化管理委员会、国家知识产权局联合颁布《国家标准涉及专利的管理规定（暂行）》，首次对国家标准涉及专利的相关问题作了规范，这对我国专利标准化制度的建设具有里程碑式的意义。

6. 创新国际化政策

创新国际化政策为企业、高校科研院所等创新主体更便捷、更高效地运用世界范围内的创新资源提供了前提条件，疏通创新资源交流通道，是提升我国总体创新能力及国家竞争力，在世界创新版图上拥有一席之地的必由之路。

研发合作（合作开发）是指“合作各方就某项工程或某项产品共同进行设计或分工协作完成设计任务”。改革开放以来，我国的研发合作战略和政策经历了从恢复国际科技合作到全面开展国际科技合作，再到互利共赢开展国际科技合作的转变。恢复国际科技合作时期，我国的国际研发合作主要是从四个方面展开：确定了该阶段国际科技合作的具体方针；调整了对科技外事工作的归口管理；建立了人才引进工作管理体制；加强了驻外机构的科技调研。全面开展国际科技合作时期，随着我国对外开放的扩大，我国出现了引进西方设备和技术的高潮。互利共赢开展国际科技合作时期，我国的研发合作政策出现了重大转变，主要体现在向多主体、以需求为导向、“引进来”和“走出去”相结合、战略层国际化合作方向转变。

此外，其他创新国际化政策还包括企业国际化创新及引进外资创新等。企业国际化创新政策方面，我国政策主要有向政府引导、多主体共同参与转变及“引进来”和“走出去”相结合转变两大特点。引进外资创新政策方面，我国经历了初期的“超国民待遇”后，逐渐向外商直接投资企业与内资企业等同对待转变；引进的外资也由初期的以生产性为主要目的，向按需引进、鼓励研发方向发展。

7. 文化环境政策

营造有利于创新发展和人才成长的科技创新环境，是建设创新型国家的重要方面。改革开放以来，我国政府不断出台相关政策优化创新创业环境。

我国创新文化环境政策发展主要包括以下几个阶段：第一阶段是加强科技创新宣传和普及工作阶段（2006 年前）。1994 年，《中共中央、国务院关于加强科学技术普及工作的若干意见》提出，通过各种宣传媒介和舆论工具、设施场所，以群众喜闻乐见的形式，在广大人民群众中大力普及科技知识、科学思想和科学方法，进行辩证唯物主义和历史唯物主义的教育。第二阶段是全民科学素质行动计划阶段（2006~2015 年）。这一阶段主要的政策内容有以下几个方面：提高全民科学文化素质；全民科学素质行动；加强国家科普能力建设；培育新文化。第三阶段是国家科普与创新文化建设阶段（2016 年至今）。这一阶段主要的政策内容有以下几个方面：完善国家科普基础设施体系；进行创新文化建设，营造激励

科技创新的社会文化氛围；促进文化和科技深度融合；优化创新创业创造生态，弘扬科学精神和工匠精神；加大县域科普力度。

文化环境政策包括科研诚信政策、科普政策和科技奖励政策三个方面。科研诚信政策方面，我国相关部门已经出台一系列科研诚信管理规范性文件，同时建立起科研诚信建设联席会议制度，并着手建立健全我国科技信用管理体系。2008年7月1日起实施的《中华人民共和国科学技术进步法》是我国科技诚信管理方面的重要法律依据，其中包括了与诚信管理直接相关的条文，涉及追究监管机构失职责任，还对科研不端行为及相应的经费问题做了明确规定。科普政策方面，总体来看，我国科普工作起步较晚，正在从政策走向法制，从全民普及走向重点人群攻关。主要政策抓手包括推进科普及配套设施建设、向农村及少数民族地区进行政策倾斜等。科技奖励政策方面，科技奖励在调动科研人员的积极性和创造性、促进科技发展和提高综合国力方面，具有重要作用。我国科技奖励事业与中华人民共和国科技发展同步，经过多年发展，科技奖励已经成为国家人才政策、科技政策的重要组成部分。中华人民共和国成立之初就建立了对科技人才的激励政策。目前，我国已经正式建立科技奖励制度，形成国家级、省级和社会力量设奖相结合的具有中国特色的科技奖励体系。

## 三、科技创新主体政策

### （一）企业技术创新政策

企业是科技创新的重要主体之一，其创新行为拥有更高的自由度，有极大的创新潜力，但常常在创新动力、创新资源或创新成果转化方面遇到阻碍，因此需要政府制定有关政策支持企业的创新发展。完善的企业技术创新政策能够促进企业提高技术创新投入、加强研发组织建设、提高技术创新能力和提升从技术创新获益，进而在国家创新体系中提升企业技术创新主体地位。自2006年《国家中长期科学和技术发展规划纲要（2006~2020年）》实施以来，到2016年中共中央、国务院印发《国家创新驱动发展战略纲要》，促进企业技术创新政策逐步完善，企业创新拥有了更全面、更体系化的保障。

1. 我国企业科技创新政策发展历程

我国支持企业技术创新的政策始于科技体制改革，此后国家层面颁布的相关政策总计大约为12500项。从科技政策的演变上看，我国企业科技创新政策的发展是对科技创新、政策改革的理解逐步深化的过程，主要可以分为五个阶段。

第一阶段是 1978 年的国家科技发展战略会议启动了科技改革进程，重新认识了科学技术的地位和作用，进行了自下而上的试点改革，是科技体制改革的准备期。第二阶段是 1985 年正式启动科技体制改革，其首要目标是克服改革前研发与产业脱节的关键弊端。第三阶段是 1995 年推出“科教兴国战略”，由此进入了科技政策改革的新阶段，开始“构建以企业为中心的科技创新体系”的政策。第四阶段是 2006 年我国召开第一次全国科技大会，《国家中长期科学和技术发展规划纲要（2006—2020 年）》发布，提出了自主创新战略和建设创新型国家目标，这标志着我国进入了国家创新体系建设新时期。第五阶段是 2012 年全国科技创新大会召开，我国进入全面实施创新驱动发展战略新时期。

企业技术创新政策经过几十年的发展，逐步完成了从框架政策向逐步细化、从关注大型企业向大型企业与中小微企业并重、从直接的政策手段向放管结合及多样化的政策手段转变。

2. 支持企业技术创新的各类政策

在为支持企业自主创新而颁布的政策方面，主要包括支持企业自主研发的政策、支持企业创新机构建设的政策、支持国有企业及中小微企业创新政策。

鼓励和支持竞争前的研发活动特别是研发投入，是从创新源头注入根本动力，是各主要发达国家通用、有效的创新政策。中国自 2006 年开始，出台了一系列关于企业研发投入的支持政策，主要政策抓手有税收优惠政策等，促进了我国企业研发经费投入的逐步增加，有力地推动了企业技术创新活动。企业研发费用税的加计扣除政策是一个被多数国家普遍采用的普适性政策，中国自实施以来多次进行政策调整，已经先后发布了六个相关文件、三次修改执行管理办法。新办法放宽享受税收优惠政策的研发活动范围，操作也更为细化。此外，2013 年，为支持中关村、东湖、张江三个国家自主创新示范区和合芜蚌自主创新综合试验区的建设，国家在试点地区试行优惠政策，并得到了地方政府及广大企业的认可，在后期得以全面推行。

支持企业创新机构建设的政策旨在引导企业围绕市场需求和长远发展，建立研发机构，围绕产业战略需求开展基础研究，创造良好的研发基础和创新环境。如发布《国家发展改革委　科技部印发关于加快推进民营企业研发机构建设的实施意见的通知》等，大幅度提高大中型工业企业建立研发机构的比例，着重提高我国企业基础研究和应用研究能力，增强我国企业的原始创新能力和集成创新能力。同时，国家鼓励企业积极承担国家科技计划项目，参与国家重大科技工程，如在国家科技支撑计划、“火炬计划”等计划中不断增加企业承担、参与比例。

国家施行支持国有企业技术创新的政策，主要关注技术创新指导、知识产权

考核、自主品牌建设及混合所有制改革四个方面。2015 年 10 月 25 日，《国务院关于改革和完善国有资产管理体制的若干意见》中指出，要“推进国有资本优化重组”。按照国有资本布局结构调整要求，加快推动国有资本向重要行业、关键领域、重点基础设施集中，向前瞻性战略性产业集中，向产业链关键环节和价值链高端领域集中，向具有核心竞争力的优势企业集中。

随着国家对中小微企业的政策关注度不断提升，其在创新中表现出的活力与日俱增，逐渐成为技术创新的一支重要力量，有力地推动着经济高质量发展。因此，我国的科技创新政策应对中小微企业提供更有效、更合理、更体系化的支持。我国出台的相关创新政策主要包括税收优惠、引导投资、技术转移、资金支持及出资标准五个方面。

3. 鼓励高新技术企业发展政策

高新技术企业是我国技术创新的领头兵。完善高新技术企业创新鼓励政策，引导高新技术企业发挥好创新示范带头作用，带动各行各业关注创新、尝试创新、钻研创新。我国出台的相关政策主要涉及经营自主权、股权激励及企业认定等方面。1999 年，《关于促进科技成果转化的若干规定》提出保障高新技术企业经营自主权，推动高新技术企业的发展；国家施行股权激励试点及创新积分制试点政策，促进高新技术企业增加研发投入，加快推动高新技术企业发展；高新技术企业认定管理办法自开始执行，经过三次修正，已经成为促进我国企业技术创新、推动高技术产业发展的重要政策。

除以上各类支持企业创新的政策外，还有支持企业创新成果转移转化、促进传统产业升级、鼓励战略性新兴产业发展等多种促进企业技术创新的政策，这共同构成了符合我国企业发展实际的创新政策体系环境。

### （二）科研院所与高等院校政策

科研院所和高等院校是我国国家科技创新政策体系主要的公共研发力量，是我国科技创新政策体系的重要行动主体，为国家和区域创新活动提供多方位的支持。近年来，我国对科研院所和高等学校实行了一系列综合政策，主要包括推进高等学校和科研院所体制机制改革，构建更加高效的科研体系；强化二者对企业等技术创新的源头支持；扩大二者科研相关自主权，探索建立赋予科研人员职务科技成果所有权或长期使用权的机制和模式；加强科研诚信建设；支持二者加强基础研究。

1. 科研院所创新政策发展历程

改革开放以来，从“科学的春天”，到激发科技人员积极性，到“稳住一头，放开一片”，到技术开发类院所企业化转制、公益类院所分类改革等，再到当前探索建立现代院所制度，科研院所作为我国科技的主要力量，其建设发展取得了巨大成就，改革步伐从未停止。

我国科研院所创新政策的发展经历了五个阶段：第一阶段是财政拨款制度。1978~1986年，我国财政科技拨款维持着计划经济时期的行政供给制，科技拨款按照单位和机构进行拨付。第二阶段是合同制管理。1985年，中共中央颁布《中共中央关于科学技术体制改革的决定》，为推进科技体制改革，国家启动了拨款制度改革，即按照不同类型科学技术活动的特点实行经费的分类管理。第三阶段是“稳住一头，放开一片”。进入20世纪90年代后，科研院所改革的走向是按照这一要求进行的，分流科技人才，调整科研结构。第四阶段是科研机构转制。1999年，《中共中央　国务院关于加强技术创新，发展高科技，实现产业化的决定》发布，推动应用型科研机构和设计单位实行企业化转制，大力促进科技型企业的发展。第五阶段是推动建立现代院所制度。2006年，中共中央、国务院发布的《中共中央　国务院关于实施科技规划纲要增强自主创新能力的决定》提出深化科研机构改革，建立健全现代科研院所制度。

2. 各类科研院所政策

科技创新政策中科研院所的政策对象包括应用类、公益类和基础类三类科研机构。

应用类科研院所，主要从事直接面向生产与实践的研究工作。我国针对此类科研院所的政策主要包括六个方面：开展应用类科研院所转制；推进和规范科研院所转制具体工作；坚定转制科研院所的市场化改革方向；引导和扶持新型研发机构发展；各地方积极出台相关政策，引导、扶持新型研发机构的发展；引导和鼓励其健康可持续发展。

社会公益类科研机构，主要从事农业、卫生、资源环境等与社会相关的科研工作，主要提供公共技术产品和服务，是政府协调社会发展不可或缺的技术支撑。加强社会公益科研事业，对社会公益类科研院所进行的改革重点关注了两个方面：一是开展社会公益类科研院所的分类改革；二是加强公益类科研院所的经费支持力度。

基础类科研院所的研究成果是科技创新的奠基石。针对基础类科研院所的政策主要有四个重点，分别是开展基础研究“五所二校”试点、加强基础类科研机构能力建设、加强中央级科研院所科技基础性工作的支持以及进一步推进大院大所改革。

3. 高等院校创新政策发展历程及政策

大学是我国培养高层次创新人才的重要基地，是国家未来科技发展培养生力军，是解决国民经济重大科技问题，实现技术转移、成果转化的预备军。我国高

等院校创新政策的发展，主要体现在对教育的认识逐步深化、与现代化结合逐步深入上。1992 年，党的十四大明确提出，“必须把教育摆在优先发展的战略地位，努力提高全民族的思想道德和科学文化水平，这是实现我国现代化的根本大计”。高等院校创新政策的代表性工程有“211 工程”“985 工程”等。

“211 工程”，即面向 21 世纪重点建设 100 所左右的高等学校和一批重点学科的建设工程，是新中国成立以来由国家立项在高等教育领域进行的规模最大、层次最高的重点建设工程。1995 年，经国务院批准，《国家计委、教委、财政部关于印发〈“211 工程”总体建设规划〉的通知》下发，“211 工程”正式启动建设。

1999 年，国务院批转教育部《面向 21 世纪教育振兴行动计划》，决定实施重点支持北京大学、清华大学等部分高等学校创建世界一流大学和国际知名的高水平研究型大学的建设工程，以下简称“985 工程”。

### （三）创新创业服务机构政策

自 1987 年我国第一家科技企业孵化器——武汉东湖新技术创业中心诞生起，“创新创业生产力促进中心服务机构”这一概念的外延不断拓展，围绕创新创业服务机构的政策也不断演化。从政策对象的角度看，我国的创新创业服务机构政策可分为科技企业孵化器（高新技术创业服务中心）政策、大学科技园政策、生产力促进中心政策、众创空间政策等。

#### 1. 创新创业服务机构政策发展历程

从 1984 年至今，创新创业服务机构政策经历了起步阶段、规范阶段、成熟阶段和聚焦发展阶段。经过四个阶段的发展，政策的对象经历了从主要是生产力促进中心，到扩展至高新技术创业服务中心和大学科技园并进一步清晰为科技企业孵化器、生产力促进中心、大学科技园三类，再到聚焦到众创空间这一新形式的演变；政策内容经历了从以指导意见为主，到重视认定政策并不断完善的转变。

#### 2. 科技企业孵化器政策、大学科技园政策及生产力促进中心政策

我国科技企业孵化器（原名为高新技术创业服务中心）政策主要通过设定标准化门槛和评估指标的方式促进其规范化发展，再以此为条件确定其能否享受相应的税收优惠政策。在国家层面影响科技企业孵化器的政策主要有《科技企业孵化器认定和管理办法》、《国家级科技企业孵化器评价指标体系（试行）》和财政部、国家税务总局于 2016 年 8 月发布的《关于科技企业孵化器税收政策的通知》。

相对科技企业孵化器，我国大学科技园发展起步较晚，与之相对应的政策出台也较晚。1999 年，科技部和教育部先后出台两版《国家大学科技园认定和管

理办法》、一个版本的《国家大学科技园评价指导意见》和三版税收优惠政策。当前，在国家层面影响大学科技园的政策主要有《国家大学科技园认定和管理办法》、《国家大学科技园评价指导意见》和财政部、国家税务总局发布的《关于国家大学科技园税收政策的通知》。

生产力促进中心以各种方式为中小企业和乡镇企业提供服务，促进企业的技术进步，提高企业的市场竞争能力，其最主要政策是针对国家级示范中心设定的标准与评价方法。生产力促进中心是国家创新体系的重要组成部分，是社会主义市场经济条件下推动企业尤其是中小企业技术创新的科技中介服务机构。《国家级示范生产力促进中心绩效评价工作细则》规定科学技术部组织开展国家级示范生产力促进中心的绩效评价工作，包括制定评价指标、评价程序和评价标准，认定和发布评价结果。

3. 众创空间政策

众创空间是我国新兴起，也是当前中央最为聚焦的一类创新创业服务机构。根据《国务院办公厅关于发展众创空间推进大众创新创业的指导意见》中的定义，众创空间是顺应网络时代创新创业特点和需求，通过市场化机制、专业化服务和资本化途径构建的低成本、便利化、全要素、开放式的新型创业服务平台的统称。众创空间和科技企业孵化器、大学科技园、生产力促进中心的不同在于，其针对的是处在襁褓中的创新项目，重点在于筛选和培育创意。

当前，针对众创空间的政策以中央层面的指导性政策和地方具体规范性政策为主。在中央层面，国务院和科学技术部分别发布了《国务院办公厅关于建设大众创业万众创新示范基地的实施意见》和《发展众创空间工作指引》。在中央政策的指引下，地方陆续发布了许多众创空间的认定和支持政策。

4. 技术市场服务机构发展历程及政策

技术市场中介服务机构是针对科技成果转化问题设立的市场中介平台，能够更高效地解决创新成果交易市场中产生的信息差距，促成技术交易的落地。2018年，技术转移机构共促成技术转移 123 万项，促成技术交易合同总金额 2237.5 亿元，服务企业 35.3 万家。

技术市场服务机构政策的发展主要经过了建立机构及构建试产体系两个阶段。第一阶段是建立技术市场中介服务机构阶段（2006~2015 年）。2006 年 2 月，《国家中长期科学和技术发展规划纲要（2006—2020 年）》提出，构建技术交流与技术交易信息平台，对技术转移中心等科技中介服务机构开展的技术开发与服务活动给予政策扶持。第二阶段是构建专业化技术转移服务和技术交易市场服务及体系阶段（2016 年至今）。2016 年，《国务院办公厅关于印发促进科技成果转移转化行动方案的通知》提出强化科技成果转移转化市场化服务。

## 四、科技创新网络政策

### （一）产业技术政策

产业技术政策是指国家或地方政府引导、促进、规范和控制产业技术发展的有关政策。产业技术政策包括技术开发、技术进出口、技术安全、应用示范、基础设施等多个方面。从整体上看，我国此类政策从对产业关键技术开发、技术引进的关注逐步拓展到对市场准入、基础设施、市场运行规则的关注，同时，对技术出口、技术安全的管制也在加强。

*1. 产业科技创新政策的发展历程*

我国产业科技创新发展政策经历了发展高新技术产业政策（1988~2005 年）、发展战略性新兴产业和升级传统产业政策（2006~2015 年）、推进产业迈向中高端（2016 年至今）三个阶段。

第一阶段是发展高新技术产业政策（1988~2005 年）。1988 年，“火炬计划”开始实施，这是一项发展中国高新技术产业的指导性计划。1999 年 7 月，《关于加速国家高新技术产业开发区发展的若干意见》提出，要充分发挥高新技术创新和产业发展的辐射带动作用，加强与区域经济的融合。第二阶段是发展战略性新兴产业和升级传统产业政策（2006~2015 年）。2006 年 1 月，《中共中央　国务院关于实施科技规划纲要增强自主创新能力的决定》提出完善科技支撑战略性新兴产业发展和传统产业升级的机制。第三阶段是推进产业迈向中高端（2016 年至今）。2016 年，《推进“一带一路”建设科技创新合作专项规划》提出，鼓励有条件的企业到科技实力较强的沿线国家设立研发中心，加强知识产权保护和利用，促进产业向价值链中高端攀升。

*2. 产业技术的开发引进与吸收政策以及产业投资政策*

产业技术开发政策以科技计划为基础，瞄准重点产业领域，突破“卡脖子”技术，为科技成果转化落地提供技术前提。这类政策和产业投资政策的内容往往通过规划体现，如 FCAR 计划等。近年来，我国各地因地制宜出台促进产业技术发展的政策，如四川省研究编制了《四川省“十二五”战略性新兴产业发展规划》，引导新材料、新能源等 7 个产业基本完成产业发展规划的编制工作。

产业技术引进与消化吸收政策重点在于加大技术的引进力度，充分利用国内外创新资源，与自身基础结合，更高效地推动我国技术创新进程，提升国家创新水平，主要涉及技术、设备的进出口管理等方面。《中华人民共和国技术引进合同管理条例》规定技术引进的范围、适用条件、合同内容。2006年，《关于鼓励技术引进和创新，促进转变外贸增长方式的若干意见》提出了鼓励技术引进，并加快建设企业技术引进和创新促进体系。

技术与产业投资政策的交叉，能够促进投资市场关注创新发展产业的潜力股，扩大技术创新产业投资规模，拓展投资渠道，引导全社会投资。《国家创新驱动发展战略纲要》要求，充分发挥科技成果转化、中小企业创新、新兴产业培育等方面基金的作用，引导带动社会资本进入创新领域。

3. 产业技术的出口及应用示范政策

鼓励成熟的产业化技术出口，不仅可以进一步促进产业技术开发，还可以通过转让产业技术带动中国生产线、成套设备的出口，扩大出口规模。产业技术出口政策的功能在于规范产业技术出口管理，维护国家安全和社会公共利益。我国产业技术出口起步较晚，后期逐步拥有大量成熟的产业技术，其中不少达到世界先进水平。国内产业技术出口管理相关法规政策以《中华人民共和国的对外贸易法》（以下简称《对外贸易法》）为基础，在《对外贸易法》的指导下，国务院制定了相关管理条例。

试点先行的政策手段在产业领域尤为有效。产业技术应用示范政策能够通过试点示范，破除限制新技术新产品新商业模式发展的不合理准入障碍，加快技术成果的商业化进程，为大规模的产业化和市场应用创造条件。近年来，这类政策多体现在新能源汽车、风电、光伏等领域。

4. 其他产业技术相关政策

我国产业技术创新政策还包括产业技术设施政策及产业技术安全政策等。我国在产业技术设施领域重点布局，带动新兴技术和产业发展。在《国家创新驱动发展战略纲要》中提出，在发展海洋和空间先进适用技术、智慧城市和数字社会技术、现代服务业、信息技术等领域建设基础设施。产业技术安全政策体现在反不正当竞争、防止不合理的外资并购、保护技术秘密等方面。1993年9月出台的《中华人民共和国反不正当竞争法》目的是保障社会主义市场经济健康发展，鼓励和保护公平竞争，保护经营者和消费者的合法权益。

### （二）科技创新区域政策

科技创新区域政策是在划定的区域内实行优惠和支持政策，促进本区域科技和经济快速发展的一系列制度和政策安排。区域创新和地方创新是国家创新体系和创新力量的重要组成部分，是科技创新资源的重要汇聚地，是推动区域发展走向平衡的动力源。近年来，科技创新区域政策越来越重视创新区域内部的系统化

与政策的普惠性。

1. 科技创新区域政策发展历程

为了实现高新技术产业赶超，促进我国科技进步，我国制定实施了一系列推动区域高新技术发展的区域发展战略。2015 年，《中共中央办公厅、国务院办公厅印发〈关于在部分区域系统推进全面创新改革试验的总体方案〉》发布，我国开始建设以实现创新驱动发展转型为目标，以推动科技创新为核心，统筹推进科技、管理、品牌、组织、商业模式创新，进一步促进生产力发展的全面创新改革实验区。

纵观我国高新技术区域发展战略（以下简称科技区域战略）的历程，我国颁布的政策主要的转变方向是以经济区划划分区域、发展依靠创新驱动、注重自主创新与全面创新。

2. 重大区域发展政策

我国制定的重大区域发展战略主要包括长江经济带、京津冀协同发展和科技创新中心建设等，这些战略的成功部署为推动我国区域发展更平衡、更充分作出历史性贡献。

2014 年，《国务院关于依托黄金水道推动长江经济带发展的指导意见》发布后，长江经济带发展战略成为我国新时期三大区域发展战略之一。该战略的定位是：具有全球影响力的内河经济带、东中西互动合作的协调发展、沿海沿江沿边全面推进的对内对外开放带、生态文明建设的先行示范带。目前，长江经济带建设的特点是突出科技创新、以开发区为突破口、提升产业层级和创新实力。

2015 年《京津冀协同发展规划纲要》审议通过。围绕京津冀协同发展，从国家到地方，政府出台了一系列的规划、意见。目前而言，这些规划内容主要集中在政策互动机制、资源共享机制及市场开放机制三方面。

2016 年 4 月，国务院批准《上海系统推进全面创新改革试验加快建设具有全球影响力的科技创新中心方案》，指出：上海市系统推进全面创新改革试验，要围绕率先实现创新驱动发展转型，以推动科技创新为核心，以破除体制机制障碍为主攻方向。目前，政策探索主要有突出以人才为核心及利用先行先试优势嵌入地方话语权两个特点。

3. 国家自主创新示范区政策

国家自主创新示范区是指经国务院批准，在推进自主创新和高技术产业发展方面先行先试、探索经验、做出示范的区域。2009 年 3 月，国务院印发《关于同意支持中关村科技园区建设国家自主创新示范区的批复》，明确中关村科技园区的新定位是国家自主创新示范区。接着，武汉东湖、上海张江、深圳等示范区相继成立，到 2016 年 6 月，我国已经批准建设的国家自主创新示范区达到 16

个。国家自主创新示范区在产业发展、创新驱动、高质量发展等方面发挥着重要的引领、带动作用。

综合国家相关政策，可以发现政策的试点和推广主要体现为以下几点：一是形成从国家到地方再到国家自主示范区的三层立体支撑的政策体系。二是政策涉及创新各层主体。三是政策试点和推广呈现三阶段模式，但三阶段时间间隔正在缩短。

4. 国家高新技术产业开发区政策

国家高新技术产业开发区的创建与发展，是党中央、国务院为开创改革新局面、迎接世界新技术革命挑战做出的重大战略部署。1988 年 5 月，以“中关村电子一条街”为基础，国务院批准成立了我国第一个国家级高新区——北京市新技术产业开发试验区。同年 8 月，批准实施发展我国高新技术产业的指导性计划——“火炬计划”，明确把创办国家高新区作为国家“火炬计划”中的重要组成部分。

国家高新区的主要任务是促进高新技术与其他生产要素的优化组合，创办高新技术企业，运用高新技术改造传统产业，加速引进技术的消化、吸收和创新，推进高新技术成果的商品化、产业化、国际化。随着我国科技经济水平的发展，国家高新区逐渐转为注重原始创新能力、发展战略性新兴产业和现代服务业，提高我国产业和产品国际竞争力的主要区域载体。为推动国家高新区的创新发展，国家在税收减免、土地使用、人才引进和创新奖励等方面实行特殊政策，以保障其创新进程不受外在阻力影响。

5. 其他区域创新政策

除国家重大区域发展战略、自主创新示范区、国家高新区之外，我国还围绕科技创新建立了多种试点和机制，促进了我国科技资源与其他资源的有效结合。这包括科技援疆、科技援藏、国家可持续发展实验区、创新型城市、国家农业科技园区等多种政策。

国家科技援疆和援藏工程作为对口援疆援藏的重要组成部分，在援疆援藏工作的整体部署中发挥了重要的支撑和引领作用。新疆维吾尔自治区和西藏自治区的稳定与发展是国家安全的重要组成部分，它们实现稳定的发展与长治久安，不仅是两地自身的一项迫切任务，也是关系国家大局的重要政治任务。

国家可持续发展实验区（原名社会发展综合实验区）是在 1992 年起由国家科学技术委员会等国务院 28 个部委及团体共同开展的社会发展综合实验区工作基础上进行的一项工作。目的是从中央和地方两个层次，选择具有代表性和示范性的市、县，以及大城市的行政区，依靠科技进步、机制创新和制度建设，全面提高这些实验区的可持续发展能力，探索不同类型地区的经济、社会和人口、资源、环境协调和持续发展的机制和模式。

## （三）产学研结合

产学研结合政策是指通过科技计划、协同中心等方式，激励大学、科研院所和企业进行技术创新领域合作的政策，促进知识资源聚集的形成，缩短了创新链条上各个环节之间的距离，加快了创新的步伐。生产单位、高等院校、科研院所之间多样化、多方位、深层次的合作是完善我国技术创新体系不可或缺的重要组成部分。其政策手段形式多样，从科技计划强调大学、科研院所与企业的联合形式，到联盟、协同创新中心建设，再到在科技成果转化中合作及对产学研合作的财税激励，以及人才政策等。改革开放以来，我国逐渐认识到产学研结合的重要意义，给予产学研合作越来越丰富的内涵。

1. 产学研结合政策的发展历程

从《中共中央、国务院关于加强技术创新，发展高科技，实现产业化的决定》《中华人民共和国科学技术进步法》到《中共中央　国务院关于深化体制机制改革加快实施创新驱动发展战略的若干意见》《国家创新驱动发展战略纲要》等政策文件，政府越来越重视产学研结合。其发展阶段可以划分为五个部分：以改革推动产学研结合阶段、探索市场经济体制下产学研结合新形式阶段、明确提出探索新型产学研协作机制阶段、把产学研结合提升到国家战略高度的阶段及创新驱动发展战略下的产学研结合新阶段。

从政策演进上看，我国的产学研合作经历了早期摆脱传统计划管理方式开始进入市场，到注重市场机制的作用，再到突出市场在创新中的决定性作用，强调大学、科研院所和企业自主创新中的协同、和谐发展的转变。经过国家对产学研合作认识的逐步加深，逐步形成了形式灵活、重视市场作用的推进全社会创新创业的重要支撑政策。

2. 产业技术创新战略联盟

产业技术创新战略联盟是指由企业、大学、科研机构或其他组织机构，以企业的发展需求和各方的共同利益为基础，以提升产业技术创新能力为目标，以具有法律约束力的契约为保障，形成的联合开发、优势互补、利益共享、风险共担的技术创新合作组织。2007 年，国家科技部、财政部、教育部等部委联合召开会议，正式启动产学技术创新战略联盟试点工作，引导企业联合高校、科研院所试点建设了 146 家产业技术创新战略联盟。

2016 年前，主要以企业为主导构建产业技术创新战略联盟。《国务院办公厅有关于印发促进科技成果转移转化行动方案的通知》提出构建多种形式的产业技术创新联盟。2018 年，《关于推动民营企业创新发展的指导意见》提出，要围绕国家“十三五”科技创新规划和国家科技创新重大决策部署，充分发挥全国工商联所属商会的作用，组织行业内有代表性的民营企业联合高校、科研机构、国有企业、社会服务机构等共同发起建立产业技术创新战略联盟，完善产学研协同创新机制，推动基础研究、应用研究与技术创新对接融通。

3. 其他产学研结合政策

为推进产学研政策的深入合作，我国还施行科技计划与基金方面政策、税收优惠，以及建立协同创新中心、奖励制度、双导师制度、专项资金或引导工程等政策，目的是打通科技与产业结合的通路。

科技计划与基金方面政策是指通过国家科技计划中鼓励联合申请及中小企业技术创新基金鼓励产学研联合两种途径来促进产学研结合。一方面，随着政府的重视，国家科技计划逐步重视在计划实施过程中体现企业的主导作用，对产学研合作进行引导，如国家的“863 计划”提出，在项目申请过程中强调要产学研结合。另一方面，在《科学技术部、财政部关于科技型中小企业技术创新基金的暂行规定的通知》中，鼓励并优先支持产学研的联合创新。

税收优惠政策是促进产学研结合的重要手段，我国关注了税收手段的应用，但有关政策体系仍不完善。在我国现行和新近颁布的税收政策中，对产学研结合方面的优惠政策主要体现在流转税和所得税方面。财政部、国家税务总局《关于促进企业技术进步有关财务税收问题的通知》中的有关规定在一定程度上有利于推动产学研的合作，促进联合开发。

### （四）促进科技成果转化政策

科技成果转化是科技创新的最后一步，是创新成果实现推动经济发展作用的关键一环。我国政府十分重视科技成果转化工作，出台了一系列法律法规和规章制度，旨在推动科技成果转化为现实生产力，增强我国的技术创新能力，实现创新驱动发展。党的十八大后，我国全方位推动科技成果落地并发挥自身作用，形成高质量发展“新动能”。

1. 促进科技成果转化政策发展历程

我国科技成果转化政策的发展主要包括促进科技成果转化阶段政策及促进科技成果转移转化行动阶段两个部分。

2016 年之前是促进科技成果转化阶段。1985 年，《中共中央关于科学技术体制改革的决定》提出促进技术成果的商品化，开拓技术市场，以适应社会主义商品经济的发展。2015 年《中共中央　国务院关于深化体制机制改革加快实施创新驱动发展战略的若干意见》提出完善成果转化激励政策。2016 年之后是促进科技成果转移转化行动阶段。2016 年 3 月，《国务院关于印发实施〈中华人民共和国促进科技成果转化法〉若干规定的通知》旨在打通科技与经济结合的通道，

促进大众创业、万众创新，鼓励研究开发机构、高等院校、企业等创新主体及科技人员转移转化科技成果，推进经济提质增效升级。

2. 促进科技成果转化的权利及激励政策

做好知识产权归属问题的认定，保障科技研发成果的处置权利及经济利益。同时，不断完善激励机制，加大政策奖励力度，鼓励知识作为生产要素参与分配，从结果导向激发科研主体的创新动力，促进创新成果源源不断地产生与应用，提升我国的自主研发能力。主要文件如表 4-4、表 4-5 所示。

**表 4-4 科技成果处置权、使用权和收益权政策的主要文件**

| 文件名称 | 发文机构 | 政策要点 |
| --- | --- | --- |
| 《中华人民共和国专利法》（2000 年修正） | 全国人民代表大会常务委员会 | 将全民所有制单位职务发明专利权利由“持有”，改为专利权人在境内转让专利申请权或者专利权的，不必经上级主管机关批准，只需将转让合同在国务院专利行政部门登记；允许发明人或者设计人通过合同约定，获得职务发明的所有权 |
| 《关于中关村国家自主创新示范区技术转让企业所得税试点政策的通知》 | 财政部、国家税务总局 | 自 2013 年 1 月 1 日起至 2015 年 12 月 31 日，中关村国家自主创新示范区内企业 5 年以上非独占许可使用权转让，可纳入企业技术转让所得税优惠政策范围 |
| 《国务院办公厅转发科技部财政部关于国家科研计划项目研究成果知识产权管理若干规定的通知》 | 国务院办公厅 | 财政性资金资助形成的知识产权，除涉及国家安全、国家利益和重大社会利益的以外，归项目承担单位所有。项目承担单位可以依法自主决定实施、许可他人实施、转让、作价入股等，并取得相应的收益。国家保留无偿使用、开发、使之有效利用和获取收益的权利 |

**表 4-5 促进科技成果转化收入分配激励政策的主要文件**

| 文件名称 | 发文机构 | 政策要点 |
| --- | --- | --- |
| 《中共中央　国务院关于深化体制机制改革加快实施创新驱动发展战略的若干意见》 | 中共中央、国务院 | 在财政资金设立的科研院所和高等学校中，对于职务发明成果转让收益，奖励科技人员的比例可以从现行不低于 20%提高到不低于 50% |
| 《中华人民共和国促进科技成果转化法》 | 全国人民代表大会常务委员会 | 职务科技成果转让、许可他人实施的，从转让或许可净收入中提取不低于 50%的比例用于奖励科技成果完成和转化人员；作价投资的，可在股份或者出资比例中提取不低于 50%的比例用于奖励科技成果完成和转化人员；奖励和报酬支出计入当年本单位工资总额，但不受当年本单位工资总额限制、不纳入本单位工资总额基数 |

续表

| 文件名称 | 发文机构 | 政策要点 |
| --- | --- | --- |
| 《国务院关于印发实施〈中华人民共和国促进科技成果转化法〉若干规定的通知》 | 国务院 | 研究开发机构、高等院校等事业单位正职领导，是科技成果完成人，或对科技成果转化作出重要贡献，可以按照《中华人民共和国促进科技成果转化法》的规定获得现金奖励，但不能获取股权激励。其他担任领导职务的科技人员，可以按照《中华人民共和国促进科技成果转化法》的规定获得现金、股份或者出资比例等奖励和报酬 |

3. 促进科技成果转化的政策体系建设

技术转移服务体系是推进知识流动和技术转移的关键环节，是国家创新体系的重要组成部分，我国政府逐步推进技术转移服务体系建设，包括推进技术交易市场技术转移示范机构、知识产权服务机构、科技服务机构建设，以及推进建立科技报告制度和搭建科技成果信息发布平台。主要文件如表 4-6 所示。

**表 4-6　推进技术转移服务体系建设政策的主要文件**

| 文件名称 | 发文机构 | 政策要点 |
| --- | --- | --- |
| 《关于提高知识产权信息利用和服务能力推进知识产权信息服务平台建设的若干意见》 | 科学技术部 | 加强知识产权信息服务业的人才培养、机构培育、服务能力提升；建设和完善各种类型的知识产权信息库及运行机制 |
| 《关于加快培育和发展知识产权服务业的指导意见》 | 国家知识产权局、国家发展和改革委员会等 | 发展知识产权代理服务、法律服务、信息服务、商用化服务、咨询服务和培训服务 |
| 《关于加快发展技术市场的意见》 | 科技部 | 以完善现代技术市场体系建设为重点，以营造自主创新的制度环境和促进技术转移为主线，发挥技术市场的主渠道作用，加速技术转移和科技成果转化；推动技术市场与其他要素市场的良性互动；整合技术市场中介服务资源，提升技术市场服务水平 |

除了对科技人员的激励政策，为推进科技成果转化，国家利用财政手段，通过引导社会资本投入、拓宽转化投入渠道等方式，多角度、多层次、全方位推动科技成果落地。主要文件如表 4-7 所示。

**表 4-7　科技成果多元化投入渠道政策的主要文件**

| 文件名称 | 发文机构 | 政策要点 |
| --- | --- | --- |
| 《国家科技成果转化引导基金管理暂行办法》 | 财政部、科技部 | 财政部设立国家科技成果转化引导基金，支持主要利用财政资金资助形成的科技成果的转化 |

续表

| 文件名称 | 发文机构 | 政策要点 |
|---|---|---|
| 《科技部 财政部关于印发〈国家科技成果转化引导基金设立创业投资子基金管理暂行办法〉的通知》 | 科技部、财政部 | 规范国家科技成果转化引导基金设立创业投资子基金 |
| 《关于将国家自主创新示范区有关税收试点政策推广到全国范围实施的通知》 | 财政部、国家税务总局 | 自 2015 年 10 月 1 日起，在全国范围内推广有限合伙制创业投资企业法人合伙人企业所得税政策、技术转让所得企业所得税政策。自 2016 年 1 月 1 日起，在全国范围内推广股权奖励个人所得税政策 |

绩效评估手段在科技成果转化领域也发挥着不可替代的作用。2015 年修订的《中华人民共和国促进科技成果转化法》明确了科研院所、高等院校转化科技成果的法定义务，并将科技成果转化绩效列入对科研院校、高等院校及其科研人员的评价范畴。主要文件如表 4-8 所示。

**表 4-8 促进科技成果转化的绩效评估政策的主要文件**

| 文件名称 | 发文机构 | 政策要点 |
|---|---|---|
| 《中华人民共和国促进科技成果转化法》 | 全国人民代表大会常务委员会 | 有关政府部门应建立有利于促进科技成果转化的绩效考核评价体系，将科技成果转化情况作为对相关单位及人员评价、科研资金支持的重要内容和依据之一，并对科技成果转化绩效突出的相关单位及人员加大科研资金支持。国家设立的研究开发机构、高等院校应建立符合科技成果转化工作特点的职称评定、岗位管理和考核评价制度 |
| 《国务院办公厅关于印发促进科技成果转移转化行动方案的通知》 | 国务院办公厅 | 推动科研院所、高等院校建立符合自身人事管理需要和科技成果转化工作特点的职称评定、岗位管理和考核评价制度 |
| 《国家创新驱动发展战略纲要》 | 中共中央、国务院 | 推进科研院所、高等院校分类评价，把技术转移和科研成果对经济社会的影响纳入评价指标，将评价结果作为财政科技经费支持的重要依据 |

### （五）军民融合政策

科技领域的军民融合是我国军民融合战略的重要组成部分，是由党的几代领导人在不同时期提出的符合时代要求的军民关系战略思想。

1. 科技领域军民融合政策的发展历程

我国科技领域军民融合政策的发展主要经历了从军民结合到深度融合的四个

阶段。

第一阶段是军民结合阶段。这一阶段，我国提出“军民两用、平战结合”的方针，一批军工企业利用自身在生产和技术方面的优势，生产出了国民经济发展需要的大型机械和设备，为推动国民经济的发展发挥了重要力量。第二阶段是军民一体化和寓军于民阶段。党的十三届四中全会后，“军民结合、寓军于民、大力协同、自主创新”思想被提出。第三阶段是军民融合阶段。2011 年，“十二五”规划单独设“推进军民融合式发展”章，提出军民融合领域“国家主导、制度创新、市场运作、军民兼容”原则。第四阶段是军民深度融合阶段。党的十九大报告指出“深化国防科技工业改革，形成军民融合深度发展格局”，开辟了军民融合发展新局面。

2. 军民融合具体政策

当前，科技领域的军民融合政策可分为“军用技术转民用政策”“民口单位参与科研生产政策”“国防科技工业投资政策”三大类。

军用技术转民用政策是促进军用技术在民用领域转化应用（民用核能、民用航空、民用安防装备、民用信息技术产品等）、军工企业科技资源向社会开放的政策。该政策能发挥军用技术资源的最大作用，将国防资源普惠大众，坚持贯彻了以人为本的思想。当前，针对“军转民”的政策主要有国防科工局每年编制的《军用技术转民用推广目录》《国家新型工业化产业示范基地（军民结合）认定和管理细则》等。

相对于“军转民”政策的不足，我国民口单位参与科研生产政策非常丰富。“民参军”政策是指促进有资质、有能力的民口单位积极参与军队装备的研究与生产活动。主要包括“四证”政策，以及科研政策、装备采购政策和税收优惠政策。

国防科技工业投资政策是鼓励社会资本投资国防科技工业的科技支持政策，它和民口单位参与科研生产政策的相同点是参与力量均来自非公有制力量，但政策方向不同。在该政策的不断发展下，新老“非公经济 36 条”均作为促进民间投资人进入军工领域的具体要求。

# 第五章　北京市科技创新政策文本分析

北京致力于成为国际科技创新中心，聚焦于前沿技术转化并肩负着对全国的辐射拉动功能。北京市政府近年来积极推进企业创新活动展开，财政科技经费的占比逐渐增加。然而，北京市科技创新政策呈现出何种演进规律和类别特征？北京市政府的科技政策对微观企业主体的创新产出和创新质量究竟带来了何种影响？不同政策工具和手段如何与企业内部制度交互才能最大限度地发挥支持作用？基于上述问题，本章展开以下研究。

## 一、数据处理过程介绍

### （一）政策文本收集与数据库建立

北京市科技创新政策（1982~2021 年）来源主要包括：①北京市科学技术委员会、中关村科技园区管理委员会；②北大法宝法律数据库—地方法规，以确保数据全面翔实、真实可靠。

政策文本数据库的构建途径：

（1）以“科技”“技术”为关键词检索进行第一轮政策筛选，并下载相关政策文本，共获得 545 份相关文档。

（2）对政策标题和内容进行逐一阅读和筛选，剔除相关度较低的政策，并根据政策内容对未收录的关联政策进行第二轮查找与筛选。

（3）根据政策标题、颁布时间、颁发主体、现行有效性等相关信息录入政策数据库，并剔除信息缺失较多的政策。

（4）考虑到失效政策可以有效反映科技创新政策发展对应阶段的政策特征，帮助理解政策条款的演进特点，本书对失效政策选择保留，最终获得了拥有 401

份内容强相关政策数据库。

### (二)创新政策主题词提取与分类

本书利用文本挖掘技术，结合 Python、jieba 分词、自定义词典等工具对政策文本进行处理，统计主题词。

首先，文本预处理。人工逐一通读政策文本，并删除政策内与科技创新关联度低的内容，减少主题词词频统计噪声干扰。例如，政策文本内附加的企业科技项目申报表、政府单位地址和联系方式、党政引用等。将处理后的每条政策单独作为一行，建立政策语料库。

其次，建立自定义词典和停用词表。已有的通用词典难以涵盖政策内的许多特定词语，因此需要对语料库进行深入研读，人工判断并读取专有政策词汇，建立北京市科技创新政策词典。另外，结合现有的停用词库，建立针对政策文本中反复出现的高频无效词的停用词典。

再次，关键词提取与词频统计。采用 Python 和 jieba 分词工具，结合自定义词典对政策语料库进行分词，并按以下步骤处理分词结果：①保留名词、动词、形容词等能够有效反映政策内容词性的词语；②根据自定义停用词典过滤政策文件中反复出现的高频无效词；③细化或删除词意模糊的词语；④人工处理合并同义异性词，如将“种植业”合并到“林业”，“大学”合并到“高等院校”，“推荐”“推介”合并到“推广应用”等。

最后，参考宋娇娇和孟溦（2020）的处理方法，按词语对处理后的关键词进行编码，结果如表 5-1 所示。一级编码包括三个维度：A—产业类型、B—创新主体和 C—政策工具。

**表 5-1　北京市科技创新政策编码**

| 一级编码 | 二级编码 | 三级编码 |
| --- | --- | --- |
| A—产业类型 | A—1 第一产业 | 农业、林业、畜牧业、农林业、水产业 |
| | A—2 第二产业 | 纺织业、传统制造业、电子行业、工业、军工、矿业、食品行业、汽车产业 |
| | A—3 第三产业 | 第三产业、电子商务、交通运输业、服务业、文化产业 |
| | A—4 战略性新兴产业 | 新一代信息技术产业、新能源汽车产业、新能源产业、金融科技、人工智能、生物产业、虚拟科技 |
| | A—5 高新技术产业 | 高新技术产业、航空航天、集成电路、科技产业、医药产业 |

续表

| 一级编码 | 二级编码 | 三级编码 |
|---|---|---|
| B—创新主体 | B—1 企业 | 企业、大中型企业、中小企业、独资企业、高新技术企业、骨干企业、国有企业、合资企业、民营企业、跨国公司、外资企业、中外合资、乡镇企业 |
| | B—2 高校院所 | 科研机构、科研院所、研发中心、新型研发机构、大专院校、高等院校 |
| | B—3 科技人才 | 科技人员、管理人才、中青年人才、高学历人才、领域专家、访问学者、优秀人才、外国专家 |
| | B—4 科技中介 | 经纪人、科技中介机构、金融机构、投资机构 |
| | B—5 创新园区/平台 | 北京经济技术开发区、产业基地、科技园区、大学科技园区、中关村科技园区、孵化器、研发平台、试验区 |
| | B—6 产学研联合体 | 产学研、产业链、战略联盟、产业技术联盟 |
| | B—7 社团组织 | 社团组织 |
| C—政策工具 | C—1 供给型 | C—1—1 技术支持：技术转移服务、技术引进、科技合作、基础研究、应用研究、基础科学、基础设施、技术改造、技术培训、技术标准等 |
| | | C—1—2 人才支持：人才引进、人才激励、人才培养、人才交流、人才基地 |
| | | C—1—3 资金支持：财政奖励、财政支持、创业投资、科技经费、科学基金 |
| | | C—1—4 信息支持：科技情报、信息网络、数据服务 |
| | C—2 需求型 | C—2—1 服务外包：外包 |
| | | C—2—2 政府采购/购买：政府采购 |
| | | C—2—3 政府推广/推荐：推广应用、资质认定 |
| | | C—2—4 贸易管制：技术贸易、进出口、招商引资 |
| | C—3 环境型 | C—3—1 科技金融：科技金融、金融服务、信贷融资、风险投资、贷款贴息、科技创新券等 |
| | | C—3—2 财税措施：税收优惠、税收管理 |
| | | C—3—3 法规监管：法律法规、体制改革、项目管理、产权制度、财政监督等 |
| | | C—3—4 策略性措施：产业布局、城市规划、扶贫、对外开放、宏观调控、继续教育、科普教育、扩大内需、专项规划 |
| | | C—3—5 公共服务：服务保障、服务平台建设、社会保障、咨询服务、培训服务、公共服务、服务设施、应用服务 |

注：对产业的分类方法，本书遵照宋娇娇和孟溦（2020）的文章进行了处理。

### （三）编码规则与分析框架

由于科技创新与产业结构升级关系密切，从产业类型的角度能够梳理北京市科技创新政策支持导向的变化。基于战略性新兴产业和高新技术产业横跨传统三大产业，同时为凸显北京市科技创新的特色，本书将产业类型划分为第一产业、第二产业、第三产业、战略性新兴产业和高新技术产业。其中，按照《高技术产业（制造业）分类（2017）》，高技术产业（制造业）包括医药制造，航空、航天器及设备制造，电子及通信设备制造，计算机及办公设备制造，医疗仪器设备及仪器仪表制造，信息化学品制造6大类。按照2018年《战略性新兴产业分类（2018）》，战略性新兴产业包括新一代信息技术产业、高端装备制造产业、新材料产业、生物产业、新能源汽车产业、新能源产业、节能环保产业、数字创意产业、相关服务业等。

科技创新主体作为创新政策的实施对象，也是创新活动的实践者。本书将创新对象划分为企业、高校院所、科技人才、科技中介、创新园区/平台、产学研联合体和社团组织。

政策分类是政策演化梳理的基础（张宝建等，2019），使用不同的政策工具反映了政策实施的目的，对研究政策演化有重要的参考价值。参考Rothwell和Zegveld（1981）对创新政策的划分维度，政策工具被划分为供给型、需求型和环境型。供给型政策工具通过直接向创新主体提供人才、资金、技术、土地等供给侧的创新要素来支援创新活动的开展；需求型政策工具通过政府购买行为、产品推广应用等直接途径扩大创新主体的市场需求，形成创新空间；环境型政策工具通过财税措施、法规监管、平台服务等间接措施从宏观维度为创新主体营造健康的创新环境，进而促进科技创新发展。

## 二、北京市科技创新政策的时间演进

### （一）北京市科技创新政策总体演进情况

北京市科技创新政策基本统计情况如图5-1所示。由图5-1可知，1982~2021年，创新政策数量总体上呈上升趋势，其中1988年、2011年和2020年政策发文数量快速增长。因此，本书将北京市科技政策按照1982~1987年、1988~2010年、2011~2019年、2020~2021年划分为4个阶段。在不同的阶段，北京市

科技政策的演变具有不同的特点。1987 年，北京市人民政府发布了《北京市"工业技术振兴计划"纲要》，并提出在 5 年左右以科学技术振兴经济建设。2008 年，北京市发布了《北京市中长期科学和技术发展规划纲要（2008—2020 年）》，构建北京市科技创新体系的战略目标，随后出台了大量激励创新的系列政策，2009 年和 2010 年发文量达到 22 条，2011 年发文量达到高峰 49 条。2020 年新冠肺炎疫情暴发，北京市政府通过各项政策手段扶持和鼓励创新主体的科技创新活动，进而当年的发文量再次迎来高峰，达 40 条。从北京市科技创新政策发文数量的增长趋势来看，北京市政府对科技创新的扶持力度不断增强，这与其科技发展战略有紧密的联系。

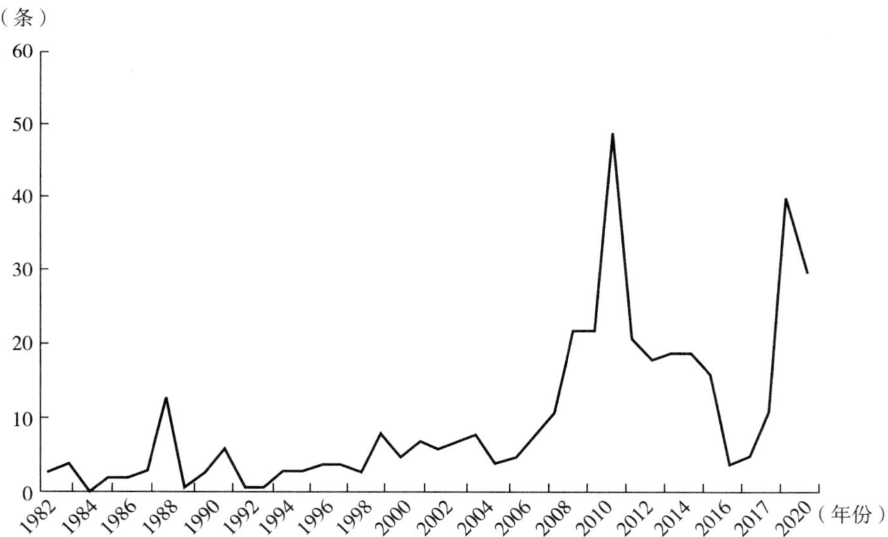


**图 5-1　各年政策颁布数量**

### （二）创新政策支持的产业类型变化情况

表 5-2、图 5-2 和图 5-3 从政策支持不同产业类型的角度，展现了北京市科技创新政策 4 个阶段对不同产业类型的政策支持演进情况。表 5-2 统计了 4 个阶段中各项政策所涉及的创新主体支持数量。图 5-2 展示了不同产业类型在各阶段得到的政策支持数量。图 5-3 反映了各产业类型的政策支持强度，为该产业类型政策支持数量与其所在阶段各产业类型政策支持数量总和之比。

**表 5-2 各阶段产业类型政策支持数量**

单位：个

| 时间 | 1982~1987 年 | 1988~2010 年 | 2011~2019 年 | 2020~2021 年 |
|---|---|---|---|---|
| A—1 第一产业 | 3 | 59 | 30 | 2 |
| A—2 第二产业 | 27 | 69 | 81 | 33 |
| A—3 第三产业 | 3 | 20 | 50 | 16 |
| A—4 战略性新兴产业 | 4 | 77 | 98 | 63 |
| A—5 高新技术产业 | 0 | 44 | 33 | 24 |
| 合计 | 37 | 269 | 292 | 138 |

由图 5-2 和图 5-3 可知，各产业在不同阶段得到的政策支持数量有显著的变化差异。第一阶段（1982~1987 年），北京市科技创新政策对第二产业的支持力度最大，政策支持强度高达 73%。从第二阶段（1988~2010 年）开始，战略性新兴产业的政策支持强度占据首位，并且总体呈连续上升趋势。第一产业的政策支持强度在第二阶段达到高峰，随后呈现下降趋势。第三产业和高新技术产业的政策支持强度呈增长趋势，小幅波动。

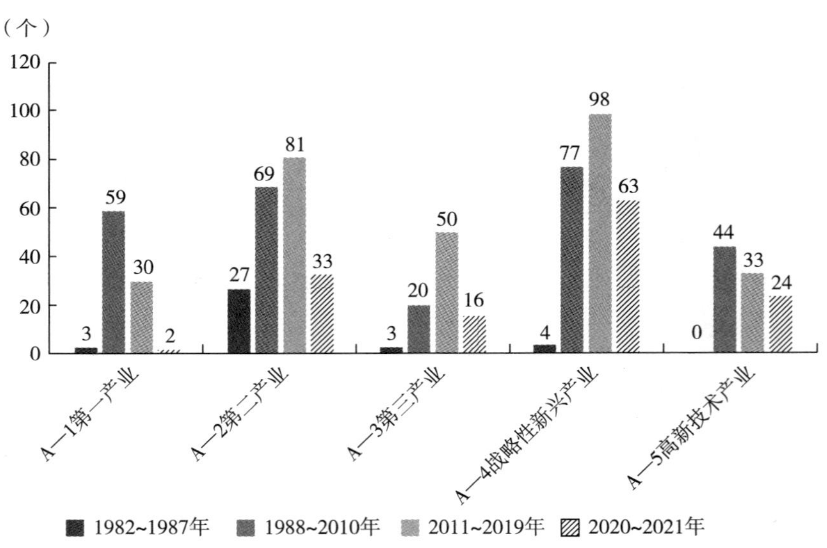


**图 5-2 各阶段产业类型政策支持数量**

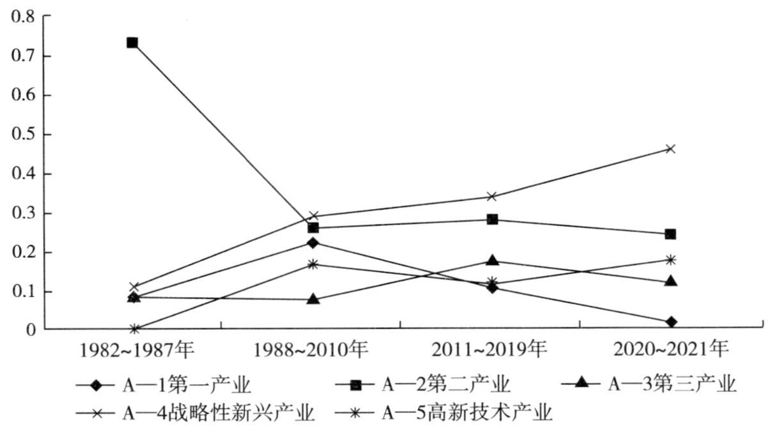


**图 5-3 各阶段产业类型政策支持强度**

由产业类型政策支持强度的变化趋势可知：

首先，战略性新兴产业和高新技术产业是北京市科技创新政策的重点支持领域。2001 年、2005 年、2012 年、2016 年对应的“十五”“十一五”“十二五”“十三五”时期，北京市发改委都出台了高技术产业发展规划的通知，不同阶段对不同具体的高新技术产业支持侧重不同。同时，政策支持越来越具体化到每一个具体产业，如医药制造，航空、航天器及设备制造，电子及通信设备制造等细分领域。战略性新兴产业涵盖范围较广泛，主要以代表新经济增长的领域为主，具体包括新一代信息技术产业、高端装备制造产业、新材料产业、生物产业、新能源汽车产业、新能源产业、节能环保产业、数字创意产业等。

其次，第二产业和第三产业的政策支持强度维持稳定水平。以制造业为代表的第二产业和以服务业为代表的第三产业的发展受到重视，其中，电子商务、金融服务、专业咨询等以信息技术网络为支撑的第三产业为重点发展对象。2012 年，北京市科学技术委员会印发《北京市现代服务业科技发展专项工作意见》，强调全力打造“北京服务”“北京创造”品牌，构建科技创新、文化创新“双轮驱动”发展格局，现代服务业是北京市成为有世界影响力的科技文化创新之城的关键。

### (三) 创新政策支持的创新主体变化情况

表 5-3、图 5-4 和图 5-5 从政策支持创新主体的角度，展现了北京市科技创新政策 4 个阶段对不同创新主体的政策支持演进情况。表 5-3 统计了 4 个阶段中各项政策所涉及的创新主体支持数量。图 5-4 以条形统计图的方式展示了每个创新主体在各阶段的政策支持数量。图 5-5 反映了创新主体的政策支持强度，为该

创新主体政策支持数量与其所在阶段各类创新主体政策支持数量总和之比。

表 5-3　各阶段创新主体政策支持数量　　单位：个

| 时间 | 1982～1987 年 | 1988～2010 年 | 2011～2019 年 | 2020～2021 年 |
|---|---|---|---|---|
| B—1 企业 | 24 | 234 | 172 | 89 |
| B—2 高校院所 | 9 | 100 | 116 | 48 |
| B—3 科技人才 | 8 | 123 | 108 | 61 |
| B—4 科技中介 | 0 | 27 | 48 | 13 |
| B—5 创新园区/平台 | 0 | 99 | 118 | 39 |
| B—6 产学研联合体 | 0 | 25 | 54 | 18 |
| B—7 其他 | 0 | 3 | 1 | 1 |
| 合计 | 41 | 611 | 617 | 269 |

从图 5-4 可以看出，从第一阶段（1982～1987 年）至第四阶段（2020～2021 年），支持企业的创新政策的绝对数量最多。然而，图 5-5 表明企业的政策支持比在北京市科技创新发展的前三个阶段持续下降，到了第四阶段有所回升。总体来看，创新政策对企业的支持强度在各阶段均排名首位。高校院所和科技人才的支持情况从绝对数量上和支持强度方面来看都比较接近，在各阶段所获得的政策支持强度保持稳定，在 20%上下浮动。创新园区/平台、科技中介、产学研联合体获得的政策支持强度变化趋于一致，从第一阶段的 0 政策扶持到支持强度分别上升为第三阶段的最高 19. 12%、8. 75%和 8. 75%。基于社团组织在各阶段的政策支持数量和强度始终较低，此处不进行论述。

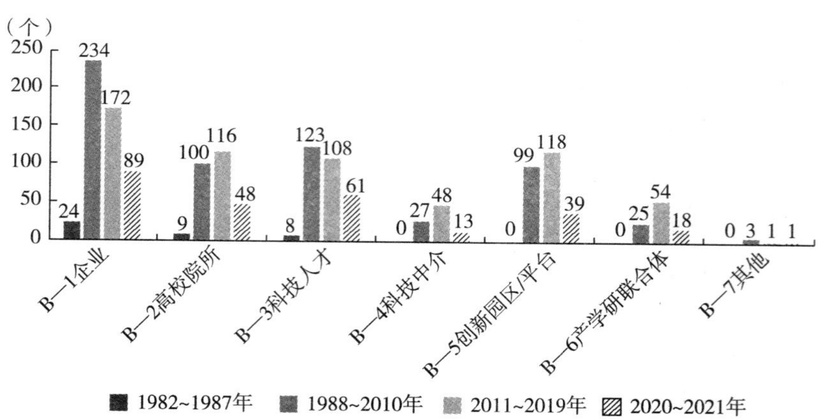


图 5-4　各阶段创新主体政策支持数量

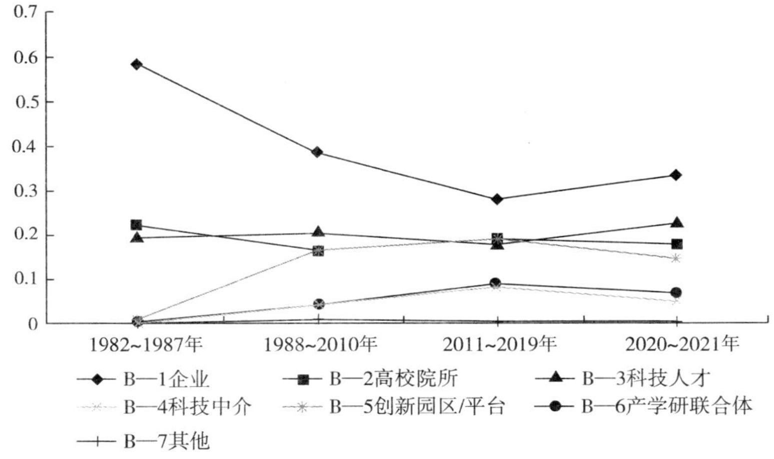


**图 5-5　各阶段创新主体支持强度**

从创新主体的政策支持数量和支持强度演变可知：

首先，企业作为首要科技创新政策的扶持对象始终受到重视。1987 年，北京市人民政府出台《北京市“工业技术振兴计划”纲要》，推动科技单位与工业企业横向联合，促进科学技术与工业生产紧密结合，并安排贷款不低于 5000 万元，由市财政局给以贴息或部分贴息。1999 年，《中共北京市委、北京市人民政府关于加强技术创新，发展高科技，实现产业化的意见》提出，要坚持从市场需求出发，强化企业的技术创新主体地位。其中，北京市政府对中小企业的创新支持程度不断加强。2001 年，北京市建立全国中小企业股份转让系统（以下简称新三板），完善和优化融资制度。2008~2021 年先后出台 11 项针对支持中小企业创新活动的政策。2021 年 9 月，北京证券交易所正式成立，标志着中小企业作为国民经济和社会发展的主力军地位进一步稳固。由此，企业在创新活动中的主体作用在政策的支持下逐渐强化，创新型中小企业的发展受到重视。

其次，高校院所和科技人才作为科技创新活动的中坚力量之一，备受政策关注。1988 年，党的第十三次全国代表大会确定，把发展科学技术和教育事业放在首要位置，使经济建设转到依靠科技进步和提高劳动者素质的轨道上来，由此确定了人才在国家建设中的重要地位和作用。此外，科研机构和高等院校不仅是人才培育的场所，也是科技创新成果产出的高地。2007 年，《北京市关于进一步促进大学科技园发展的若干意见》出台，强调应加快以企业为主体、以市场为导向、产学研相结合的首都区域创新体系建设。

最后，创新园区/平台形成的创新主体地位逐渐加强，产学研联合体得到更多的政策倾斜，北京市科技创新政策越发重视各组织间的协调创新成效。1983年，北京市人民政府成立“北京市经济技术协作办公室”。1988年5月，国务院批准成立北京市高新技术产业开发试验区，1999年更名为中关村科技园区。北京市形成以中关村科技园区为中心，多园区协调创新、产学研一体的具有国际代表性的北京市特色创新联合组织。另外，科技中介作为创新集群的桥梁和纽带，政策的支持强度与其重要程度匹配恰当。

## 三、北京市科技创新政策类型的特征

### （一）北京市科技创新政策工具的总体使用情况

表5-4所展示的是各类创新政策工具的使用情况。总体来看，第一阶段供给型政策工具的政策支持强度最高，为50.00%；其次是环境型政策，为36.73%。从第二阶段开始，环境型政策工具的使用强度取代供给型，其连续三个阶段都排在首位，围绕46%上下浮动。需求型政策工具在各个阶段的使用强度始终最低，均在19%以下。

**表5-4　创新政策工具总体使用情况**　　单位：%

| 政策工具类型 | 1982~1987年 | 1988~2010年 | 2011~2019年 | 2020~2021年 |
|---|---|---|---|---|
| 供给型 | 50.00 | 35.71 | 34.37 | 35.44 |
| 需求型 | 13.27 | 17.85 | 18.55 | 17.93 |
| 环境型 | 36.73 | 46.44 | 47.08 | 46.62 |

图5-6以词云图的形式展现了1982~2021年政策工具总体的使用情况，关键词按比例大小表示某些政策工具被使用的频数。某项政策工具的使用频次越高，则该项政策在词云图中越大。从图5-6中可以看到，“推广应用”“资质认定”“财政支持”“科技经费”“服务平台建设”“财政监督”“人才激励”“法律法规”“产权制度”和“培训服务”等科技创新政策工具使用最频繁。由此可见，政策工具的使用具有多样性，能够从各个维度和层面对科技创新活动给予支持。

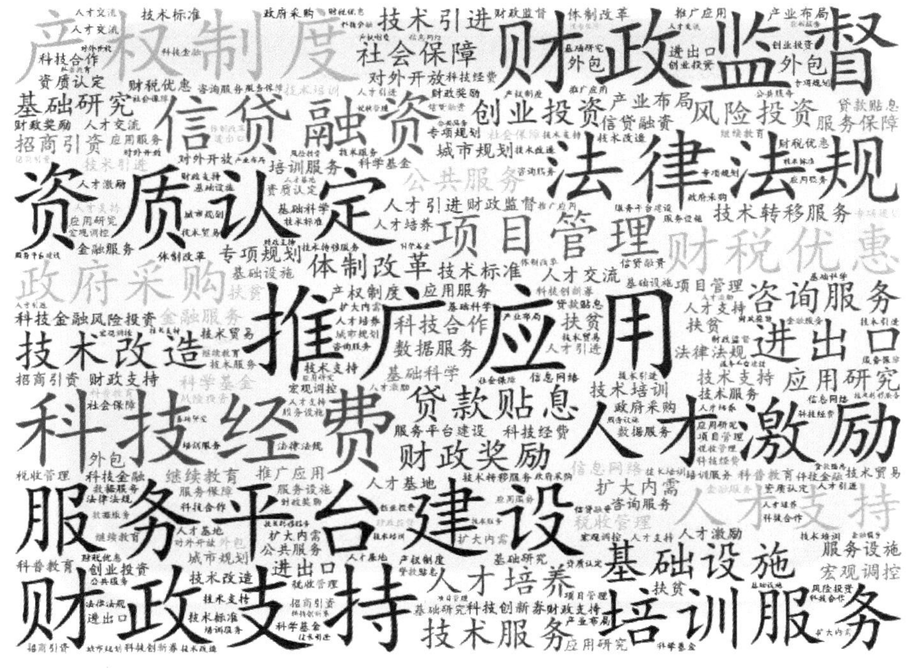


图 5-6 创新政策工具使用词云

## （二）三大政策工具类型的使用情况

为了更详细地展示三种政策工具各自的使用情况，本部分进一步对政策工具类型展开分析。

第一，供给型政策工具。表 5-5 反映了各阶段供给型政策工具的具体措施使用的绝对数量，其中，资金支持和技术支持的政策使用数量最多。图 5-7 反映了供给型政策工具在各阶段的使用强度，由图可知，技术支持总体呈现逐渐下降的趋势；资金支持总体呈现逐年上升的趋势；人才支持的政策强度维持稳定，在 20%~25%波动；信息支持政策在第三阶段和第四阶段有所使用，两阶段中被使用的次数小于 10 次。这表示在使用供给型政策工具上，政府给予创新主体的直接或者间接的资金支持力度增强。资金支持是企业重要的外部创新资源（林洲钰等，2015），政府资金能够发挥引导作用，常用的方式包括无偿资助、偿还性资助、贷款贴息、风险补偿、股权投资、后补助等多样化财政资金支持方式。

表 5-5　供给型创新政策工具使用情况　　单位：次

| 供给型 | 1982~1987 年 | 1988~2010 年 | 2011~2019 年 | 2020~2021 年 |
|---|---|---|---|---|
| C—1—1 技术支持 | 24 | 127 | 105 | 44 |
| C—1—2 人才支持 | 10 | 88 | 92 | 40 |
| C—1—3 资金支持 | 15 | 131 | 161 | 80 |
| C—1—4 信息支持 | 0 | 0 | 7 | 4 |
| 合计 | 49 | 346 | 365 | 168 |

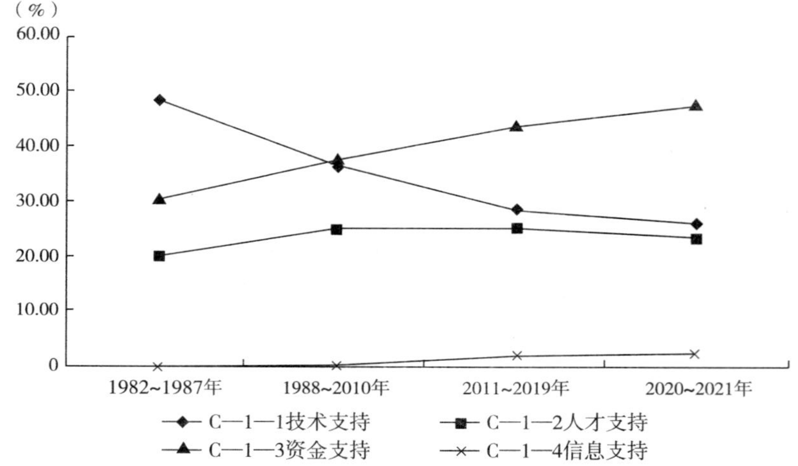


图 5-7　供给型政策工具使用支持强度

第二，需求型政策工具。表 5-6 展示了需求型创新政策工具在各阶段的使用数量情况，可以看到“政府推广/推荐”在各阶段的使用频次最高。由图 5-8 所示，政府推广/推荐的使用占比在各阶段都维持最高；贸易管制在第二阶段的使用强度激增至 30.06%，到第三阶段和第四阶段回落到 10%以下；政府采购/购买则在第一阶段使用强度较高，达 23.08%，到第二阶段以后下降至均小于 15%的水平。服务外包的使用强度较低，此处不进行论述。2014 年，北京市人民政府出台《北京技术创新行动计划（2014—2017 年）》，提出通过培育新技术新产品应用的市场环境，包括首购、订购和示范项目、推广应用以及远期采购合约等方式，带动新技术新产品在全社会的推广应用。需求型政策工具旨在利用政府行为拓展市场渠道，通过政府牵头、树立榜样等方式引导市场行为，拉动创新主体展开科技创新活动。

**表 5-6　需求型创新政策工具使用情况**　　单位：次

| 需求型 | 1982～1987 年 | 1988～2010 年 | 2011～2019 年 | 2020～2021 年 |
|---|---|---|---|---|
| C—2—1 服务外包 | 0 | 0 | 3 | 1 |
| C—2—2 政府采购/购买 | 3 | 17 | 22 | 9 |
| C—2—3 政府推广/推荐 | 10 | 104 | 164 | 69 |
| C—2—4 贸易管制 | 0 | 52 | 8 | 6 |
| 合计 | 13 | 173 | 197 | 85 |

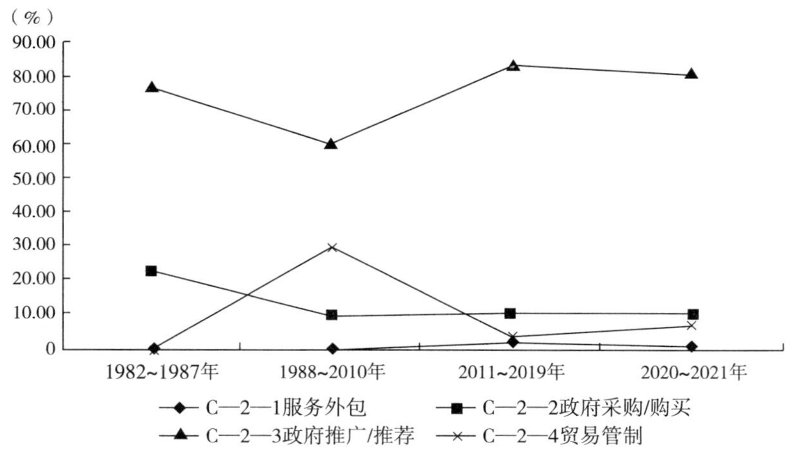


**图 5-8　需求型政策工具使用强度**

第三，环境型政策工具。良好有序的市场环境是科技创新蓬勃发展的必要土壤。表 5-7 展现了环境型政策工具的各阶段使用数量，图 5-9 直观地呈现了各阶段环境型政策工具的使用强度。由图 5-9 可见，公共服务使用强度在各阶段总体呈现上升趋势，策略性措施则总体呈现下降趋势，科技金融、财税措施和法规管制在各阶段使用强度都有所起伏。其中，法规管制的使用强度在各阶段中都保持首位，在第三阶段达到 44.2%的最高水平。2020 年 12 月，党的十九届五中全会赋予北京新的使命——建成国际科技创新中心，形成国家战略科技力量。强化对科技创新的监管，为创新提供良好的发展土壤，对提高北京创新能力的国际影响力、促进首都高质量发展，无疑有着重要意义。

表 5-7　环境型创新政策工具使用情况　　单位：次

| 环境型 | 1982~1987 年 | 1988~2010 年 | 2011~2019 年 | 2020~2021 年 |
|---|---|---|---|---|
| C—3—1 科技金融 | 12 | 69 | 73 | 42 |
| C—3—2 财税措施 | 3 | 49 | 18 | 8 |
| C—3—3 法规管制 | 9 | 172 | 221 | 82 |
| C—3—4 策略性措施 | 4 | 46 | 40 | 10 |
| C—3—5 公共服务 | 8 | 114 | 148 | 79 |
| 合计 | 36 | 450 | 500 | 221 |

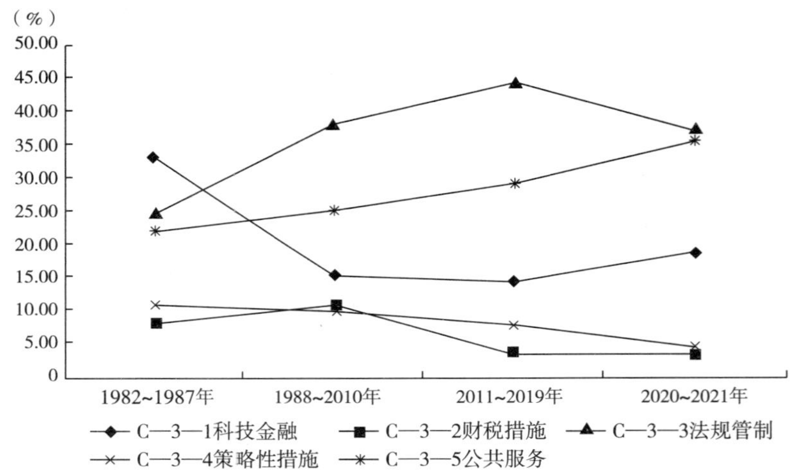


图 5-9　环境型政策工具使用强度

## 四、北京市科技创新政策类型的共现分析

为了进一步展现北京市科技创新政策特征，本部分利用共现网络法表示不同的创新主体和产业类型所受到的不同政策工具的支持强度，即表示政府对于某创新主体或者产业使用政策工具类型的倾向性。一项政策一定包含政策工具和对应的创新主体或者产业类型，那么不同的创新主体或者产业类型具体被实施了何种政策工具呢？一般认为，在同一项政策内出现的政策工具和创新主体或者产业类型一定存在某种关联，而这种关联可以用共现的频次来表示。词汇在同一项政策

中出现的次数越多，则代表某项政策工具被用到某创新主体或者产业的可能性越高，便可分别形成由政策工具和创新主体或者产业类型组成的共现网络。

根据表 5-1，本部分呈现出以下两种共现情况：①政策工具三级编码与产业类型三级编码的共现关系，政策工具三级编码与创新主体三级编码的共现关系；②政策工具三级编码与产业类型三级编码的使用强度，政策工具三级编码与创新主体三级编码的使用强度。

### （一）政策工具与产业类型的关系

图 5-10 展示了政策工具三级编码与产业类型三级编码之间的共现网络关系。其中，圈与圈之间的连线代表关系强度，圆圈越大并且颜色越深代表该词语出现的频率越高。

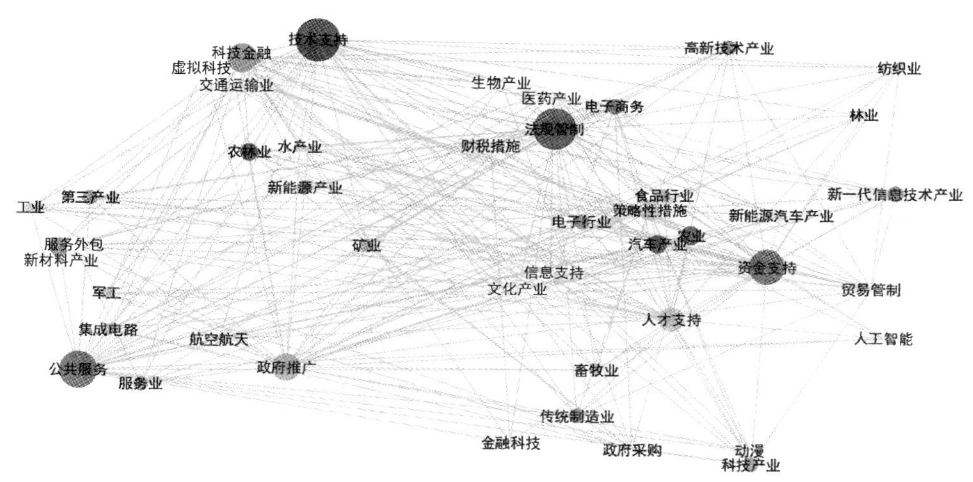


图 5-10　政策工具与产业类型共现网络

由图 5-10 可知，在 13 种政策工具中，首先，"技术支持""法规管制""公共服务""资金支持" 4 项被用于不同产业的次数最多，覆盖了农林业、纺织业、电子商务、传统制造业、汽车产业、交通运输业等传统产业，也覆盖了新一代信息技术、新材料产业、新能源产业、高新技术产业等新兴产业；其次是"科技金融""政府推广""人才支持""策略性措施"和"贸易管制"；最后是"政府采购""财税措施""信息支持""服务外包"，使用次数较少，主要作用于人工智能、科技产业、高新技术产业、生物产业等。

图 5-11 展现了三级政策编码的政策工具与三级编码产业类型的共同出现频

次，即政策工具对产业类型的使用强度。可以看到，有8项创新政策与第二产业同时出现的次数最多，包括“技术支持”“人才支持”“政府采购/购买”“政府推广/推荐”“贸易管制”“科技金融”“法规管制”和“公共服务”。这表示北京市对第二产业制造业科技创新能力的重视和政策倾斜，这也符合国家“实干兴邦”的产业战略定位。另外，战略性新兴产业得到的政策支持力度综合度排在第二位，具体政策措施包括“人才支持”“资金支持”“信息支持”“政府推广/推荐”“科技金融”“法规管制”“策略性措施”和“公共服务”，几乎得到了政策的全方位覆盖。战略性新兴产业对经济社会全局和长远发展的地位影响，反映在北京市在科技创新政策层面的大力支持。

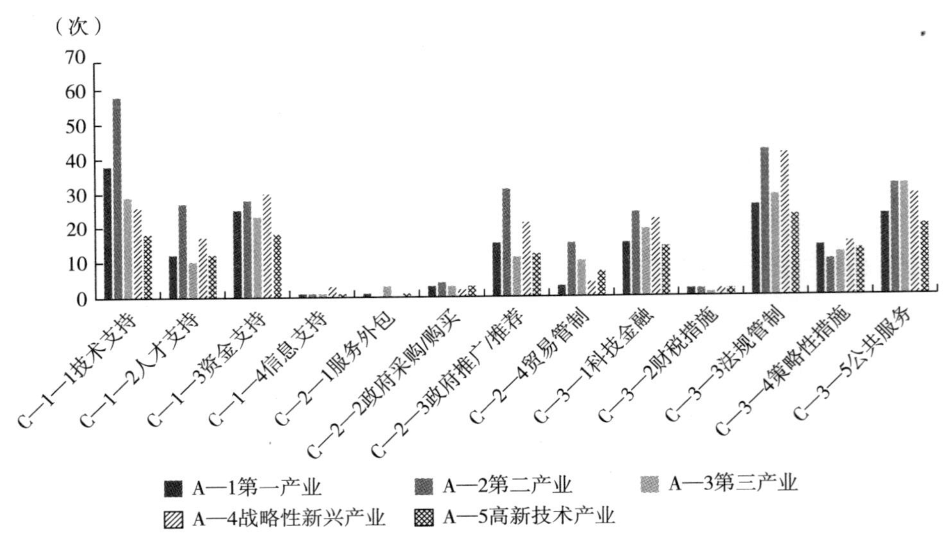


**图5-11 政策工具对产业类型的使用强度**

## （二）政策工具与创新主体的关系

由图5-12可知，“法规管制”“公共服务”“技术支持”“资金支持”4项被用于各类创新主体的次数最多，包括投资机构、外国专家、外资企业、科研院所、民营企业、孵化器等创新主体。使用较少的政策工具包括“财税措施”“信息支持”“政府采购”等，可以发现这几项政策主要被用于各种企业、高校院所和创新园区/平台等。

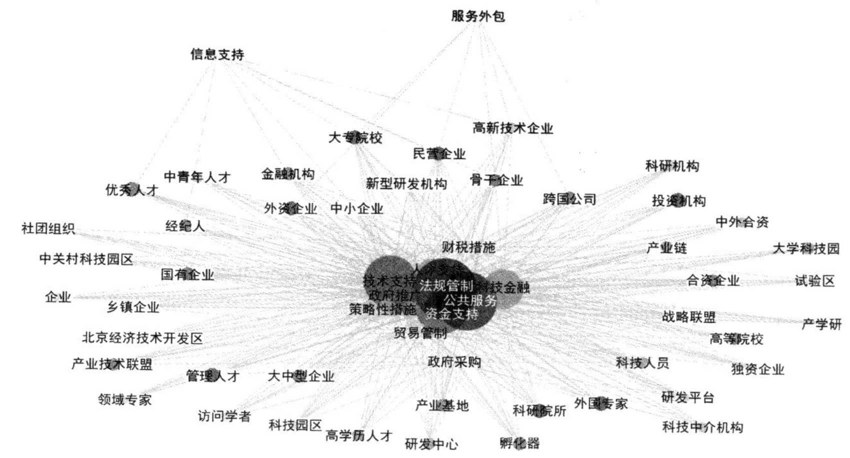



图 5-12　政策工具与创新主体共现网络

图 5-13 展现了三级政策编码的政策工具与三级编码创新主体的共同出现频次，即政策工具对创新主体的使用强度。不难发现，企业作为主要的创新主体，始终受到北京市政府重视。不仅得到各项创新政策的全方位覆盖，而且每一项政策支持的数量都排在首位。此外，科技人才得到“法规管制”的政策支持力度最大，其次是“公共服务”。这表明人才发挥的创新引导价值也日益凸显，北京市对人才的管理更加规范化、体系化，为人才提供了全面到位的支持措施。

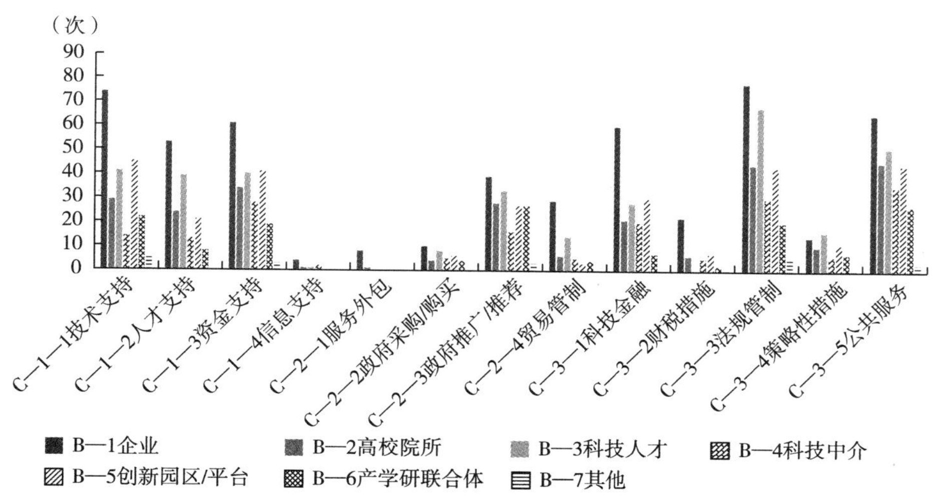



图 5-13　政策工具对创新主体的使用强度

## 五、北京市上市公司政府补贴情况统计

笔者从国泰安中下载了2007~2020年北京市上市企业获得政府补助的文件，然后对补贴条目进行了人工分类。将包含环境、节能、淘汰、环保、资源、绿色、废旧、老旧、污染、植保、回收、清洁这些关键词的条目分类为环境补贴，包含人力、人才、人员、培养、培训、英才、博士、专家、员工、实习生、团队、精英、稳岗补贴等关键词的条目分类为人才补贴，包含成果、转化、奖励、表彰、退税、贴息、返还等关键词的条目分类为事后补贴。

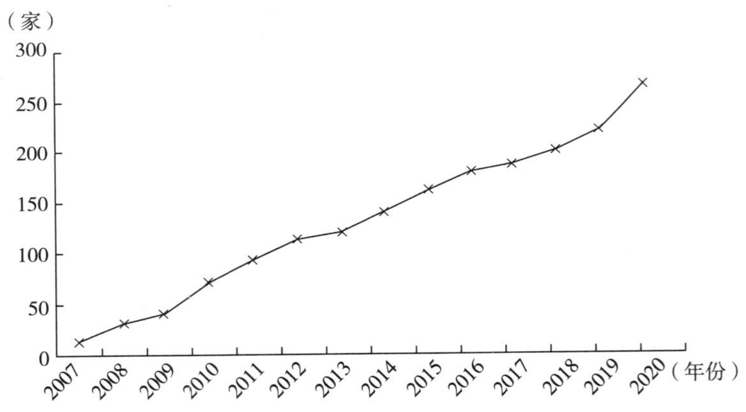


**图5-14　北京市上市企业获得事后补贴企业数**

图5-14展示了北京市上市企业在2007~2020年每年获得事后补贴的企业的数量，可以看出，获得事后补贴的企业数呈逐年上升的趋势。事后补贴表示政府在企业获得创新产出之后，给予企业的奖励或补贴等。因此，根据事后补贴逐年上升的趋势可以看出，企业创新产出也可能呈现逐年上升的趋势。

图5-15展示了北京市上市企业在2007~2020年每年获得环境补贴的企业的数量，可以看出，2013年之前，获得环境补贴的企业数呈逐年上升的趋势。2013~2014年有所下降，2015~2017年逐年上涨，2018~2019年逐步下降，2020年获得补贴的企业数量有所回升。

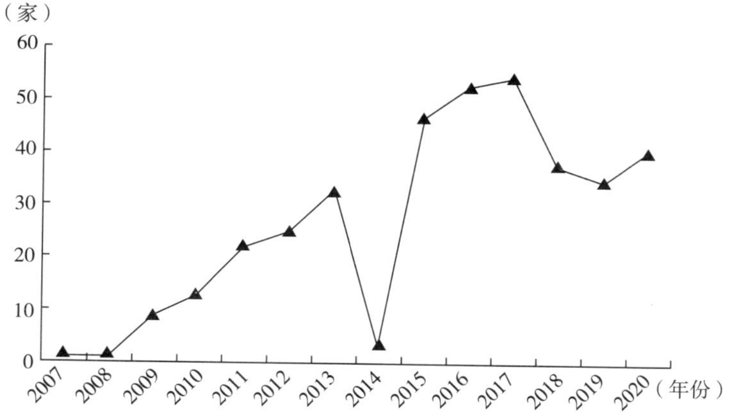


**图 5-15 北京市上市企业获得环境补贴企业数**

图 5-16 展示了北京市上市企业在 2007~2020 年每年获得人才补贴的企业的数量，可以看出，获得人才补贴的企业数量整体上呈逐年上升的趋势，并且在 2016 年有一个明显的增长。

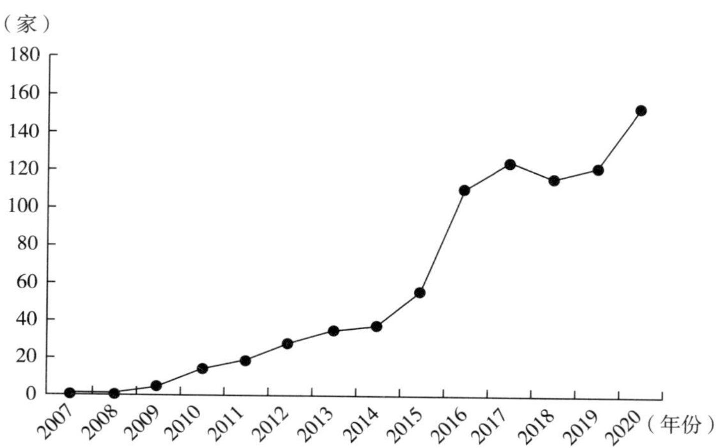


**图 5-16 北京市上市企业获得人才补贴企业数**

# 第六章　新能源汽车行业政策文本分析

## 一、新能源汽车产业政策回顾

在21世纪初，新能源汽车研究项目被列入国家“863”重大科技课题。2001年，国家投入20亿元研究经费，对新能源汽车领域提出“三纵三横”的战略发展规划。第一项直接与新能源汽车产业相关的政策《新能源汽车生产准入管理规则》于2007年出台，目前已经失效。经过近20年的发展，中国的新能源汽车产业政策体系不断丰富和完善，新能源汽车产业成果初现雏形。表6-1反映了与新能源汽车产业直接相关的政策，从2007年开始颁布第1条至2020年共50条。

**表6-1　新能源汽车产业相关政策**

| 序号 | 政策标题 | 时效性 | 年份 |
|---|---|---|---|
| 1 | 关于新能源汽车产业发展规划（2021—2035年）的通知 | 现行有效 | 2020 |
| 2 | 关于进一步完善新能源汽车推广应用财政补贴政策的通知 | 现行有效 | 2020 |
| 3 | 新能源汽车生产企业及产品准入管理规定（2020修订） | 现行有效 | 2020 |
| 4 | 关于开展新能源汽车下乡活动的通知 | 现行有效 | 2020 |
| 5 | 关于完善新能源汽车推广应用财政补贴政策的通知 | 现行有效 | 2020 |
| 6 | 关于进一步完善新能源汽车推广应用财政补贴政策的通知 | 现行有效 | 2019 |
| 7 | 关于印发《提升新能源汽车充电保障能力行动计划》的通知 | 现行有效 | 2018 |
| 8 | 关于做好新能源汽车动力蓄电池回收利用试点工作的通知 | 现行有效 | 2018 |
| 9 | 新能源汽车动力蓄电池回收利用溯源管理暂行规定 | 现行有效 | 2018 |
| 10 | 关于做好平行进口汽车燃料消耗量与新能源汽车积分数据报送工作的通知 | 现行有效 | 2018 |

续表

| 序号 | 政策标题 | 时效性 | 年份 |
|---|---|---|---|
| 11 | 关于撤销《免征车辆购置税的新能源汽车车型目录》车型的公告 | 现行有效 | 2018 |
| 12 | 关于《免征车辆购置税的新能源汽车车型目录》有关事项公告 | 现行有效 | 2018 |
| 13 | 关于组织开展新能源汽车动力蓄电池回收利用试点工作的通知 | 现行有效 | 2018 |
| 14 | 关于调整完善新能源汽车推广应用财政补贴政策的通知 | 现行有效 | 2018 |
| 15 | 关于印发《新能源汽车动力蓄电池回收利用管理暂行办法》的通知 | 现行有效 | 2018 |
| 16 | 关于支持建设国家新能源汽车技术创新中心的函 | 现行有效 | 2018 |
| 17 | 乘用车企业平均燃料消耗量与新能源汽车积分并行管理办法 | 现行有效 | 2017 |
| 18 | 关于发布国家重点研发计划新能源汽车等重点专项 2018 年度项目申报指南的通知 | 现行有效 | 2017 |
| 19 | 新能源汽车生产企业及产品准入管理规定 | 已被修改 | 2017 |
| 20 | 关于调整新能源汽车推广应用财政补贴政策的通知 | 现行有效 | 2016 |
| 21 | 关于新能源汽车推广应用审批责任有关事项的通知 | 现行有效 | 2016 |
| 22 | 关于对新能源汽车安全、机动车排放标准升级执行有关情况进行督促检查的通知 | 现行有效 | 2016 |
| 23 | 关于进一步做好新能源汽车推广应用安全监管工作的通知 | 现行有效 | 2016 |
| 24 | 关于开展新能源汽车推广应用补贴资金专项检查的通知 | 现行有效 | 2016 |
| 25 | 关于开展新能源汽车推广应用核查工作的通知 | 现行有效 | 2016 |
| 26 | 关于“十三五”新能源汽车充电基础设施奖励政策及加强新能源汽车推广应用的通知 | 现行有效 | 2016 |
| 27 | 关于开展节能与新能源汽车推广应用安全隐患排查治理工作的通知 | 现行有效 | 2015 |
| 28 | 关于完善城市公交车成品油价格补贴政策加快新能源汽车推广应用的通知 | 现行有效 | 2015 |
| 29 | 关于 2016—2020 年新能源汽车推广应用财政支持政策的通知 | 现行有效 | 2015 |
| 30 | 关于开展新能源汽车推广应用城市考核工作的通知 | 现行有效 | 2015 |
| 31 | 关于加快推进新能源汽车在交通运输行业推广应用的实施意见 | 现行有效 | 2015 |
| 32 | 关于新能源汽车充电设施建设奖励的通知 | 现行有效 | 2014 |
| 33 | 关于印发《京津冀公交等公共服务领域新能源汽车推广工作方案》的通知 | 失效 | 2014 |
| 34 | 关于免征新能源汽车车辆购置税的公告 | 失效 | 2014 |
| 35 | 关于加快新能源汽车推广应用的指导意见 | 现行有效 | 2014 |
| 36 | 关于印发政府机关及公共机构购买新能源汽车实施方案的通知 | 现行有效 | 2014 |
| 37 | 关于进一步做好新能源汽车推广应用工作的通知 | 现行有效 | 2014 |
| 38 | 关于支持沈阳、长春等城市或区域开展新能源汽车推广应用工作的通知 | 现行有效 | 2014 |
| 39 | 关于继续开展新能源汽车推广应用工作的通知 | 现行有效 | 2013 |

续表

| 序号 | 政策标题 | 时效性 | 年份 |
|---|---|---|---|
| 40 | 关于开展节能与新能源汽车示范推广试点总结验收工作的通知 | 现行有效 | 2012 |
| 41 | 关于组织申报 2012 年度新能源汽车产业技术创新工程项目的通知 | 现行有效 | 2012 |
| 42 | 关于组织开展新能源汽车产业技术创新工程的通知 | 现行有效 | 2012 |
| 43 | 关于印发节能与新能源汽车产业发展规划（2012—2020 年）的通知 | 现行有效 | 2012 |
| 44 | 关于进一步做好节能与新能源汽车示范推广试点工作的通知 | 现行有效 | 2011 |
| 45 | 关于加强节能与新能源汽车示范推广安全管理工作的函 | 现行有效 | 2011 |
| 46 | 关于开展私人购买新能源汽车补贴试点的通知 | 失效 | 2010 |
| 47 | 关于扩大公共服务领域节能与新能源汽车示范推广有关工作的通知 | 失效 | 2010 |
| 48 | 新能源汽车生产企业及产品准入管理规则 | 失效 | 2009 |
| 49 | 关于开展节能与新能源汽车示范推广试点工作的通知 | 失效 | 2009 |
| 50 | 新能源汽车生产准入管理规则 | 失效 | 2007 |

## 二、研究方法、研究过程和数据来源

### （一）研究方法

近年来，文本挖掘技术已广泛应用于不同的学科和领域。国外学者 Libecap（1978）首次对政策进行了量化分析，基于矿权的演变过程分析了经济发展和法制建设的关系。国内学者张宝建等（2019）利用文本挖掘技术，从国家层面对科技政策的演化进行了系统研究。

文本挖掘的分析方法可以分为三个层面（涂端午，2009）：①定量分析。文本定量分析主要表现为筛选文本中的关键词，并进行词频统计，重在描述文本的特点和规律。②定性分析。定性分析主要从某一视角出发，解读文本中词语的情感变化或者话语之间的关系，更倾向于语言学的范畴。③综合分析。即结合文本定量和定性分析方法，对文本内容既有定量的数据统计，也有定性的解读和主观分析。

本书进行政策文本挖掘的目的在于：通过政策文本分析可以识别和理解政策之间的关联，掌握政策演进规律，剖析政策文件背后隐藏的真实现象和问题。对于研究政府对新能源汽车行业发展的期望和引导规律具有较高的理论价值和实践意义。政策文件主要以文本的形式呈现，内容信息量大、篇幅长且其运用的专业术语和特定表达的话术多（唐恒等，2022）。然而，相较于普通的文本内容，政策文本的语言结构化程度高、感情色彩用语少、文本针对性更强，非常适合用文本挖掘的方式进行定量和定性的综合分析（张永安和闫瑾，2016）。而且，文本分析能够规模化处理文本数据，降低甚至排除人为干扰因素。因此本书着重从文本综合分析的角度，运用政策文本分析方法对新能源汽车行业的政策进行分析。

### （二）研究过程

完成政策数据库的建立之后，进行创新政策主题词的提取。结合 Python、jieba 分词、自定义词典等工具对政策文本进行处理，统计主题词。主要的处理步骤如下：

第一，政策文本预处理。人工逐一通读政策文本，并删除政策内与新能源汽车产业关联度低或无关联的内容，减少主题词词频统计噪声干扰。例如，政策文本内附加的企业科技项目申报表、政府单位地址和联系方式、党政引用等。

第二，建立自定义词典和停用词表。已有的通用词典难以涵盖政策内的许多特定词语，因此需要对语料库进行深入研读，人工判断并读取专有政策词汇，建立新能源汽车产业创新政策词典。另外，结合现有的停用词库，建立针对政策文本中反复出现的高频无效词的停用词典。

第三，关键词提取与词频统计。采用 Python 中的 jieba 分词工具，结合自定义词典对政策语料库进行分词，并按以下步骤处理分词结果：①保留名词、动词、形容词等能够有效反映政策内容词性的词语；②根据自定义停用词典过滤政策文件中反复出现的高频无效词；③细化或删除词意模糊的词语；④人工处理合并同义异性词，如将“种植业”合并到“林业”，“大学”合并到“高等院校”，“推荐”“推介”合并到“推广应用”等。

第四，采用 NLTK 实现 TD-IDF 算法计算词频，并建立文档—词条关系矩阵。根据 TD-IDF 算法的统计原理，词频统计表示词语的出现频率与该词本身在政策文本中的重要性成正比。为了判断 50 篇新能源汽车产业政策条款与所提取关键词之间的关系，以及政策文本中词语跟词语之间的关联系数，本书利用上述分词结果得到了文档—词条关系矩阵。

第五，根据政策阶段绘制词云图和实现政策工具分类。一方面，为了便于直观地呈现政策演化路径，根据词频统计结果选取前 100 个高频词作为样本数据，采用 Python 中的 Wordcloud 包绘制各政策阶段的词云图。另一方面，由于一项政策条款通常包含多项政策工具，一项政策工具也可具备多种功能，因此每项政策条款对应的细分政策使用强度不同。为提高确定使用细分政策工具数量的准确性，使用通过 Python 得到的文档—词条关系矩阵的结果作为参考依据。图 6-1 表示了文本分析的主要操作过程。

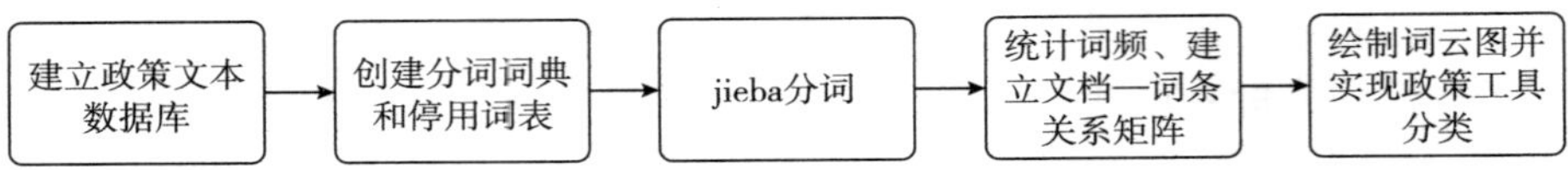


**图 6-1　文本分析具体步骤**

### （三）样本来源

为确保数据全面翔实、真实可靠，本章的数据来源于收录有国家政策的北大法宝法律法规检索系统以及政府官方网站，通过关键词检索，如“新能源汽车”“新能源汽车产业”等以及法律法规政策文件等，获得了 2007~2020 年颁布的与新能源汽车直接相关的国家层面的中央法律法规文件共 50 个。

在收集数据的过程中，按照以下标准对获得的政策条款进行了逐项甄选和剔除：①剔除与促进新能源汽车产业发展没有直接关联的政策条款，如《中国乘用车企业平均燃料消耗量与新能源汽车积分核算情况表》。该政策虽然属于与新能源汽车相关的中央层面出台的政策条款，但是其具体内容主要是积分核算的数据与标准，不符合本章政策文本分析的需求。②仅保留了国家中央层面的政策条款，剔除了各地方政府颁布的相关政策，以确保政策文本分析的可比性和研究结论的有效性。③考虑到失效政策可以有效反映新能源汽车产业发展对应阶段的政策特征，帮助理解政策条款的演进特点，本章在做文本分析时未将已失效政策条款去除。在遵从以上筛选标准的基础上，本章最终整理得到 50 个直接促进新能源汽车产业发展的政策文件来作为研究样本，其中有 7 个已经失效，其余 43 个为现行有效。

## 三、研究结果

### （一）新能源汽车产业政策强度

产业政策是指政府为了扶持某项产业的发展，通过法律法规的形式引导和激

励产业进步的手段（叶光亮等，2022）。政策强度是指政府扶持某项产业所颁布的政策数量（宋娇娇和孟溦，2020）。结合政府对新能源汽车产业规划的全面布局的时间点，本书将中国新能源汽车产业政策划分为3个主要阶段：2007~2010年（“十一五”期间）、2011~2015年（“十二五”期间）、2016~2020年（“十三五”期间）。

图6-2展示了2007~2020年逐年颁布的中央层面的新能源汽车产业政策数量。按单独的年份演进特点来看，自2007年中央层面出台了第一个鼓励开发与生产新能源汽车的部门工作文件后，新能源汽车产业发展规划开始有条不紊地开展。除了2008年，其余年份都出台了针对新能源汽车产业的引导和扶持政策，且每年的政策数量逐年增加。2012~2020年政策强度逐年加大，2018年更是颁布了10条与中央层面相关的政策条款。按阶段划分演进特点来看，2007~2010年（“十一五”期间）颁布的政策共5个，2011~2015年（“十二五”期间）颁布的政策共19个，2016~2020年（“十三五”期间）颁布的政策共26个。由此可见，“五年计划”针对新能源汽车的政策强度不断增强，政府对新能源汽车产业规划的路径逐渐清晰。

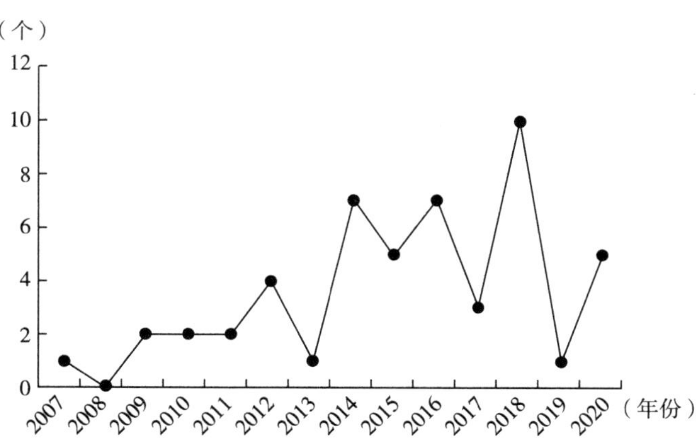


**图6-2 2007~2020年出台政策文件数量**

### （二）政策特征的演进规律分析

图6-3、图6-4、图6-5分别展示了“十一五”“十二五”和“十三五”期间颁布的政策中前100个关键词的词云图。其中，词语面积越大，表示其在这期间政策中所出现的次数越多，能直观地呈现不同阶段的政策变化和导向。

2007年，政府出台了第一项鼓励开发与生产新能源汽车的部门工作文件，标志着新能源汽车产业正式进入起步阶段。在这一时期，新能源汽车技术仍停留在前期研究阶段，还未形成符合产业化的产品，政府需要从宏观层面指导产业发展。在“十一五”规划中，政府提出“节能和新能源汽车”战略，致力于突破新能源汽车关键技术。政府的积极参与表示对新能源汽车产业发展的重视和认可，该阶段的政策主要发挥了“风向标”的作用，引导整个产业的布局。

如图6-3所示，在“十一五”期间，“节能与新能源汽车”“试点城市”“示范推广”“发展”“运行”“售后服务”“补贴资金”等字样的面积较大。最大的关键词正是政府提出的“节能与新能源汽车”发展战略规划，政策的制定主要围绕这个主题展开。为了化解能源危机，实现长期可持续性发展的目标，政府依赖掌握的信息、技术和资源，对新能源汽车产业进行积极布局。首先，针对新能源汽车产业的供给端，采用环境型政策创造符合监管要求的市场环境。该时期的新能源汽车市场正处于无秩序阶段，虽然“百花齐放”，但也“乱象丛生”，因此要求政府把控市场节奏，把企业发展往正确的道路上指引。政府通过颁布《新能源汽车生产准入管理规则》《新能源汽车生产企业及产品准入管理规则》等条款，确定生产企业以及其配套产业链的技术方向，制定基本的“游戏规则”，管理企业有秩序、有方法进入新能源汽车市场，引导产业链上各端企业进入。其次，针对新能源汽车产业的需求端，采用环境型政策和供给型政策，为打开新能源汽车市场做准备。在全面推广新能源汽车之前，政府通过试点的方式，选择部分城市如北京、上海、重庆、武汉、深圳、长沙等城市先进行小范围示范推广，并鼓励公共服务领域（如公交车、公用乘用车等）率先推广使用新能源汽车，并对采购单位予以购车补贴和维护保养补贴。

“十二五”期间，国家对新能源汽车科技创新的政策支持力度继续加大。通过图6-4可以看到，“十二五”期间，政府的政策重心放在了“公交车”“充电设施”“发展”“推广应用”“补贴”等方面，继续有侧重点地加强政策力度。在新能源汽车的供给端，政府继续颁布一系列政策推动产业的发展和升级。“十二五”期间，新能源汽车的产业链构建并未完善，与新能源汽车配套的基础设施也尚不成熟，因此，2014年政府颁布充电基础设施建立政策，吸引民营企业投资。由于该阶段新能源汽车的市场化程度低，需要充电的汽车数量少，民营企业资本尚未涌入。基于这种情况，在新能源汽车市场化的起步期，政府“自掏腰包”，由国家电网首先铺设充电设施，辅助完善充电基础设施。

图 6-3 2007~2010 年（“十一五”期间）新能源汽车政策词云

图 6-4 2011~2015 年（“十二五”期间）新能源汽车政策词云

在新能源汽车的需求端，新能源汽车在公共交通服务领域的推广受到重视。一方面，政府在推广新能源汽车市场化上做出表率，鼓励公交车企业采购新能源汽车。通过给予高额补贴、财政拨款等方式实现公共交通的新能源化，同时以此激励公交车制造企业投入研发和生产。另一方面，公交车虽然体积大，但运行平稳，具有对电池密度需求低、充换电方便等特点。在新能源汽车产业发展的初期，电车的三电系统（电池、电机和电控系统）尚未完全成熟稳定，但已经能够达到电动公交车正常运行的技术要求，因此电动公交车的市场化有利于率先打开新能源汽车市场。另外，为了刺激消费者的购买热情，政府除了予以购车补贴，还连续减免新能源汽车的购置税、车船税等相关税费。除此以外，针对部分汽车限购限行城市，政府还放宽购车限制，并且不对新能源汽车限行。可见，政府通过打政策的组合拳，从推动供给端到拉动需求端进一步加快新能源汽车市场化进程。

“十三五”期间，新能源汽车产业的发展取得了实质性的突破，产业链的全面完善和市场化程度的提升标志着我国新能源汽车产业由起步期迈入了成长期。通过图 6-5 可以看出，这一期间的政策关注点是“动力蓄电池”“回收”“乘用车”“充电”“发展”“技术”“管理”“充电设施”“积分”等，该期间的政策重心主要是在新能源汽车的供给端。

图 6-5　2016~2020 年（“十三五”期间）新能源汽车政策词云

首先，政府对发展动力蓄电池技术尤为关注。由于技术限制，新能源汽车存在续航短、掉电快、充电久的问题。尤其是相较于汽油车，乘用型新能源汽车的短板非常突出，导致市场上关于新能源汽车“里程焦虑”的争议频发。针对这一现象，政府鼓励企业加大对三电技术，尤其是电池密度技术的研发投入，并且根据电池密度容量大小对车企进行补贴奖励。其次，动力蓄电池的回收。动力蓄电池的使用寿命有限，当电池容量衰减超过80%时就需要置换新电池。经过近10年的发展，随着新车新技术迭代，大量早期的动力蓄电池面临置换、报废的问题。早期蓄电池主要是磷酸锂铁、三元锂电池，如果直接抛弃会对环境造成严重污染，有违可持续性发展的初衷，因此电池回收成为难题。基于此类情况，政府在2018年连续出台了4个动力蓄电池回收和再利用的政策。政策条款中提出，要合理回收和再利用旧电池，如把电池再利用到对电池密度要求不高的设备上——电动自行车、电动三轮车等，实现资源的高效合理利用。另外，随着产业发展逐渐成熟，以及经历了多家新能源车企骗补事件后，早期的低门槛补贴政策逐渐被积分政策代替。通过增加正积分、减少负积分的方式激励传统企业进行转型升级，全面推动新能源汽车产业格局正向发展。

### （三）三大类型政策工具使用强度

在政策工具分析理论框架中，本章参考了Rothwell和Zegveld（1981）的政策工具划分标准：环境型、需求型和供给型。根据他们对政策工具的划分，本章整理了50个新能源汽车产业政策中政策工具的使用强度，并参考了刘云等（2017）对三大政策工具的归类方式。表6-2为根据Python的文档—词条矩阵和人工标记结果得出的各类政策工具的使用强度。

**表6-2　三大政策工具使用强度**

| 三大政策工具类型 | 细分政策工具 | 细分工具使用强度（次） | 合计（次） |
|---|---|---|---|
| 供给型 | 技术支持 | 9 | 60 |
| | 人才支持 | 7 | |
| | 资金支持 | 41 | |
| | 信息支持 | 3 | |
| 需求型 | 服务外包 | 1 | 17 |
| | 政府采购 | 13 | |
| | 贸易管制 | 3 | |

续表

| 三大政策工具类型 | 细分政策工具 | 细分工具使用强度（次） | 合计（次） |
|---|---|---|---|
| 环境型 | 科技金融 | 12 | 147 |
| | 财税措施 | 19 | |
| | 法规管制 | 74 | |
| | 策略性措施 | 6 | |
| | 公共服务 | 36 | |

“环境型”政策工具在政策条款中的使用次数最多，共 147 次，其关键词具体包括科技金融、财税措施、法规管制、策略性措施和公共服务。其中，法规管制类的政策工具的使用强度最大，明确反映在面对新能源汽车产业这类新兴领域时，政府重点关注完善产业法律法规，如“准入标准”“生产标准”等，对市场进行严格监管。另外，公共服务类政策也运用广泛，致力于向构建新能源汽车产业链提供更优质的基础服务平台。

“供给型”政策工具使用次数为 60 次，包括技术支持、人才支持、资金支持和信息支持等。该政策工具的重点为资金支持，如政府补贴、科研经费，还包括提供人才奖励计划。政府先后为新能源汽车产业链的各环节提供近百亿元补贴，解决新产业研发投入大、风险高、资金短缺等问题，推动和维持产业的发展，在一定程度上可以说明政府用钱“烧”出了一个产业。除此以外，政府还鼓励科研机构和院校积极参与新能源汽车的产业布局，全面搭建协调创新平台。

相比之下，“需求型”政策工具被运用得最少，共 17 次，包括服务外包、政府采购和贸易管制。政府采购被使用的次数最多，如鼓励公共交通系统采购电动公交车，给予购买新能源汽车的机关单位资金奖励等，通过“以身作则”的方式拉动市场需求。

## 四、本章小结

本章通过量化政策文本的方式，首先对 2007～2020 年出台的所有直接与新能源汽车产业有关的 50 个政策进行系统梳理；其次介绍了文本挖掘的方法，并展示文本数据的具体处理流程。根据文本定量处理的结果，通过定性分析分别描述了新能源汽车产业的政策强度、政策特征的演进规律和三大类型的政策工具使用强度。

研究结论如下：在第一阶段（2007~2010 年），新能源汽车产业发展进入起步期。此时的政策主要以政策引导和开展试点工作为主，围绕“节能与新能源汽车”发展战略规划进行宏观层面的布局。对新能源汽车产业的供给端（包括产业链的上、中、下游）使用供给型和环境型政策工具，在颁布各项产业准入规则和要求的同时，也通过资金补贴/补助等方式鼓励新能源产业的技术发展。在新能源汽车的需求端开展各项试点工作，采取示范推广、健全配套设施等途径开拓市场。

在第二阶段（2011~2015 年），新能源汽车产业发展步入正轨。围绕“纯电驱动”技术转型战略，率先对公共交通工具实行全面电动化，并且由国家带头建设和完善充电基础设施。同时，采取予以高额购车补助，连续减免新能源汽车车船税、购置税等方式刺激消费。通过打政策的组合拳，从推动供给端到拉动需求端进一步加快新能源汽车市场化进程。

在第三阶段（2016~2020 年），新能源汽车产业发展取得了实质性进展，也标志着产业由起步期正式迈入了成长期。该阶段的政策重心主要在于发展新能源汽车动力蓄电池技术，并通过补贴退坡的方式引导新能源市场由政策驱动转向市场驱动。

# 下篇　政策机制探索篇

# 第七章　中国科技创新基本面分析

党的十八大以来，中国加快实施创新驱动发展战略，经济实力、科技实力和综合国力均进入世界前列。科技创新正在从量的累积向质的飞跃转变。2022 年 9 月 29 日，世界知识产权组织发布的《2022 年全球创新指数报告》显示，中国已从 2012 年的第 34 位上升至 2022 年的第 11 位，即将进入前 10。本章对中国的科技创新情况进行可视化分析。

## 一、全国基本面科技创新投入情况

### （一）科研经费

2003 年以来，中国的研发经费总投入呈现出增长的趋势，具体如图 7-1 所示。2003 年，我国研发经费总支出仅为 1539.63 亿元，2021 年为 27956.31 亿元，达到了近 14 倍的增长。分活动类型来看，试验发展经费支出一直以来占据研发经费支出的大部分，而基础研究与应用研究经费支出仅占据其中一小部分。2003 年，基础研究、应用研究和试验发展经费所占比重分别为 5.7%、20.2%和 74.1%；2020 年，三种类型的经费所占比重分别为 6.5%、11.3%和 82.2%。

其中，政府和企业资金经费支出占据了研发经费支出的大部分。如图 7-2 所示，二者均呈现出逐年上升的趋势，而企业资金经费支出的增长速度明显快于政府资金经费支出。同时，企业资金经费支出占研发经费总支出的比重同样呈现逐年增长的趋势，而政府资金经费支出所占比重则呈现逐年下降的趋势。2003 年，政府资金经费支出 460.6 亿元，占比 29.92%；企业资金经费支出 925.4 亿元，占比 60.11%。2021 年，政府资金经费支出 5299.66 亿元，占比 18.96%；企业资金经费支出 21808.8 亿元，占比 78.01%。

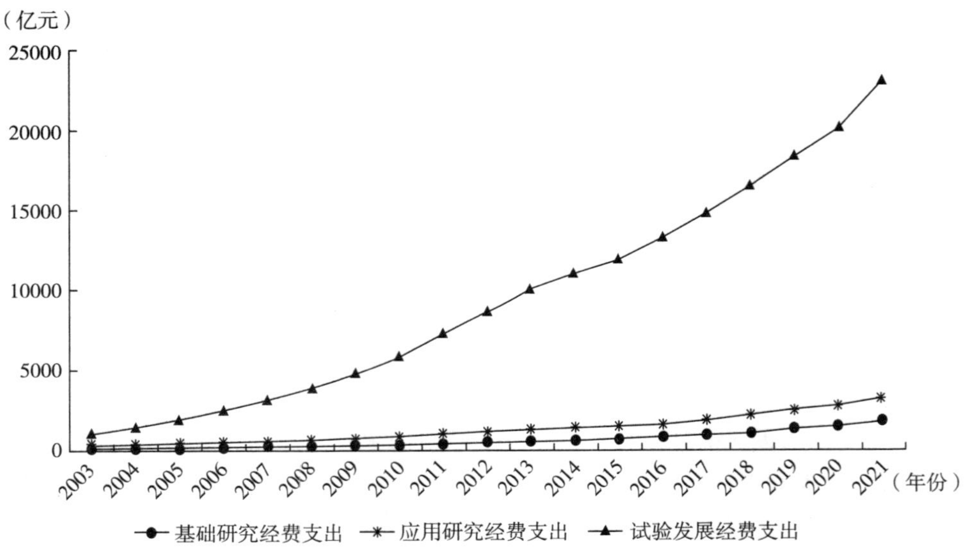


**图 7-1　中国 2003~2021 年研发经费支出情况①**

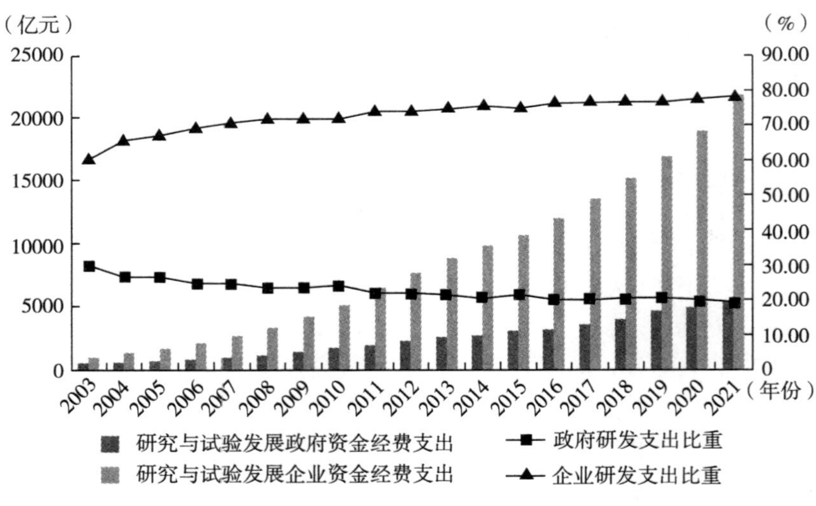


**图 7-2　中国 2003~2021 年政府和企业研发经费支出情况②**

①② 数据来自《中国统计年鉴》。

### （二）科技人才

2003 年以来，中国研发人员全时当量呈现逐年增长的趋势，具体如图 7-3 所示。从活动类型看，中国研究与试验发展人员中的绝大部分从事的是试验发展工作。2021 年，试验发展人员全时当量为 455. 35 万人年，占比 79. 66%；而基础研究人员全时当量仅有 47. 19 万人年，应用研究人员全时当量为 69. 1 万人年，分别占比 8. 26%、12. 09%。2021 年，研发人员全时当量达到 571. 63 万人年，比 2020 年增加 48. 18 万人年，是 2003 年的 5. 2 倍。

高等教育作为科技人力资源培养和供给的主渠道，大学生和研究生毕业人数再创新高。2021 年，全国普通高校数达到 2756 所。2023 年 2 月 28 日国家统计局发布的《中华人民共和国 2022 年国民经济和社会发展统计公报》显示，全年研究生教育招生 124. 2 万人，在学研究生 365. 4 万人，毕业生 86. 2 万人。普通、职业本专科招生 1014. 5 万人，在校生 3659. 4 万人，毕业生 967. 3 万人。

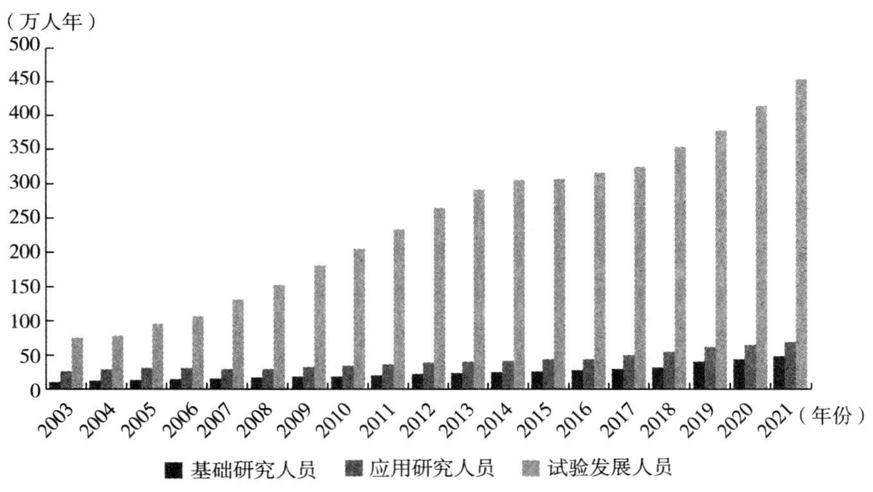


**图 7-3 中国 2003~2021 年研发人员全时当量情况①**

### （三）创新主体

如图 7-4 所示，各创新主体中，企业和高等学校研发机构数呈现逐年上升的

① 数据来自《中国统计年鉴》。

趋势，而中央/地方属科学研究与开发机构数呈现逐步下降的趋势。企业研发机构数由 2011 年的 31320 个上升到 2021 年的 120367 个，高校研发机构数由 2011 年的 8630 个上升到 2021 年的 22859 个，而中央/地方属科学研究与开发机构则由 2011 年的 3673 个下降为 2021 年的 2962 个。规模以上工业企业有研究与试验发展活动的企业所占比重由 2008 年的 6.5%上升至 2021 年的 38.3%。

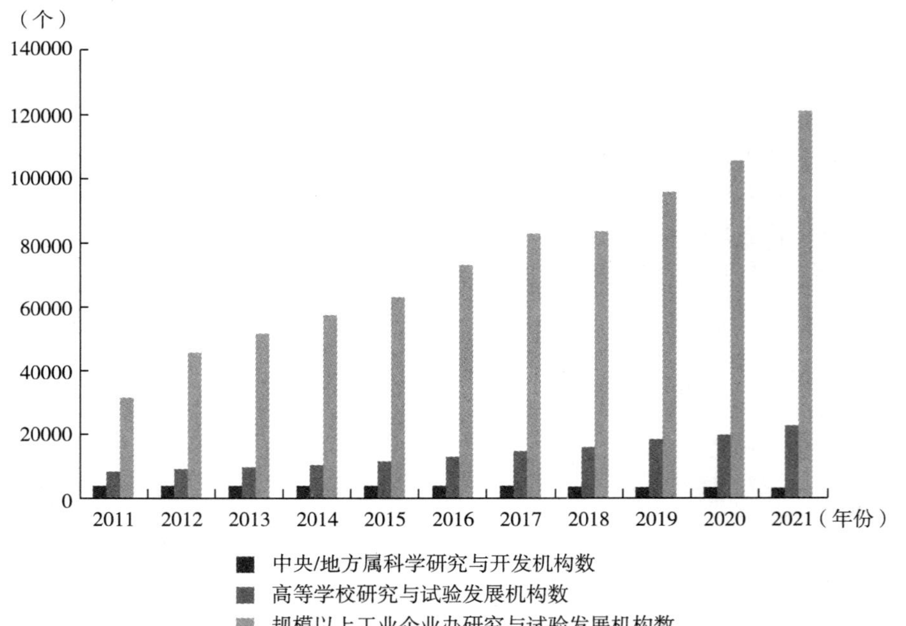


**图 7-4　中国 2011~2021 年研发机构情况①**

2011 年开始，企业、高校和科研机构开展项目数均呈现增长趋势，具体如图 7-5 所示。高校开展的研发项目要显著多于企业和科研机构。2021 年，高校开展研发项目 1436251 项，比 2020 年增长 11.5%；企业开展研发项目 824637 项，比 2020 年增长 15.4%；科研机构开展研发项目 135867 项，比 2020 年增长 4.4%。

① 数据来自《中国统计年鉴》。

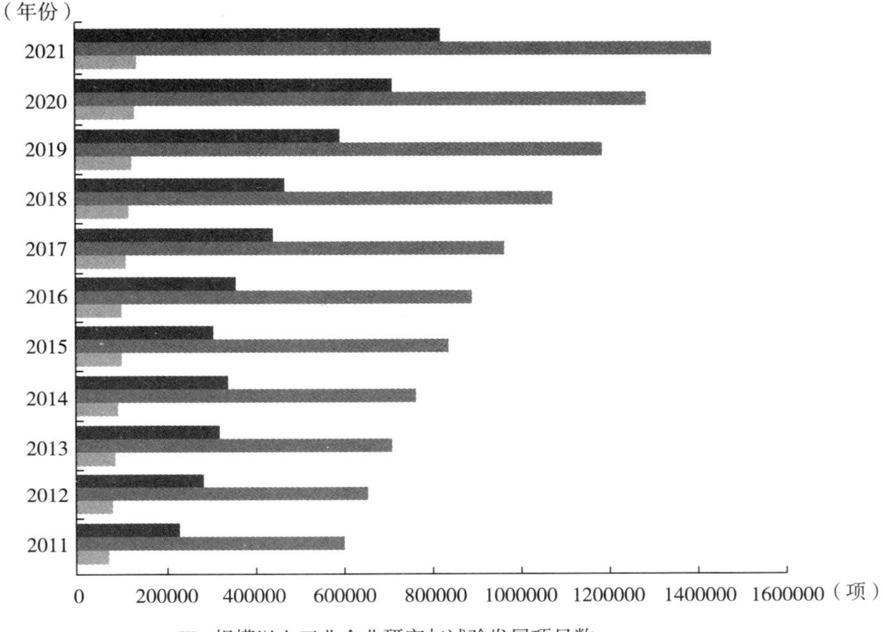


**图 7-5　中国 2011~2021 年研发机构开展项目情况①**

## 二、全国基本面科技创新产出情况

如图 7-6 所示，在知识生产方面，2003 年至今，我国科技论文发表数、科技著作出版数和科技成果登记数均呈上升趋势。2021 年，我国共发表科技论文 203.42 万篇，比 2005 年的 94.34 万篇增长了 1.16 倍；出版科技著作 5.058 万种，比 2005 年增长了 26.07%；登记科技成果 7.87 万项，比 2005 年增长了 1.43 倍。

① 数据来自《中国统计年鉴》。

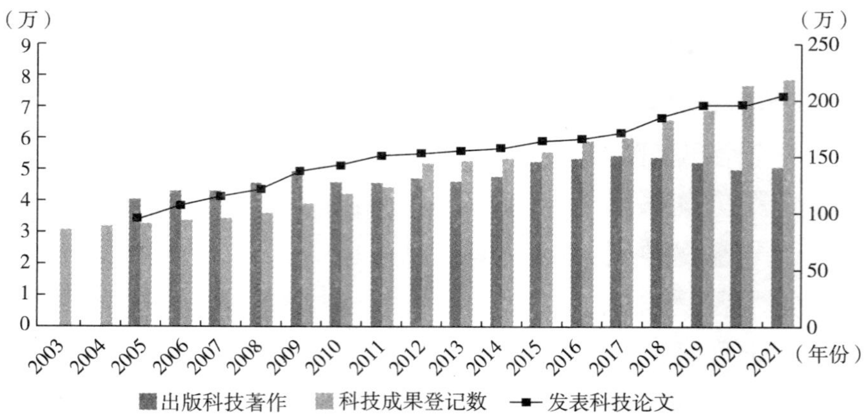


**图 7-6　中国 2003~2021 年科技出版物与科技成果情况①**

如图 7-7 所示，2003~2021 年，高技术产品进出口额、技术市场成交额均呈现上升趋势，特别地，技术市场成交额呈现指数增长趋势。高技术产品出口额总是略微高于高技术产品进口额。2021 年，技术市场成交额达到 3.73 万亿元，较 2003 年的 1084.67 亿元增长了 33.4 倍。2021 年，高技术产品进出口额为 1.82 万亿美元，其中，高技术产品进口额为 8375.8 亿美元，高技术产品出口额为 9794.2 亿美元。

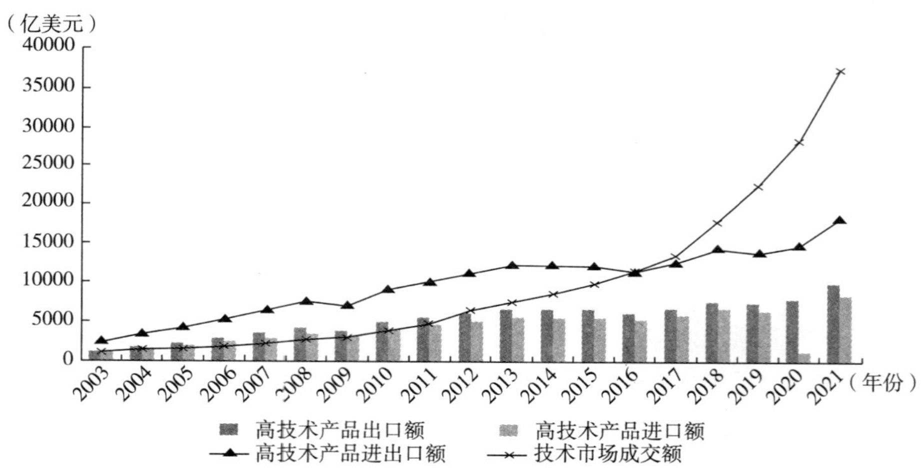


**图 7-7　中国 2003~2021 年高技术产品进出口额及技术市场成交额发展情况②**

①② 数据来自《中国统计年鉴》。

2003~2021 年中国专利申请受理量呈现逐年增长的趋势，具体如图 7-8 所示。2021 年，中国专利申请受理总量为 506.03 万件，是 2003 年专利申请受理总量的 20.14 倍。其中，发明专利申请受理量为 142.78 万件，占专利申请受理总量的 28.22%；实用新型专利申请受理量为 284.53 万件，占比 56.23%；外观设计专利申请受理量为 78.71 万件，占比 15.55%。2010 年之前，外观设计专利申请受理量每年都排在第一位。2010 年，实用新型专利申请受理量与外观设计专利申请受理量几乎持平。2010 年之后，实用新型专利申请受理量每年都排在第一位。

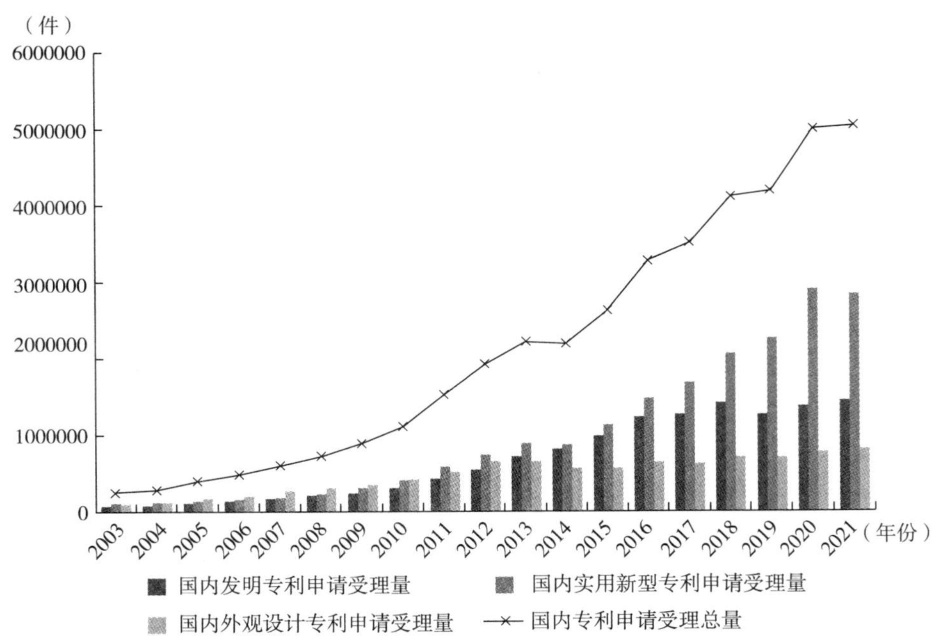


**图 7-8　中国 2003~2021 年专利申请受理情况①**

2003~2021 年中国专利申请授权总量呈指数增长，具体如图 7-9 所示。2003 年，中国专利申请授权总量为 14.96 万件，2014 年突破百万件达到 116.32 万件，用了 11 年的时间；2018 年，中国专利申请授权总量突破 200 万件，达到 231.92 万件，用了 4 年时间；2020 年，中国专利申请授权总量达到 352.09 万件，突破 300 万件大关用了 2 年时间；2021 年，中国专利申请授权总量达到 446.72 万件，比 2020 年增长了 26.88%。

① 数据来自《中国统计年鉴》。

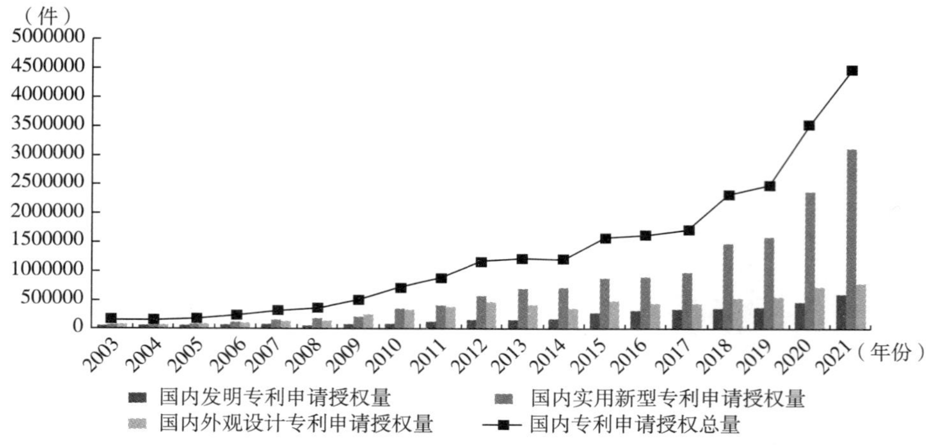


**图 7-9 中国 2003~2021 年专利申请授权情况①**

按企业类型划分，在申请专利的主体中，内资企业占了绝大多数，港澳台商投资企业与外资企业申请数量几乎持平。2021 年，规模以上工业企业申请专利 140.36 万件，其中，内资企业申请 122.47 万件，占比 87.3%；港澳台商投资企业专利申请 8.26 万件，外商投资企业申请专利 9.52 万件，分别占比 6% 和 6.7%。具体如图 7-10 所示。

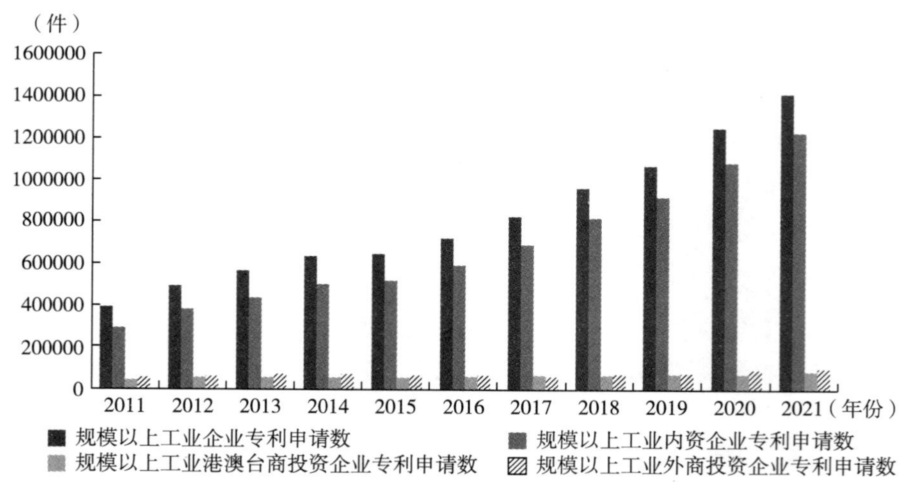


**图 7-10 中国 2011~2021 年内资、外资与港澳台投资规模以上工业企业专利申请情况②**

①② 数据来自《中国统计年鉴》。

规模以上工业内资企业中，私营企业、有限责任公司与股份有限公司占据专利申请数的大部分，而国有企业与其他企业占据其中的一小部分。并且，私营企业专利申请的比例逐年增加。2021 年，规模以上工业内资企业专利申请总数 122.4747 万件，其中，私营企业专利申请 72.13 万件，占比 58.9%；有限责任公司专利申请 31.7391 万件，占比 25.9%；股份有限公司专利申请 15.6968 万件，占比 12.8%；国有企业专利申请 2.3386 万件，占比 1.9%；其他企业专利申请 5702 件，占比 0.5%。具体如图 7-11 所示。

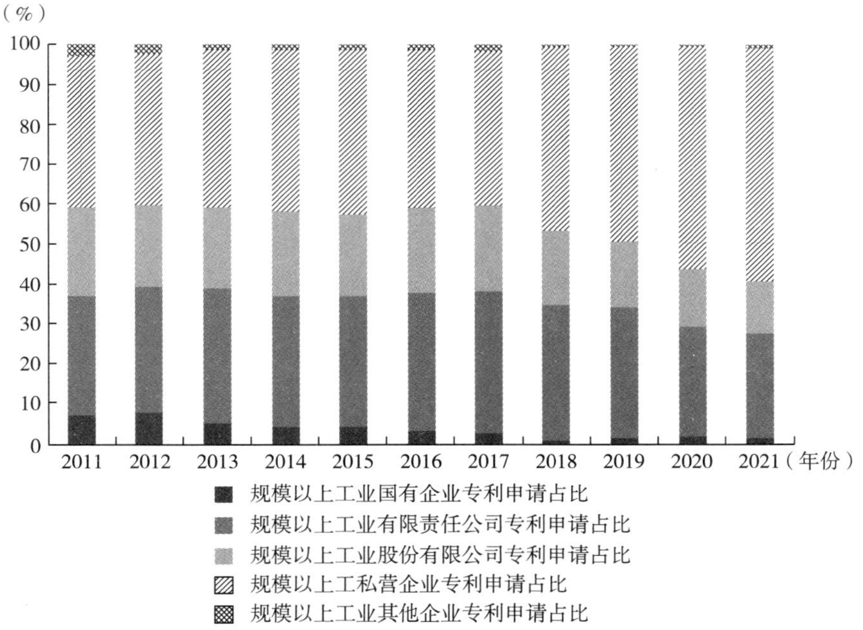


**图 7-11　中国 2011~2021 年不同类型规模以上工业内资企业专利申请情况**[①]

2001~2021 年我国国际专利活动呈总体增长的态势，具体如图 7-12 所示。中国所受理申请人为国外的专利申请数量从 2001 年的 37800 件增长至 2021 年的 183280 件，增长超过 380%；来源地为中国的 PCT 专利申请数量从 2001 年的 1730 件增长至 2021 年的 69576 件，增长接近 40 倍。这在一定程度上说明中国科技创新产出在世界范围内的影响力正在不断扩大，且中国对外科技创新产出增长比外国在华科技创新产出增长更加迅猛。

① 数据来自《中国统计年鉴》。

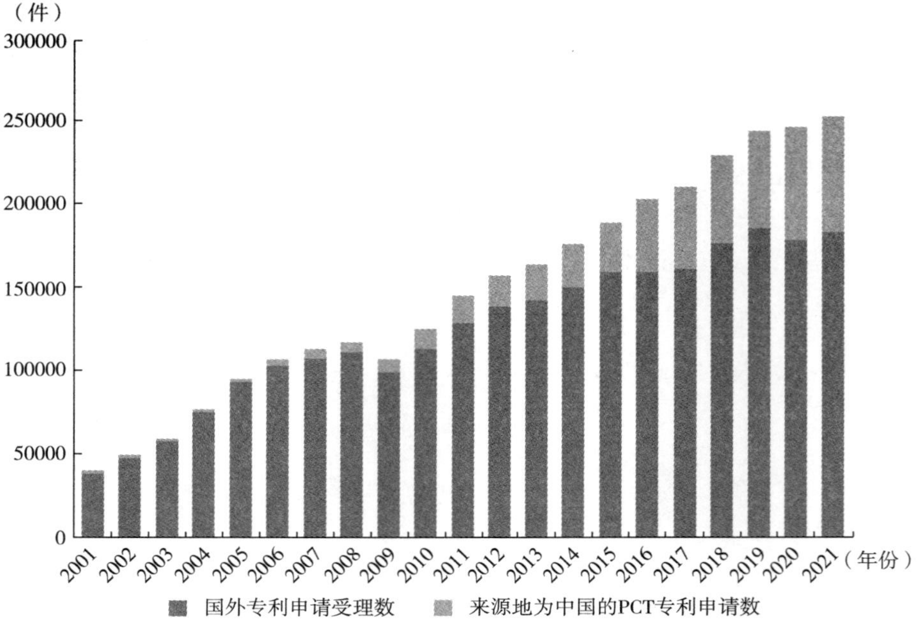


**图 7-12　中国 2001~2021 年受理国外专利申请与来源地为中国的 PCT 专利申请情况**①

## 三、企业创新产出与创新质量现状

### （一）中国高新技术企业创新情况

中国高新技术企业近年来 R&D 活动与科技活动整体呈增长态势，具体如图 7-13 所示。高新技术企业科技活动人员逐年增加，2013 年全国高新技术企业共有 4611984 名科技活动人员，2021 年科技活动人员达到 10192155 名，增长了约 120%。但 R&D 人员增长相对较慢，2013~2021 年，增长约 63%。科技活动经费内部支出从 2013 年的 88183696 万元增长至 2021 年的 336816352. 9 万元，增长约 282%。R&D 经费内部支出虽然也在逐年增长，但在科技活动经费内部支出中占的比重却有所下降，从 2013 年的 61. 2%下降至 2021 年的 43. 5%。

① 数据来自《中国统计年鉴》。

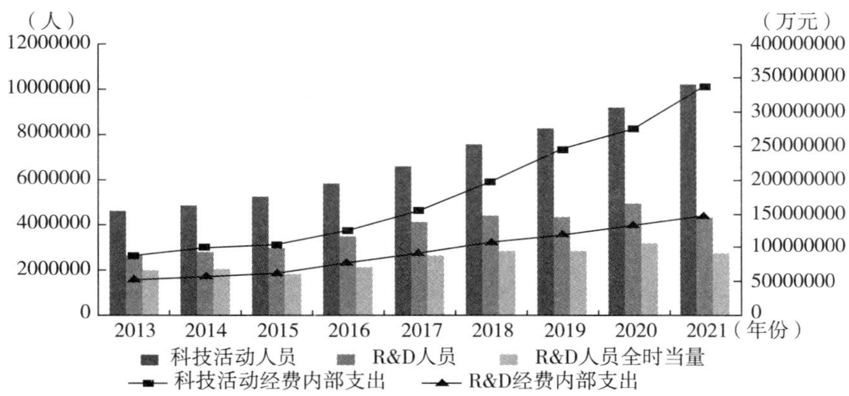


**图 7-13　中国 2013~2021 年高新技术企业 R&D 活动与科技活动情况①**

## （二）科技企业孵化器创新产出情况

2015 年以来，我国科技企业孵化器创新产出逐年增加，具体如图 7-14 所示。2021 年，我国有在统孵化器 6227 个，平均每个科技企业孵化器拥有 147.2 个知识产权，较 2015 年的 61.3 个知识产权增长了 140%；2021 年平均每个科技企业孵化器拥有 21.9 个发明专利，较 2015 年的 15.4 个发明专利增长了 42.4%。

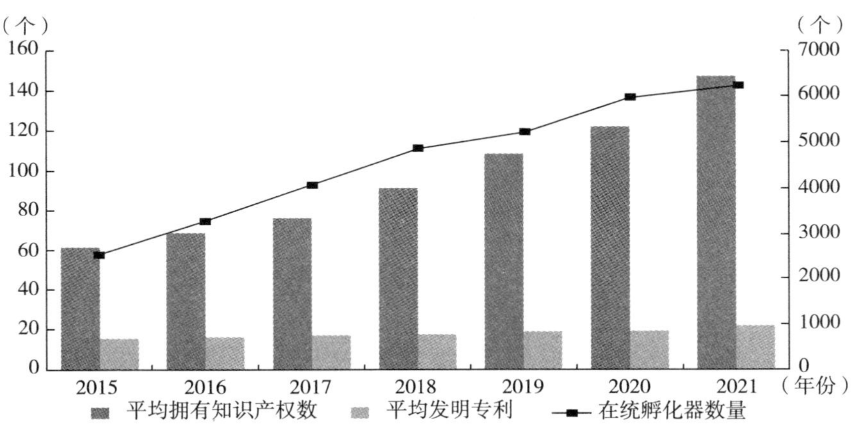


**图 7-14　中国 2015~2021 年科技企业孵化器创新产出情况②**

①② 数据来自《中国统计年鉴》。

### （三）上市公司创新产出情况

我国上市公司各类专利申请情况如图 7-15 所示。上市公司 2003～2019 年平均专利申请数量增加较快，2003 年平均每家上市公司拥有 14.8 件申请专利，2019 年这一数字达到 56.5，增长 282.3%。2020 年平均专利申请数量较 2019 年减少了 38.8%，为 34.6 件。在三种不同类型的专利中，发明专利申请和实用新型专利申请数量变化较大，整体来看，2003～2019 年上市公司发明专利和实用新型专利平均申请数量明显增加，2020 年发明专利平均申请数量较 2019 年显著减少，这是引起上市公司平均专利申请数量变化的主要原因。

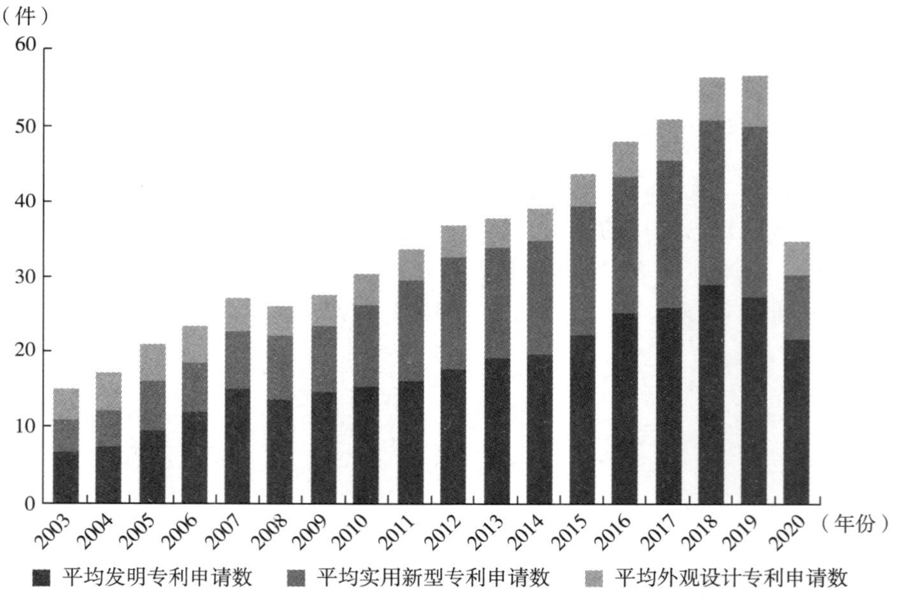


**图 7-15 中国 2003～2020 年上市公司专利申请情况①**

图 7-16 展示了用上市公司第 t 年申请的专利件数以及未来 5 年内公司的平均申请件数，来衡量的公司创新产出的波动性。无论是仅按照发明专利计算还是按照实用新型和发明专利计算，我国上市公司 2003～2016 年创新产出波动性基本都呈现先降低、后升高、再降低、再升高的趋势。以发明专利计算的创新产出波动性停留在与 2003 年相比更低的水平，降低了 19.8%。以实用新型和发明专

① 数据来自 WinGo（文构）文本数据库（www.wingodata.com）。

利计算的波动性水平较 2003 年有所升高，增长 21.1%。

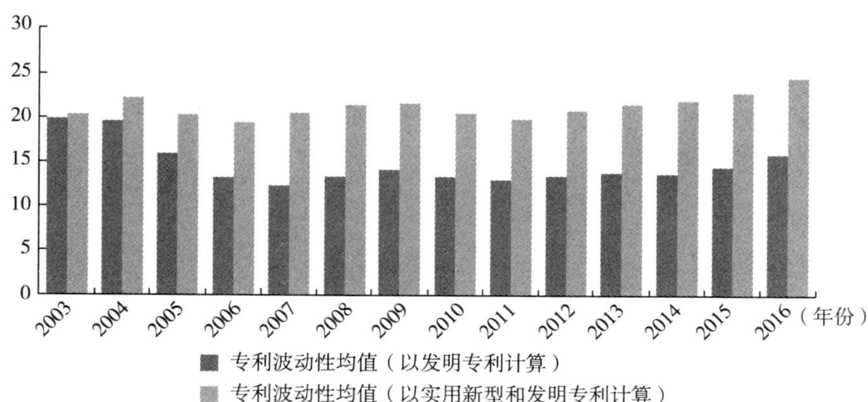


**图 7-16　中国 2003~2016 年上市公司专利波动性①**

上市公司多样性为 1 减去公司最近三年专利组合的赫芬达尔指数（以 ipc4 为分类计算出），具体如图 7-17 所示。以发明专利计算，我国上市公司 2003 年申请专利多样性约 0.484，2021 年增长至 0.737，增长 52.3%。以实用新型和发明专利计算，我国上市公司 2003 年申请专利多样性为 0.484，2021 年为 0.76，增长约 56.9%。我国上市公司创新产出多样性有所提升。

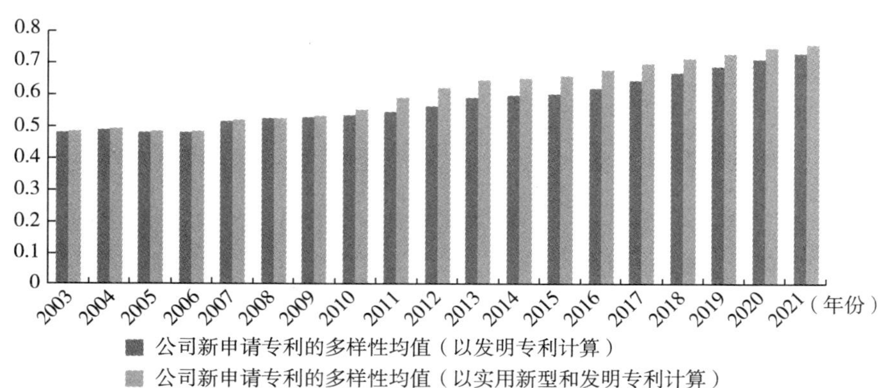


**图 7-17　中国 2003~2021 年上市公司专利多样性②**

①②　数据来自 WinGo（文构）文本数据库（www.wingodata.com）。

技术接近性是指公司在 t 年申请的专利与 t-1 年持有的专利组合之间的技术接近度，是衡量公司是否留在或偏离已知研究领域的一个连续指标。如图 7-18 所示，我国上市公司技术接近性总体呈波动下降的趋势，其中，以发明专利计算的技术接近性波动较大，2003~2019 年下降了约 12%；以实用新型和发明专利计算的技术接近性波动较小，下降约 11%。总体而言，我国上市公司留在当前研究领域的倾向逐渐减小。

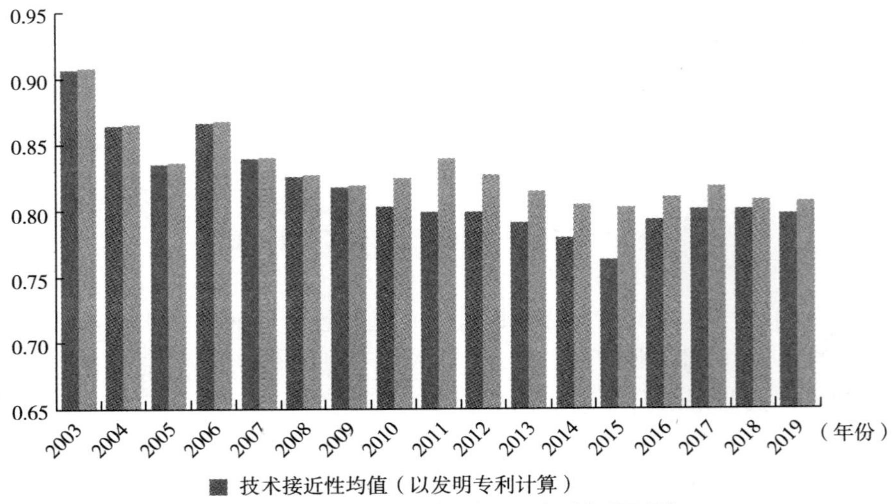


**图 7-18　中国 2003~2019 年上市公司技术接近性①**

## （四）上市公司创新质量情况

2003~2019 年，我国上市公司专利被引数量经历了先增加后减少的过程，峰值出现在 2009 年，具体如图 7-19 所示。以发明专利计算，2003 年上市公司专利公开 5 年内平均被引次数的均值约 2.7 次，2004 年增加至约 3.8 次，2005 年下降至约 3.4 次，2004~2009 年持续增长，2009 年平均被引约 5.1 次，2009 年之后一直下降，2019 年仅 1.3 次。以实用新型和发明专利计算，2003~2019 年间两次峰值同样出现在 2004 年和 2009 年。整体来看，我国上市公司专利被引数量呈现减少的趋势。

① 数据来自 WinGo（文构）文本数据库（www.wingodata.com）。

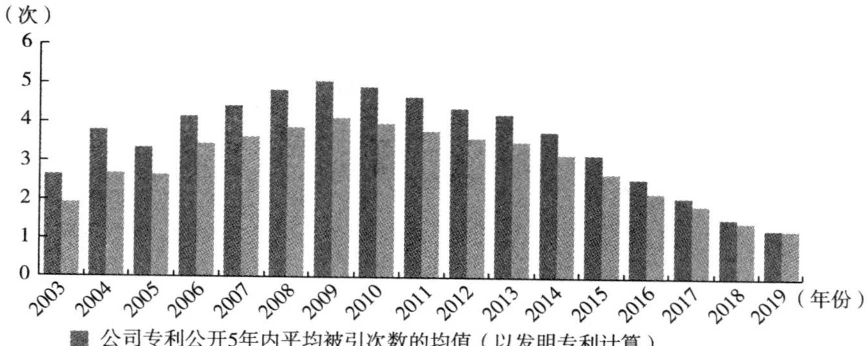


**图 7-19　中国 2003~2019 年上市公司专利被引情况①**

我国上市公司申请的利用性专利百分比均值总体呈增加趋势，探索性专利百分比均值总体呈下降趋势，具体如图 7-20 所示。以发明专利计算，2003 年上市公司申请利用性专利的百分比均值约 2.4%，2019 年增长到 58.6%；2003 年探索性专利百分比均值高达 94.3%，2019 年下降至 22.6%。这表明，近年来我国上市企业越来越多地申请利用性专利，而对创新新颖程度更高的探索性专利申请重视程度降低。

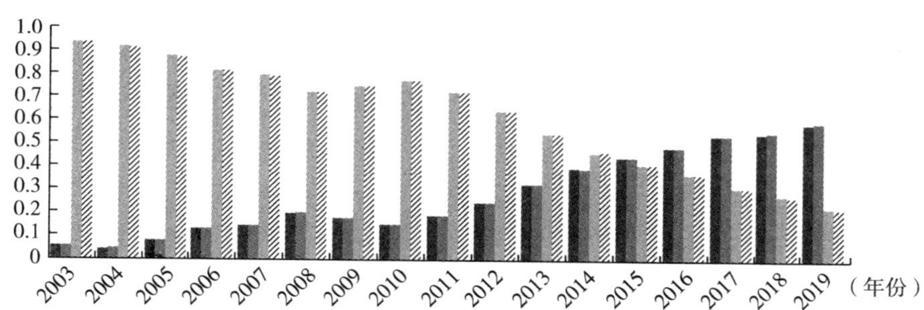


**图 7-20　上市公司利用性专利和探索性专利申请占比②**

①② 数据来自 WinGo（文构）文本数据库（www.wingodata.com）。

## 四、区域创新能力现状

### （一）创新环境

创新环境建设方面，广东省科技企业孵化器管理机构从业人员数排在第一位，达到 11422 人；江苏省仅次于广东省排在第二位，有 11365 人；接下来依次是浙江省、北京市、山东省。具体如图 7-21 所示。

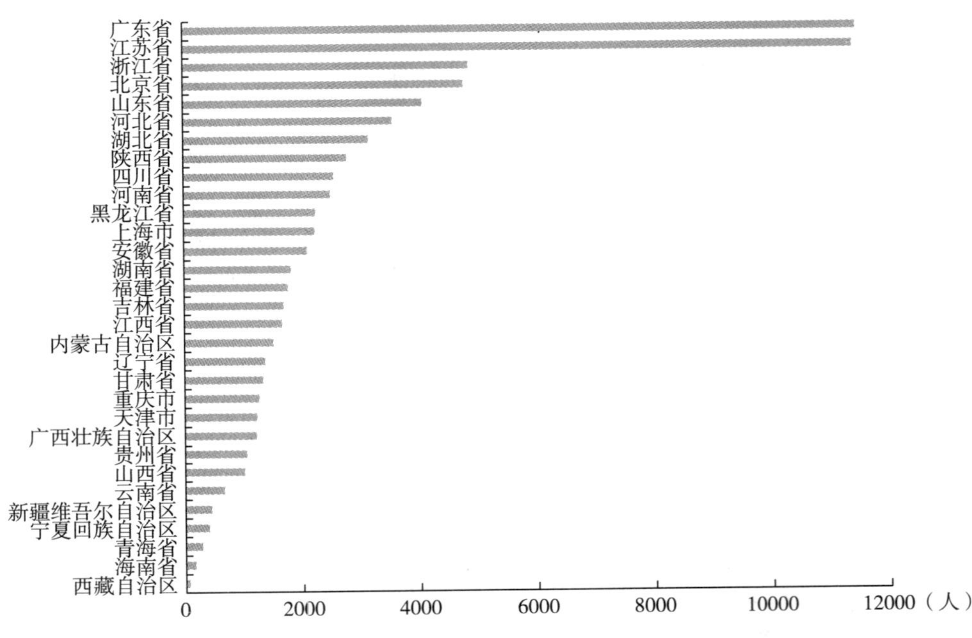


**图 7-21　中国 2020 年各地区科技企业孵化器管理机构从业人员情况①**

江苏省国家级孵化器管理机构从业人员数居首位，共有 3583 人；广东省排在第二位，达到 2658 人；山东省国家级孵化器管理机构从业人员数为 1558 人，位列第三；浙江省和北京市人数分别为 1495 人和 1455 人，排在第四位和第五

① 数据来自中国科技指标数据库。

位。具体如图 7-22 所示。

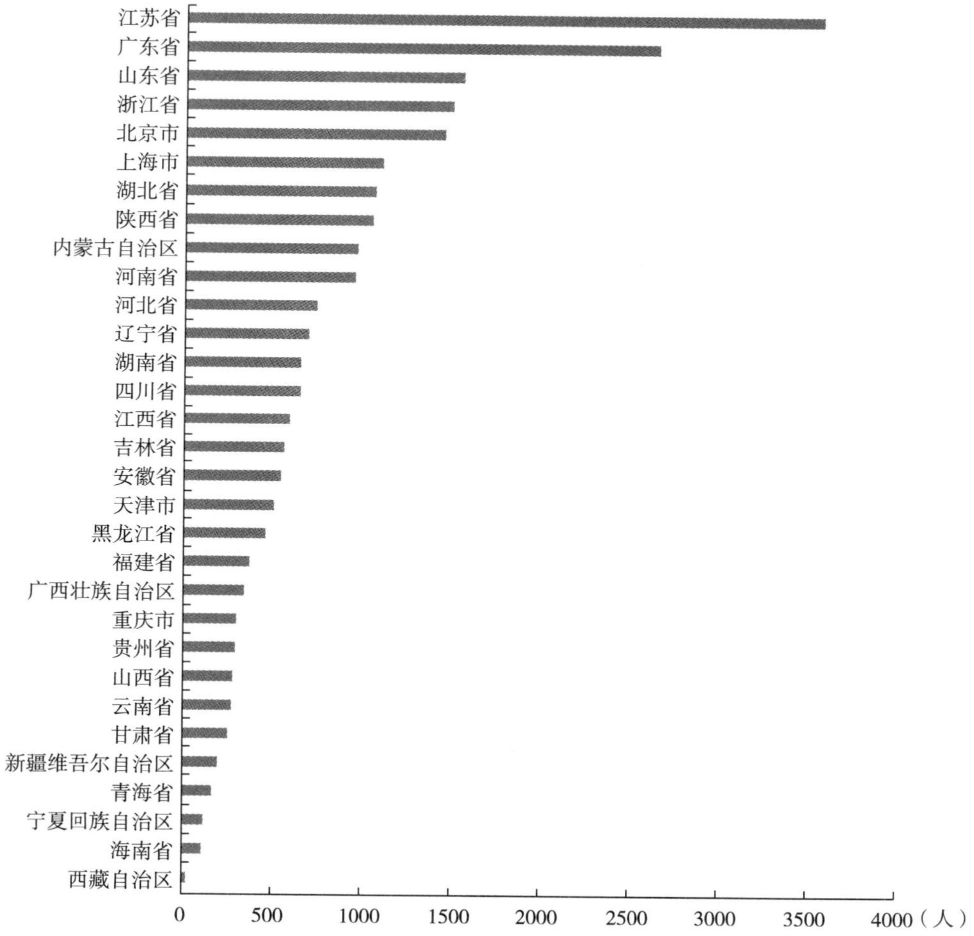

江苏省
广东省
山东省
浙江省
北京市
上海市
湖北省
陕西省
内蒙古自治区
河南省
河北省
辽宁省
湖南省
四川省
江西省
吉林省
安徽省
天津市
黑龙江省
福建省
广西壮族自治区
重庆市
贵州省
山西省
云南省
甘肃省
新疆维吾尔自治区
青海省
宁夏回族自治区
海南省
西藏自治区
0 500 1000 1500 2000 2500 3000 3500 4000（人）

**图 7-22　中国 2020 年各地区国家级孵化器管理机构从业人员情况①**

北京市国家大学科技园管理机构从业人员数量排在首位，达到 447 人；排在第二位的是上海市，有 320 人；接下来依次为江苏省、黑龙江省和四川省，分别有 291 人、158 人和 146 人。具体如图 7-23 所示。

① 数据来自中国科技指标数据库。

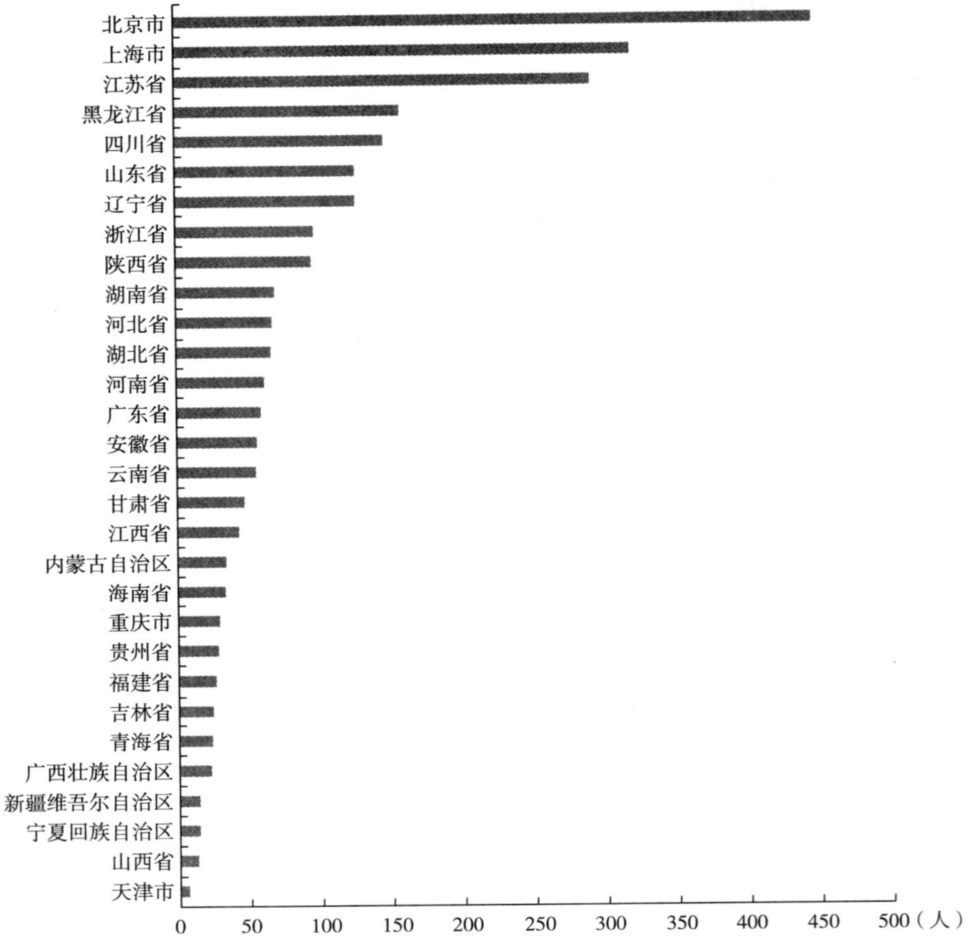

北京市
上海市
江苏省
黑龙江省
四川省
山东省
辽宁省
浙江省
陕西省
湖南省
河北省
湖北省
河南省
广东省
安徽省
云南省
甘肃省
江西省
内蒙古自治区
海南省
重庆市
贵州省
福建省
吉林省
青海省
广西壮族自治区
新疆维吾尔自治区
宁夏回族自治区
山西省
天津市
0 50 100 150 200 250 300 350 400 450 500（人）

**图 7-23　中国 2020 年各地区国家大学科技园管理机构从业人员情况①**

江苏省“火炬计划”特色产业基地企业从业人员数排在第一位，达到 317.85 万人；广东省位列第二，有 242.92 万人；接下来依次是山东省、浙江省和安徽省，分别达到 156.49 万人、129.32 万人和 49.29 万人。具体如图 7-24 所示。

① 数据来自中国科技指标数据库。

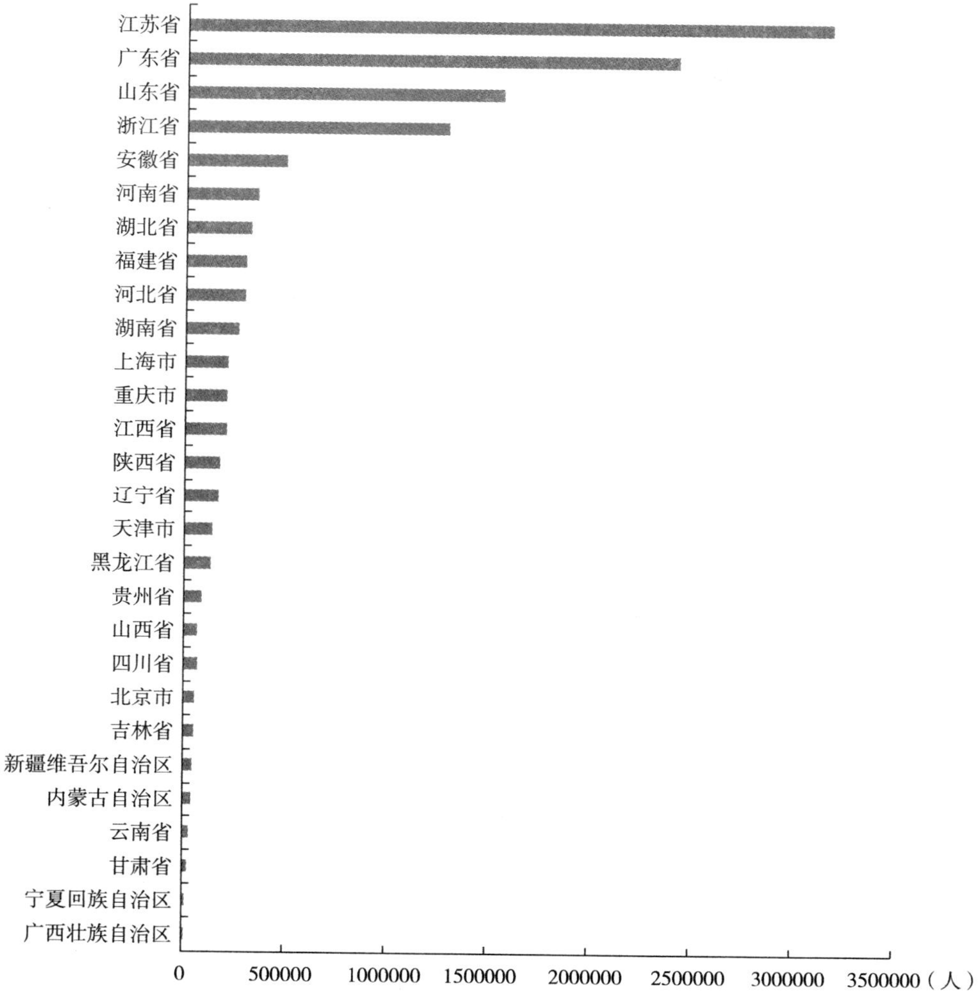

**图 7-24 中国 2020 年各地区火炬计划特色产业基地企业从业人员情况①**

广东省国家级示范生产力促进中心从业人员排在第一位，达到 907 人；江苏省位居第二，有 614 人；位列第三、第四、第五位的依次是江西省、河北省和陕西省，分别有 313 人、351 人和 353 人。具体如图 7-25 所示。

① 数据来自中国科技指标数据库。

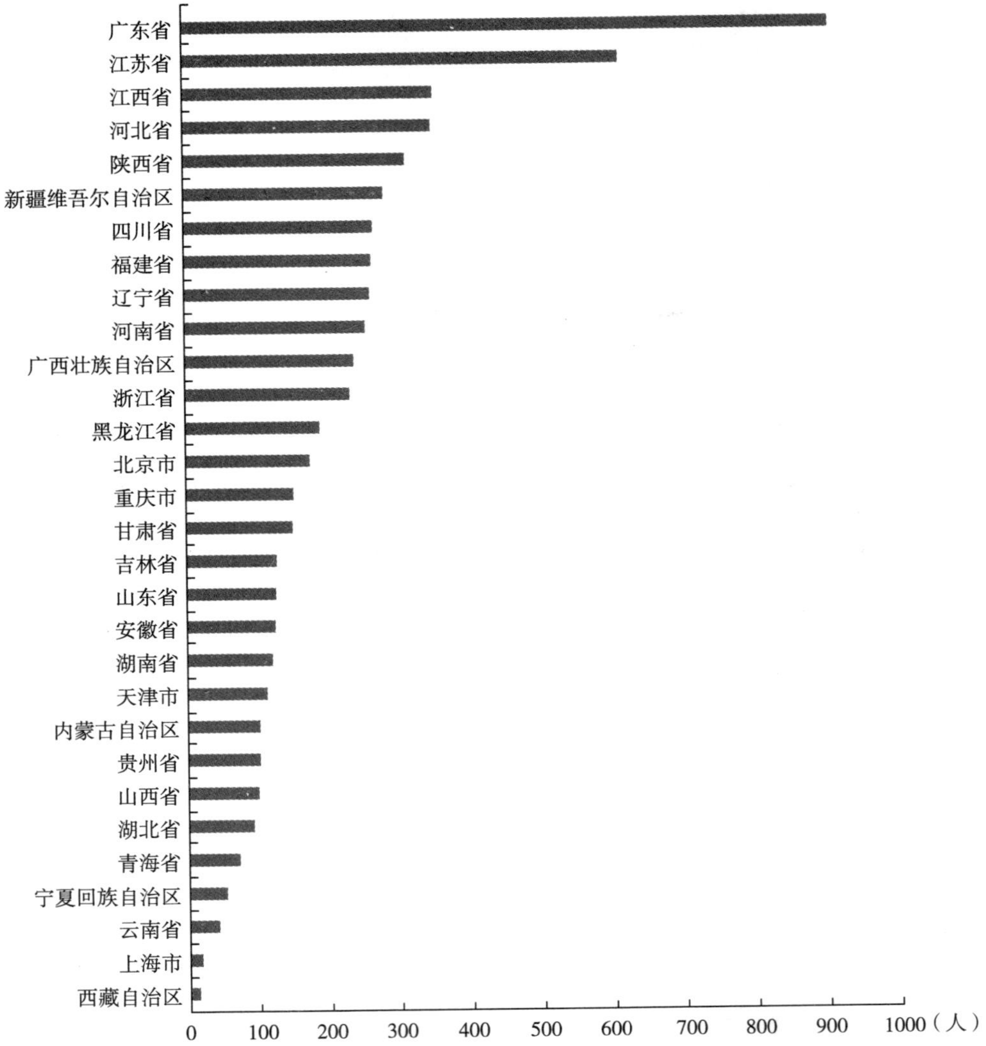

**图 7-25　中国 2020 年各地区国家级示范生产力促进中心从业人员情况①**

以科技企业孵化器管理机构从业人员数、国家级孵化器管理机构从业人员数、国家大学科技园管理机构从业人员数、“火炬计划”特色产业基地企业从业人员数、国家级示范生产力促进中心从业人员数为指标，进行各地区创新环境情况的聚类分析，结果如图 7-26 所示。第一类地区包括江苏省和广东省，各项机

① 数据来自中国科技指标数据库。

构从业人员较多，创新环境最好；第二类包含北京市和上海市，创新环境较好，但这两个地区“火炬计划”特色产业基地企业从业人员和国家级示范生产力促进中心从业人员比第一类地区少；浙江省和山东省创新情况类似，同属于第三类；其余省份为第四类。

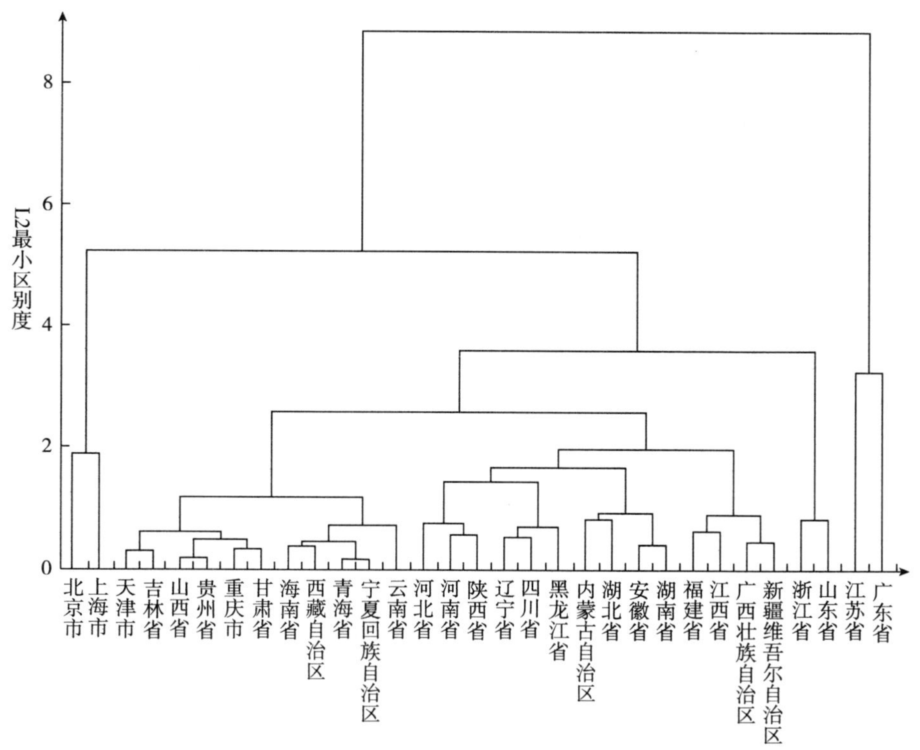


**图 7-26　中国 2020 年各地区创新环境情况聚类分析**

## （二）创新资源

研发经费方面，广东省居首位，2020 年研发经费内部支出达到 3479.88 亿元；江苏省位列第二，达到 3005.93 亿元；北京市、浙江省和山东省紧随其后，研发经费内部支出分别为 2326.58 亿元、1859.9 亿元和 1681.89 亿元。具体如图 7-27 所示。

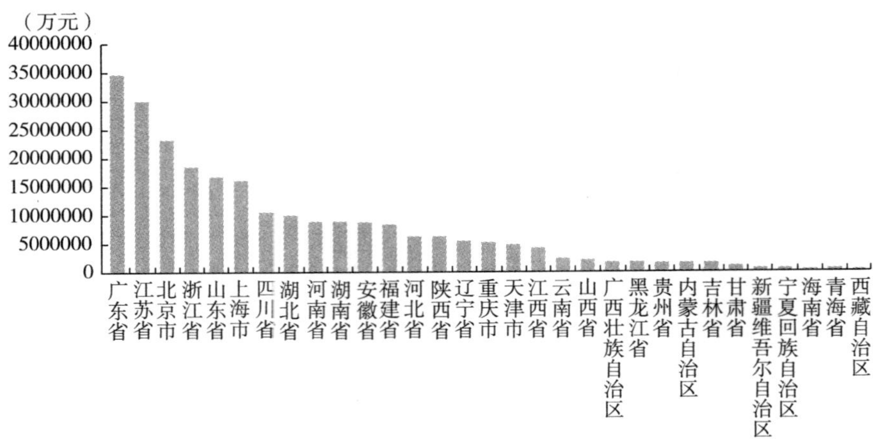


图 7-27　中国 2020 年各地区研发经费内部支出情况①

研发人员方面，广东省依然居首位，2020 年研发人员全时当量达到 87. 22 万人年；排在第二位的是江苏省，达到 66. 91 万人年；浙江省、山东省和北京市分别占据第三、第四、第五位，研发人员全时当量分别为 58. 3 万人年、34. 12 万人年和 33. 63 万人年。具体如图 7-28 所示。

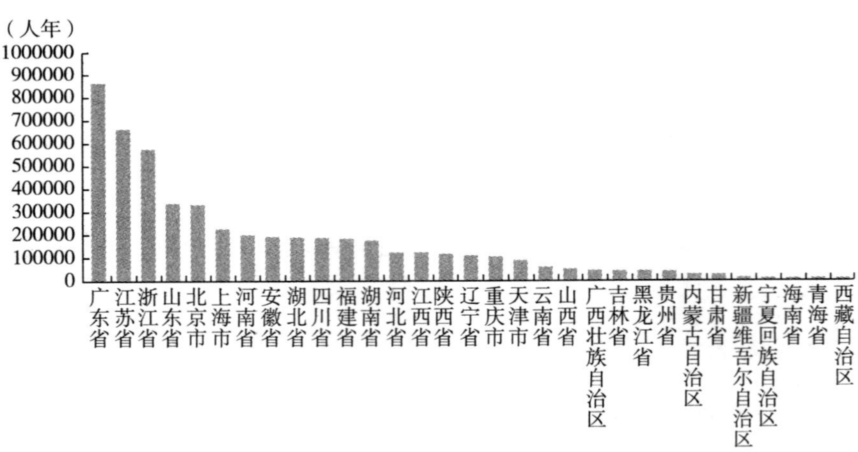


图 7-28　中国 2020 年各地区研发人员全时当量情况②

①② 数据来自中国科技指标数据库。

同样对全国各地区创新资源情况进行聚类分析，结果如图 7-29 所示。浙江省和广东省的创新资源情况类似，无论是研发经费还是研发人员，都是在全国各地区中最丰富的；第二类包含北京市、上海市、山东省和浙江省，创新资源次优；其余省份地区属于第三类。

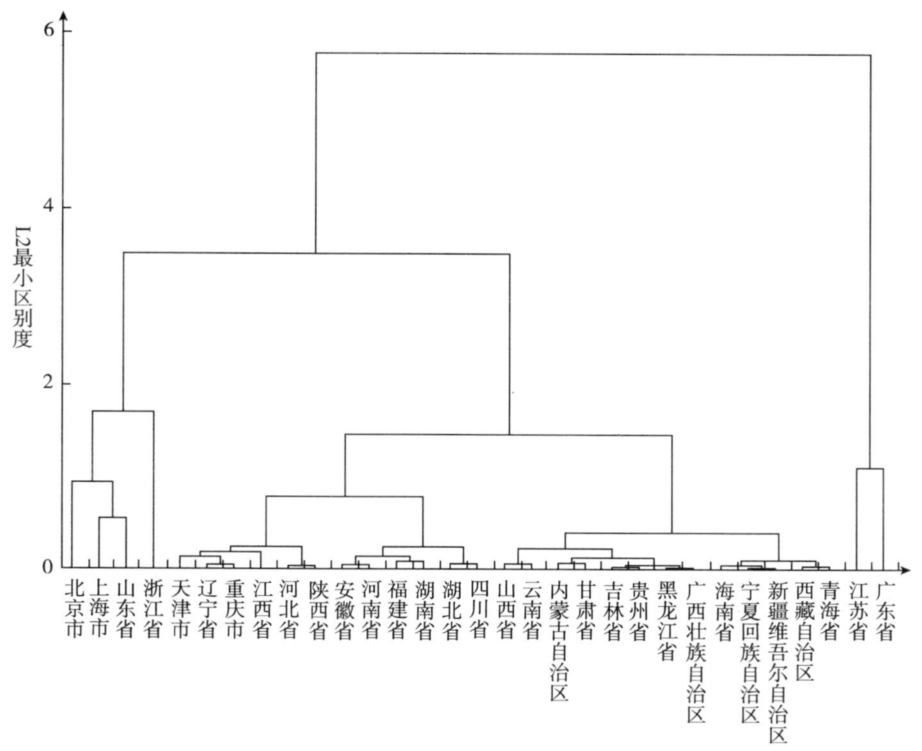


**图 7-29　中国 2020 年各地区创新资源情况聚类分析**

## （三）企业创新

在企业引进技术经费支出方面，广东省排在第一位，达到 142.55 亿元；上海市略低于广东省，达到 142.28 亿元；吉林省位列第三，达到 48.24 亿元；排在第四、第五位的是江苏省和北京市，分别有 20.70 亿元和 19.04 亿元。具体如图 7-30 所示。

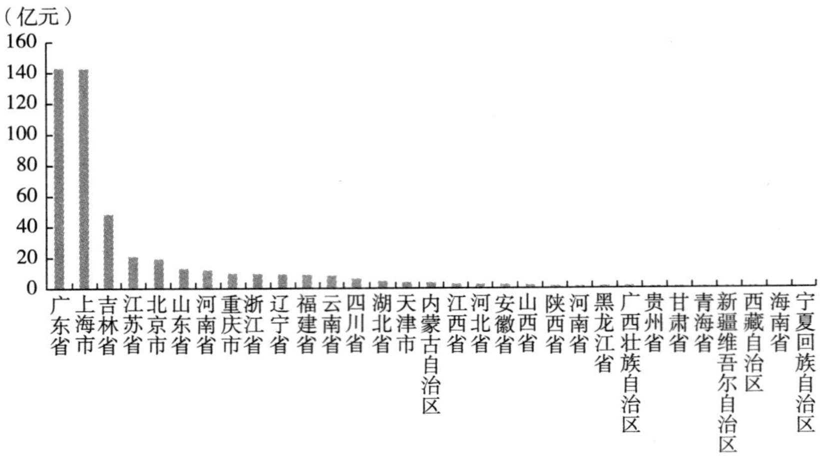


**图 7-30　中国 2019 年各地区企业引进技术经费支出情况①**

在企业购买国内技术经费支出方面，广东省仍然保持遥遥领先的位置，达到 259.74 亿元；其次是上海市 42.27 亿元、山东省 30.78 亿元、浙江省 24.71 亿元和辽宁省 21.38 亿元。具体如图 7-31 所示。

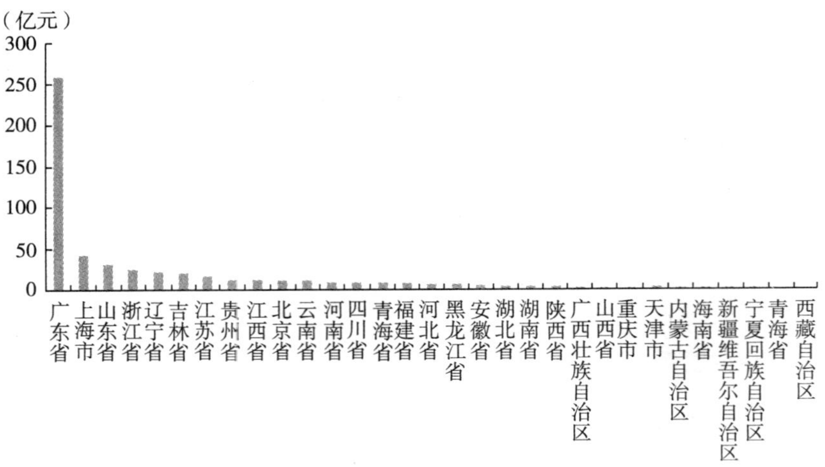


**图 7-31　中国 2019 年各地区企业购买国内技术经费支出情况②**

---

①② 数据来自中国科技指标数据库。

在企业技术获取和技术改造经费支出方面，广东省凭借 969.08 亿元占据第一的位置；上海市位列第二，达到 458.38 亿元；吉林省略微低于上海市，达到 458.10 亿元，位列第三；其后是江苏省 395.82 亿元、山东省 276.80 亿元。具体如图 7-32 所示。

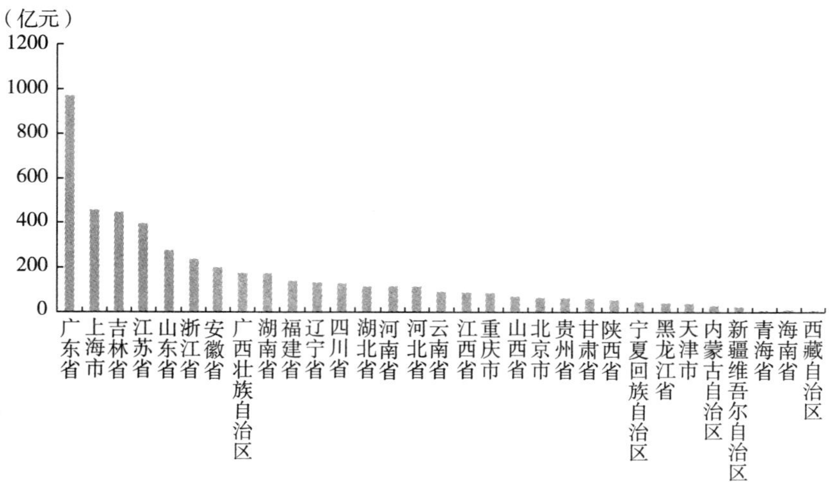


**图 7-32　中国 2019 年各地区企业技术获取和技术改造经费支出情况①**

各地企业创新情况聚类分析情况如图 7-33 所示。第一类地区广东省企业创新情况领先；第二类地区上海市紧随其后；第三类地区包含江苏省和吉林省，两个地区企业创新情况类似；其余地区创新状况类似，属于第四类。

### （四）创新产出

我们分东部、西部、中部和东北地区来看各个地区的创新产出情况。根据国家统计局的划分，东部地区包括北京、天津、河北、上海、江苏、浙江、福建、山东、广东、海南 10 个省（市）；中部地区包括山西、安徽、江西、河南、湖北、湖南 6 个省；西部地区包括内蒙古、广西、重庆、四川、贵州、云南、西藏、陕西、甘肃、青海、宁夏、新疆 12 个省（市、自治区）；东北地区包括辽宁、吉林、黑龙江 3 个省。

① 数据来自中国科技指标数据库。

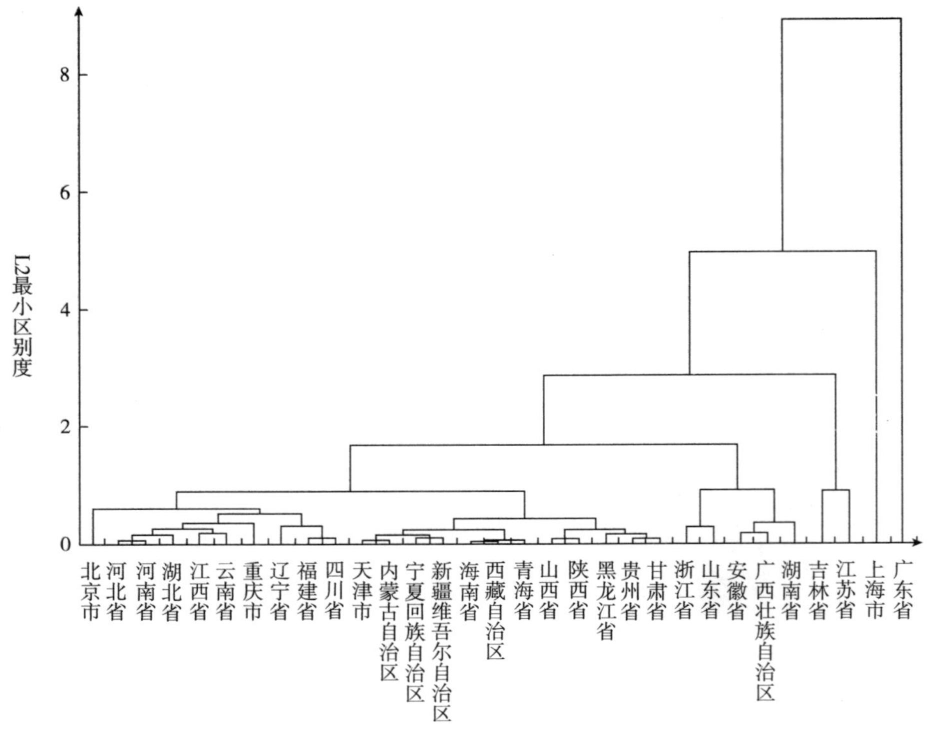


**图 7-33　中国 2019 年各地区企业创新情况聚类分析**

从图 7-34 我们可以看出，2021 年在国内专利申请受理方面，东部地区国内专利申请受理量为 346. 56 万件，占全国申请总量的 69%；中部地区为 79. 48 万件，占比 16%；西部地区为 60. 51 万件，占比 12%；东北地区为 17. 49 万件，占比 3%。同时，排名前五的省市均来自东部地区，专利申请受理量从高到低分别是广东省 98. 06 万件、江苏省 69. 67 万件、浙江省 50. 32 万件、山东省 36. 95 万件、北京市 28. 31 万件。①

分专利类型来看，如图 7-35 所示，四个地区中实用新型专利申请受理量均排在第一位，其次是发明专利申请受理量，外观设计专利申请受理量均最少。同时，在三种类型的专利申请量中，东部地区均排在第一位，中部地区、西部地区几乎持平，位列第二，东北地区均最少。

① 本段中的数据取小数点后两位。

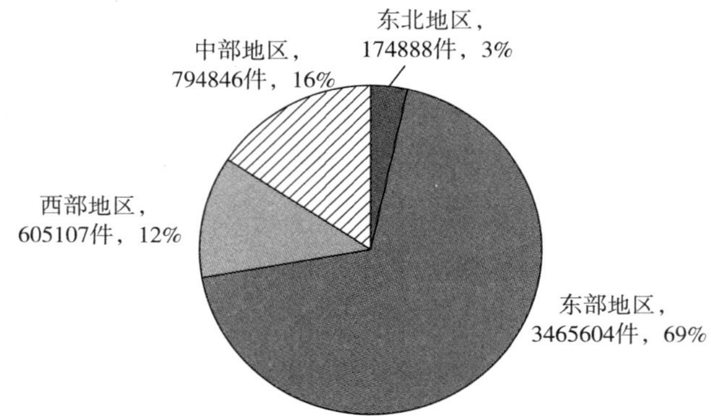


**图 7-34　中国 2021 年各地区国内专利申请受理情况①**

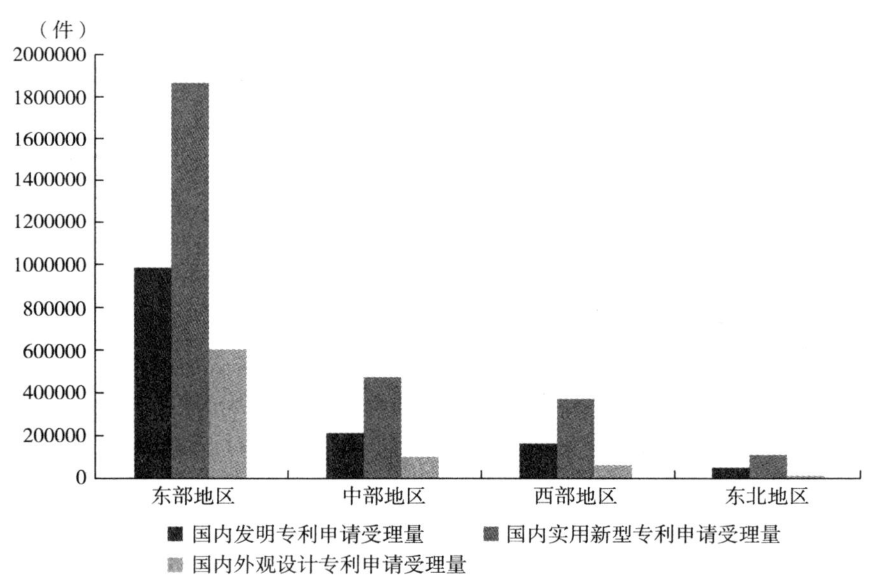


**图 7-35　中国 2021 年各地区国内各类型专利申请受理情况②**

如图 7-36 所示，2021 年在国内专利申请授权方面，东部地区 307.19 万件，占比 69%；中部地区 70.04 万件，占比 16%；西部地区 52.97 万件，占比 12%；东北地区 14.90 万件，占比 3%。

①② 数据来自中国国家统计局。

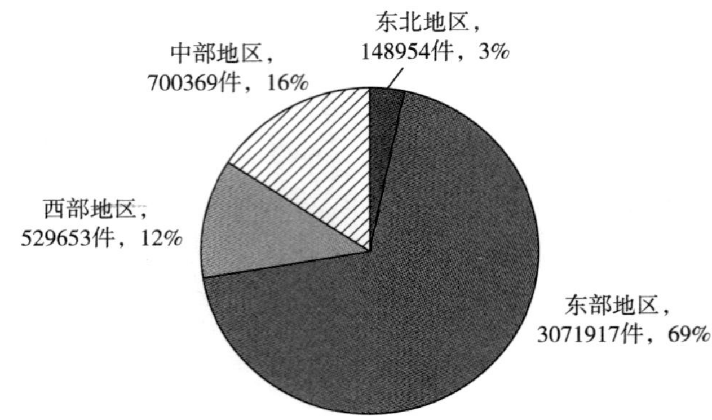


**图 7-36　中国 2021 年各地区国内专利申请授权情况①**

分类型来看，如图 7-37 所示，四个地区中，实用新型专利申请授权量均排在第一位；东部地区外观设计专利申请授权量排在第二位，排在最后的是发明专利申请授权量；中部地区和西部地区的外观设计、发明专利申请授权量几乎相同；东北地区发明专利申请授权量排在第二位，外观设计专利申请授权量排在最后。

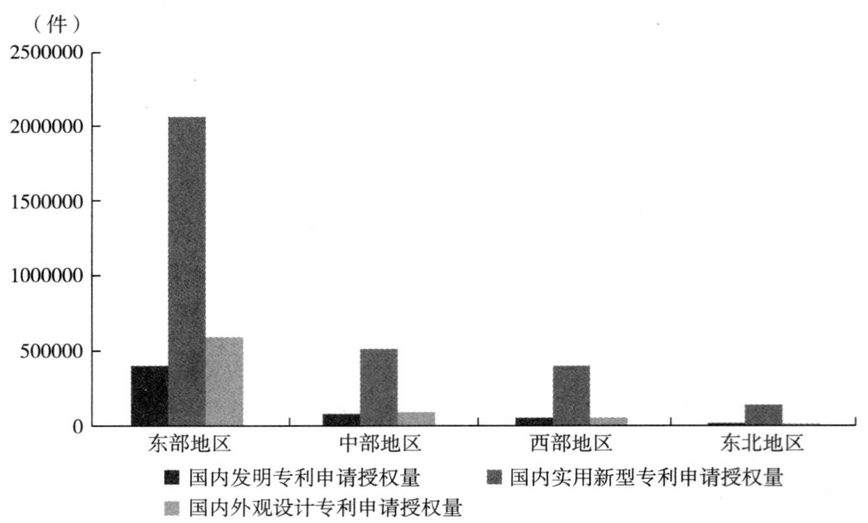


**图 7-37　中国 2021 年各地区国内各类型专利申请授权情况②**

①② 数据来自中国国家统计局。

按照三种专利的申请情况和授权情况对各地区的创新产出进行聚类，结果如图 7-38 所示。根据聚类分析，广东省、浙江省、江苏省创新产出情况类似，属于创新产出最好的第一梯队；第二梯队包括北京市、上海市、山东省、安徽省和湖北省；天津市、辽宁省、重庆市、河北省、江西省、湖南省、陕西省、福建省、河南省、四川省同属于第三梯队；其余地区属于第四梯队。

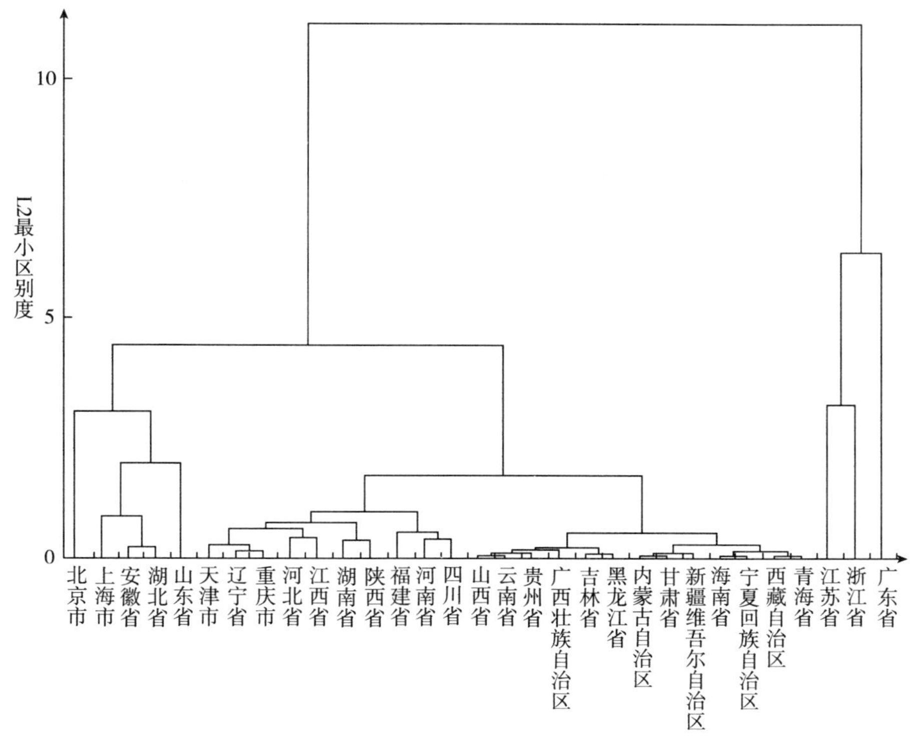


**图 7-38　中国 2021 年各地区创新产出情况聚类**

### （五）创新绩效

本部分，我们同样分东部、西部、中部地区和东北地区来看创新绩效情况。首先，如图 7-39 所示，在商品出口方面，东部地区商品出口额排名第一，达到 20330.99 亿美元，占全国总量的 81%；中部地区 2012.6 亿美元，占比 8%；西部地区 1984.11 亿美元，占比 8%；东北地区 667.11 亿美元，占比 3%。并且，如图 7-40 所示，东部地区商品出口额与国内生产总值（GDP）比值为

3162.75%，排在第一位；西部地区该比值为921.19%，位列第二；中部地区位列第三，达到559.85%；东北地区商品出口额与国内生产总值的比值为311.08%，排在最后。

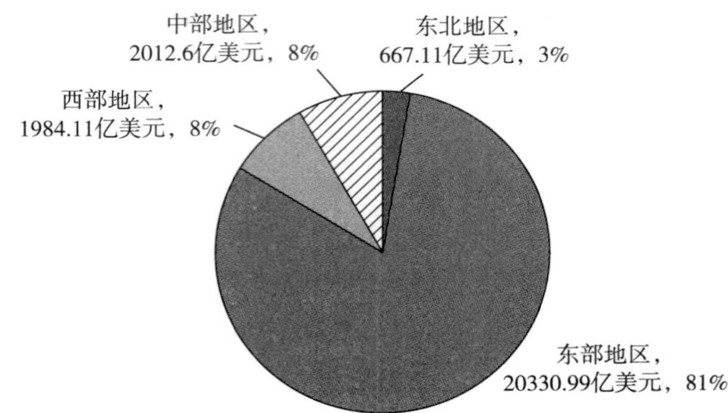


**图7-39　中国2019年各地区商品出口情况①**

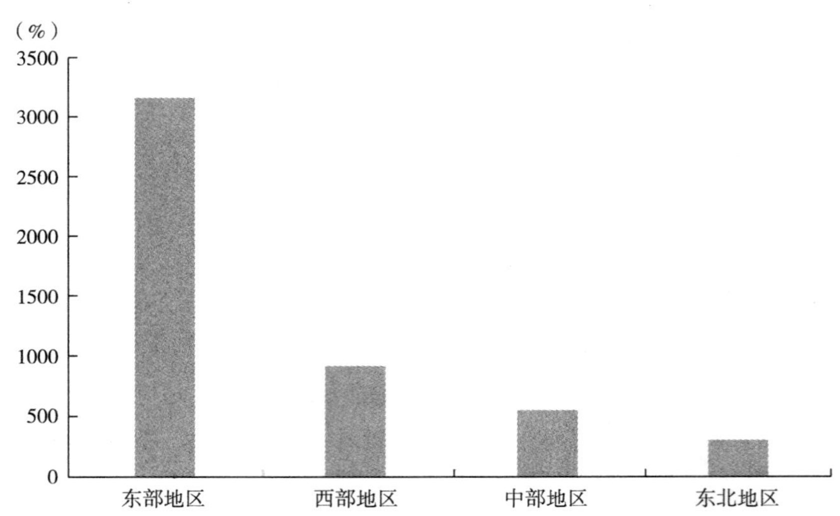


**图7-40　中国2019年各地区商品出口额与国内生产总值比值②**

如图7-41所示，从第三产业增加值来看，东部地区依然排在第一位，达到

①② 数据来自中国科技指标数据库。

28.96 万亿元，占比 55%；中部地区与西部地区第三产业增加值居于同一水平，均占比 20%，分别为 10.92 万亿元和 10.52 万亿元；东北地区第三产业增加值为 2.62 万亿元，占比 5%。

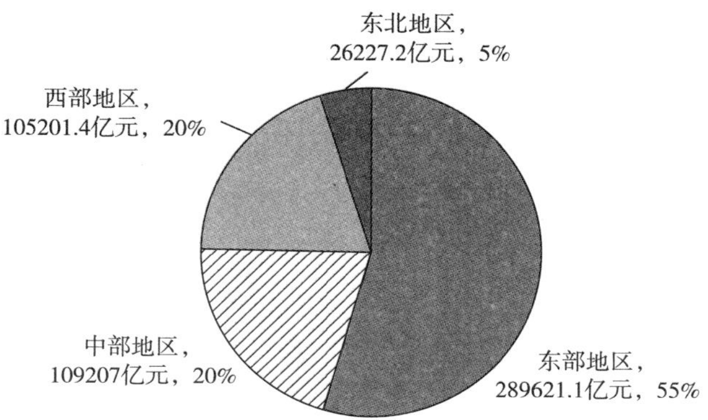


**图 7-41　中国 2019 年各地区第三产业增加值情况①**

如图 7-42 所示，2019 年，西部地区空气达到二级以上天数平均为 326 天，排在第一位；东北地区空气达到二级以上天数平均为 313 天，位列第二；东部地区平均为 281 天，中部地区平均为 263 天。

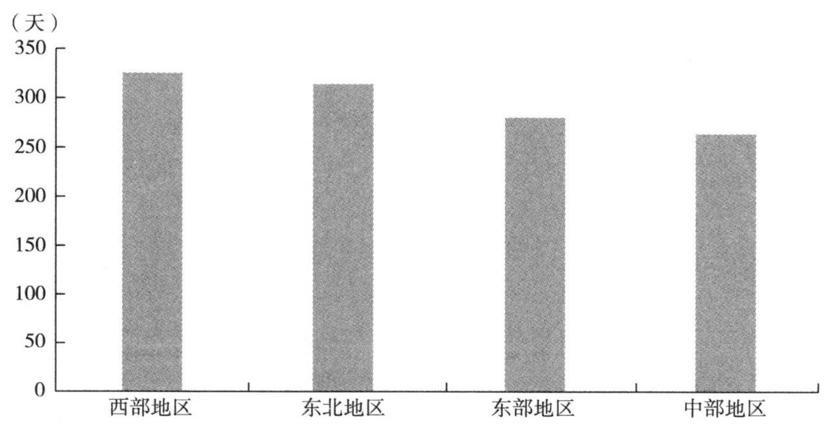


**图 7-42　中国 2019 年各地区空气达到二级以上天数②**

①② 数据来自中国科技指标数据库。

根据以上指标对各地区进行创新绩效聚类分析，结果如图 7-43 所示。广东省、浙江省、江苏省创新绩效最好，属于第一类；北京市、河北省、河南省、天津市、山西省、山东省属于第二类；辽宁省、重庆市、新疆维吾尔自治区、安徽省、湖北省、陕西省、上海市、湖南省、四川省、福建省属于第三类；其余地区为第四类。

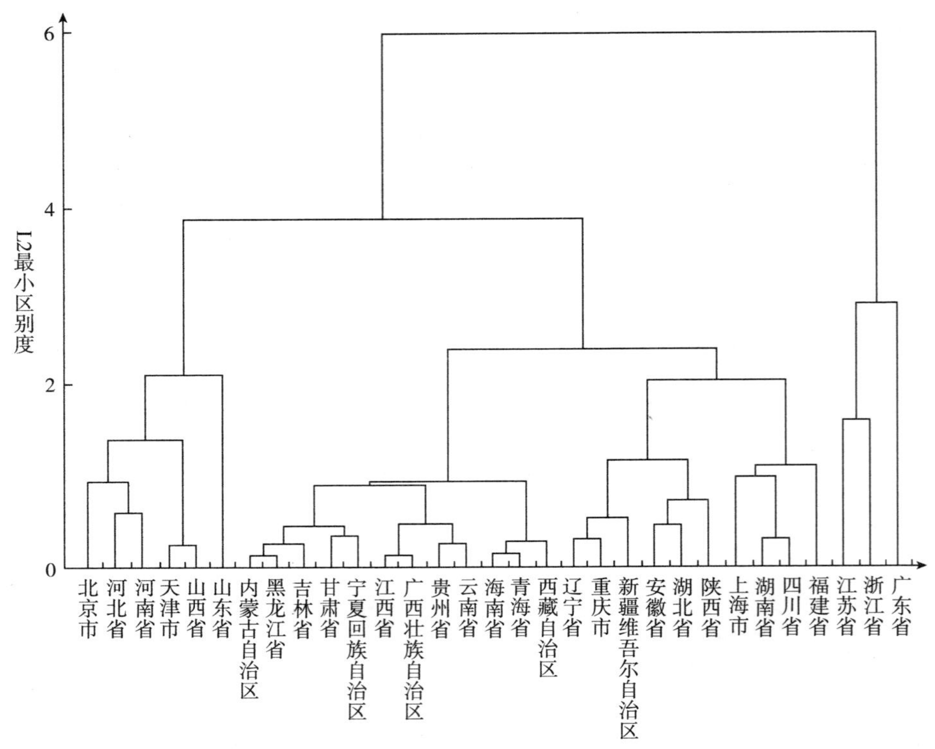


**图 7-43　中国 2019 年各地区创新绩效情况聚类分析**

## 五、高技术产业现状

高技术产业是指研发投入大、产品附加值高、国际市场前景良好的技术密集型产业，具备智力性、创新性、战略性和资源消耗少等特点。在统计上，高技术

产业是指国民经济行业中研发经费投入强度相对高的制造业行业。按照《高技术产业（制造业）分类（2017）》，高技术产业包括医药制造业，航空、航天器及设备制造业，电子及通信设备制造业，计算机及办公设备制造业，医疗仪器设备及仪器仪表制造业，信息化学品制造业6大类，具体如表7-1所示。本小节分析了高技术产业的研发创新活动现状。

表7-1　高技术产业（制造业）分类（2017）①

| 行业大类 | 主要内容 |
| --- | --- |
| 医药制造业 | 化学药品制造、中药饮片加工、中成药生产、生物药品制造、卫生材料及药用辅料制造等 |
| 航空、航天器及设备制造业 | 飞机制造、航天器及运载火箭制造、航空航天相关设备制造、其他航空航天器制造、航空航天器修理等 |
| 电子及通信设备制造业 | 电子工业专业设备制造、光纤光缆锂电池制造、广播电视设备制造、电子器件元件及专用材料制造、智能消费设备制造等 |
| 计算机及办公设备制造业 | 计算机整机、零部件、外围设备制造，工业控制计算机及系统制造，信息安全设备制造，办公设备制造等 |
| 医疗仪器设备及仪器仪表制造业 | 医疗仪器设备及器械制造、仪器仪表制造、光学仪器制造、其他仪器仪表制造等 |
| 信息化学品制造业 | 文化用、医学生产用信息化学品制造等 |

## （一）高技术产业基本情况

在创新主体与人员方面，如图7-44所示，高技术产业中的研发机构数与研发人员全时当量呈现逐年上升的趋势。2021年，高技术产业研究与试验发展机构有23041个，比2020年增长14.15%，是2011年的3.88倍；高技术产业研究与试验发展人员全时当量为111.96万人年，比2020年增长13.06%，是2011年的2.19倍。

在创新经费方面，高技术产业研发经费支出与新产业开发经费支出均呈上升趋势，并且新产业开发经费的增长速度要快于研发经费的增长速度。从图7-45可以看出，两种类型的创新经费支出在2015年之前每年的增长速度相同，2015年之后，两者之间的距离越来越大。2011年，高技术产业研发经费为1440.91亿元，新产品开发经费为1790.94亿元，两者仅相差350.03亿元。2021年，高技术产业研发经费为5684.57亿元，比2020年增长了22.27%；新产品开发经费为

① 资料来自中国国家统计局。

7510.02 亿元，比 2020 年增长 22.07%；高出研发经费 1825.44 亿元。

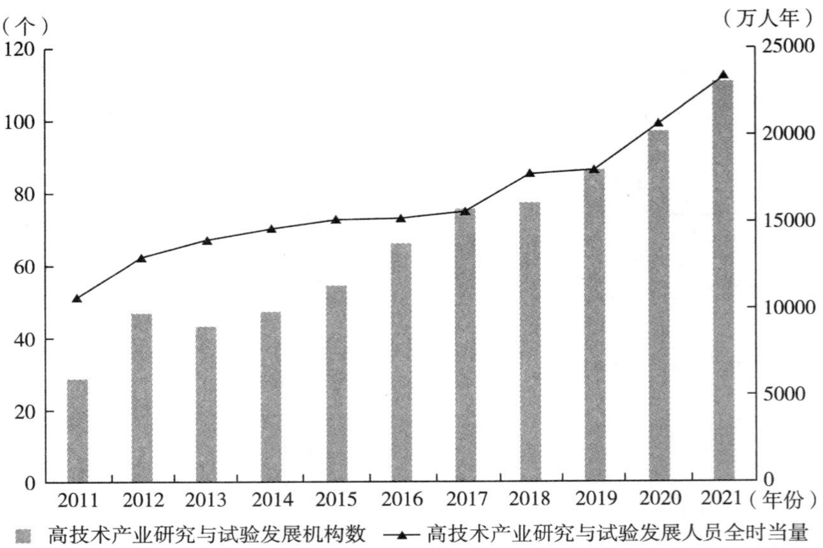


**图 7-44　中国 2011～2021 年高技术产业研发机构与研发人员情况①**

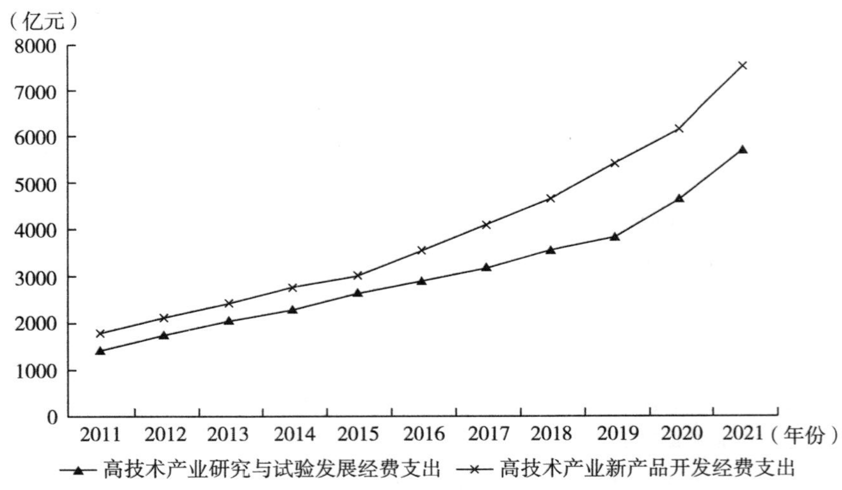


**图 7-45　中国 2011～2021 年高技术产业创新经费情况②**

①② 数据来自中国国家统计局。

如图 7-46 所示，在创新产出方面，高技术产业专利申请数和发明专利申请数呈现逐年平稳增加的趋势，有效发明专利数呈现出指数增长趋势。2013 年及以前，高技术产业每年的有效发明专利数是低于专利申请数的。2014 年，高技术产业每年的有效发明专利数首次超越专利申请数，并且在后续年份持续保持增长趋势。2021 年，高技术产业的有效发明专利数达到 68.54 万件，比 2020 年增长 20.06%；专利申请数为 39.75 万件，比 2020 年增加 14.06%；发明专利申请数为 19.75 万件，比 2020 年增加 13.07%。

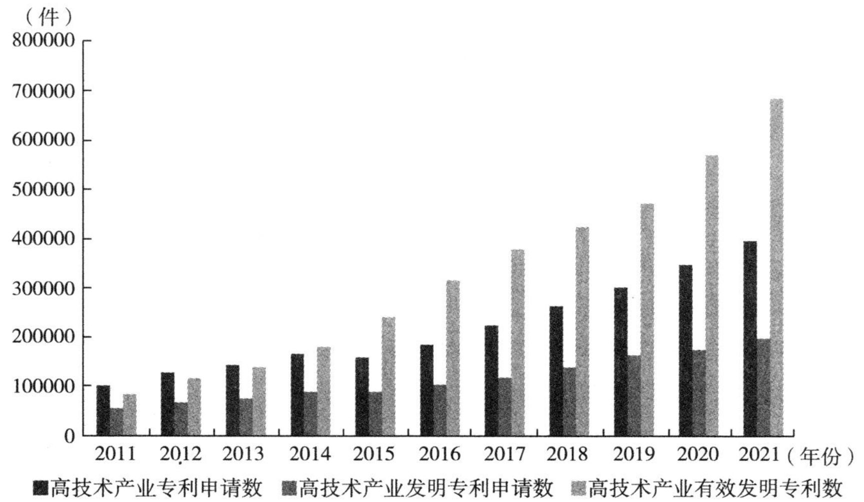


**图 7-46　中国 2011~2021 年高技术产业专利情况①**

## （二）高技术产业 R&D 活动情况

2021 年，中国高技术产业共有研发机构 23041 个。如图 7-47 所示，其中，电子及通信设备制造业研发机构数最多，占比 40%。其次是医药制造业，占比 13%，医疗器械及仪器仪表制造业占比 12%，电子器件制造业占比 9%。接下来分别是电子计算机及办公设备制造业占比 5%，化学药品制造业占比 5%，医疗仪器设备及器械制造业占比 4%，其他电子设备制造业占比 3%，家用视听设备制造业占比 2%，中成药制造占比 2%，生物、生化制品的制造占比 2%。占比较低的是电子计算机外部设备制造业、电子计算机整机制造业以及广播电视设备制造

① 数据来自中国国家统计局。

业，均占比 1%。占比最低的是雷达及配套设备制造业，占比不到 1%。

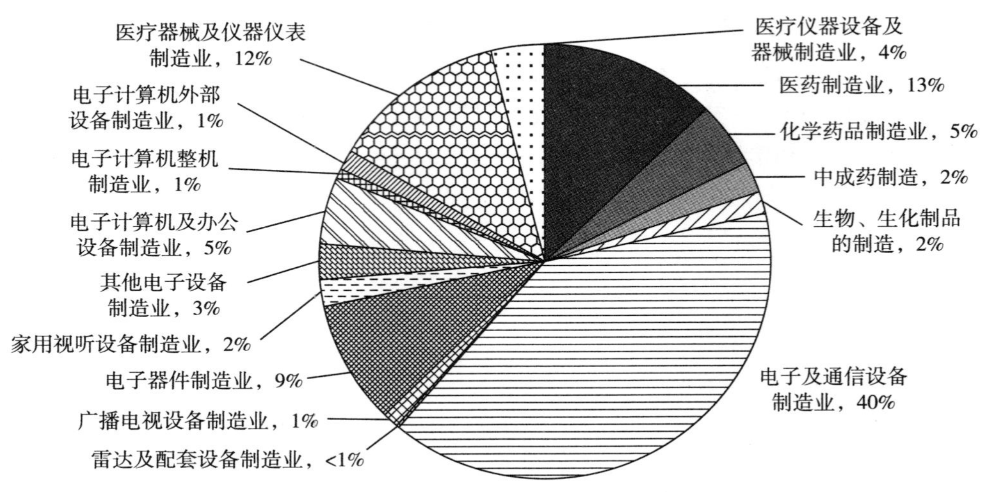


**图 7-47　中国 2021 年高技术产业研发机构行业分布情况①**

2021 年，中国高技术产业研发人员全时当量为 111.96 万人年。如图 7-48 所示，其中，电子及通信设备制造业占比最多，为 47%。第二梯队中，电子器件制造业占比 11%，医药制造业占比 10%，医疗器械及仪器仪表制造业占比 8%。接下来是电子计算机及办公设备制造业占比 5%，化学药品制造业占比 4%，医疗仪器设备及器械制造业占比 3%；研发人员全时当量占比较低的行业分别是电子计算机整机制造业，其他电子设备制造业，家用视听设备制造业，中成药制造，生物、生化制品的制造，均占比 2%。电子计算机外部设备制造业、广播电视设备制造业均占比 1%。占比最低的是雷达及配套设备制造业，占比不到 1%。

2021 年，高技术产业研发经费支出 5684.57 亿元。如图 7-49 所示，其中，占比最多的依然为电子及通信设备制造业，达到 46%。其次是电子器件制造业占比 13%、医药制造业占比 12%。接下来是医疗器械及仪器仪表制造业占比 6%，化学药品制造业占比 6%，生物、生化制品的制造占比 4%，电子计算机及办公设备制造业占比 4%。研发经费支出占比较少的是医疗仪器设备及器械制造业、家用视听设备制造业，占比均为 2%。电子计算机外部设备制造业、电子计算机整机制造业、其他电子设备制造业、广播电视设备制造业、中成药制造，均占比 1%，雷达及配套设备制造业占比不到 1%。

① 数据来自中国国家统计局。

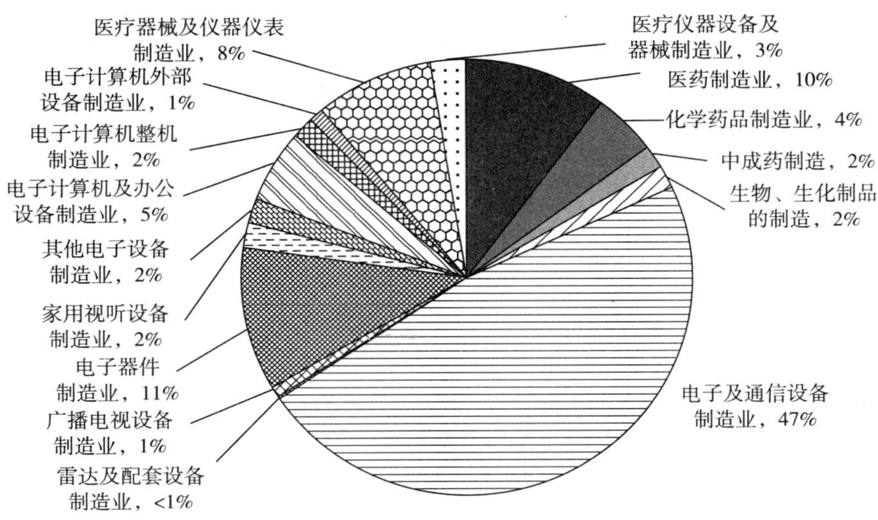


**图 7-48 中国 2021 年高技术产业研发人员全时当量行业分布情况①**

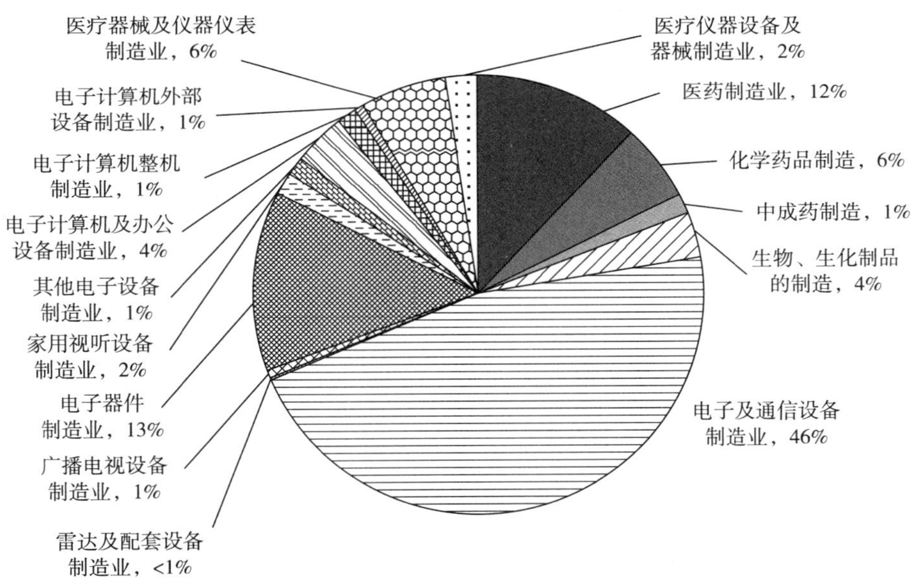


**图 7-49 中国 2021 年高技术产业研发经费支出行业分布情况②**

①② 数据来自中国国家统计局。

### （三）高技术产业新产品开发及销售情况

2021年，中国高技术产业新产品开发经费为7510.02亿元。如图7-50所示，其中，电子及通信设备制造业占比48%。第二梯队是电子器件制造业占比12%、医药制造业占比11%。接下来是医疗器械及仪器仪表制造业占比7%，化学药品制造业占比5%，电子计算机及办公设备制造业占比4%，医疗仪器设备及器械制造业占比3%，生物、生化制品的制造占比3%，家用视听设备制造业占比2%。最后是电子计算机外部设备制造业、电子计算机整机制造业、其他电子设备制造业、广播电视设备制造业、中成药制造，均占比1%，雷达及配套设备制造业占比不到1%。

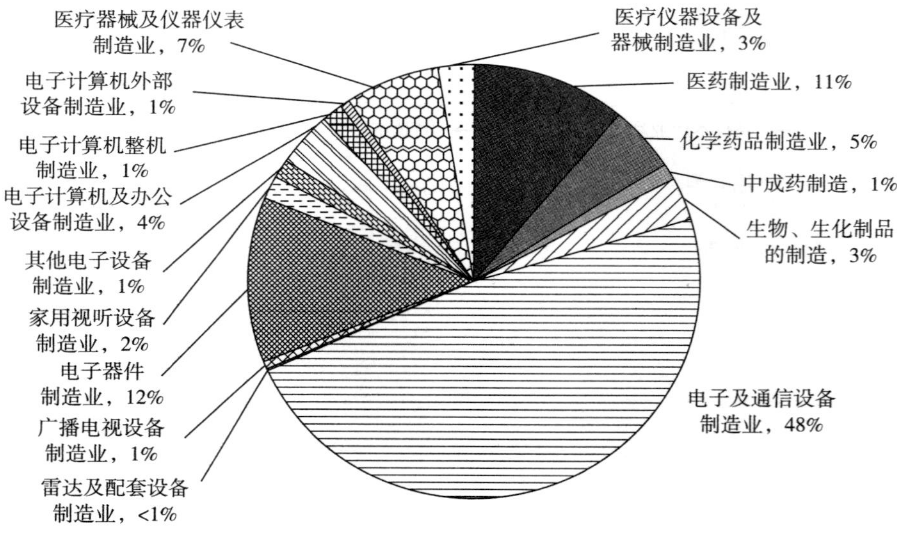


**图7-50　中国2021年高技术产业新产品开发经费支出行业分布情况①**

如图7-51所示，高技术产业新产品销售收入与出口销售收入均呈现逐年上升的趋势，不同的是，新产品出口销售收入增势较为平稳，而新产品销售收入增速较快。2021年，高技术产业新产品销售收入8.174万亿元，比2011年增长2.64倍。如图7-52所示，其中，电子及通信设备制造业占比49%，医药制造业占比10%，电子器件制造业占比9%，电子计算机及办公设备制造业占比8%，

① 数据来自中国国家统计局。

其他行业占比均在5%及以下。2021年，高技术产业新产品出口销售收入2.923万亿元，比2011年增长1.87倍。如图7-53所示，其中，电子及通信设备制造业占比49%，电子计算机及办公设备制造业占比13%，电子器件制造业占比10%，电子计算机整机制造业占比10%，其他行业占比均在5%及以下。

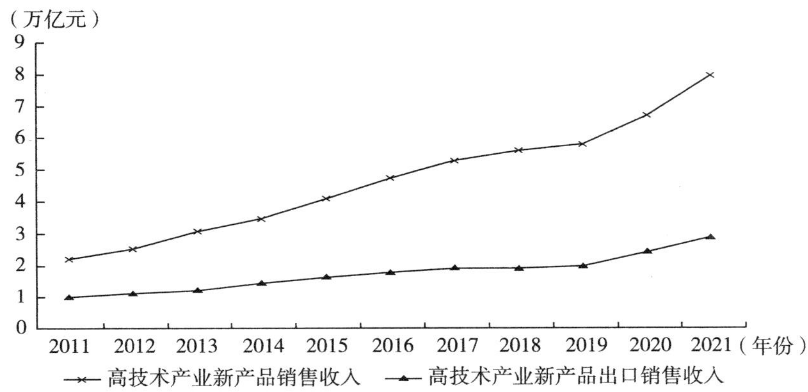


**图7-51　中国2011~2021年高技术产业新产品销售情况①**

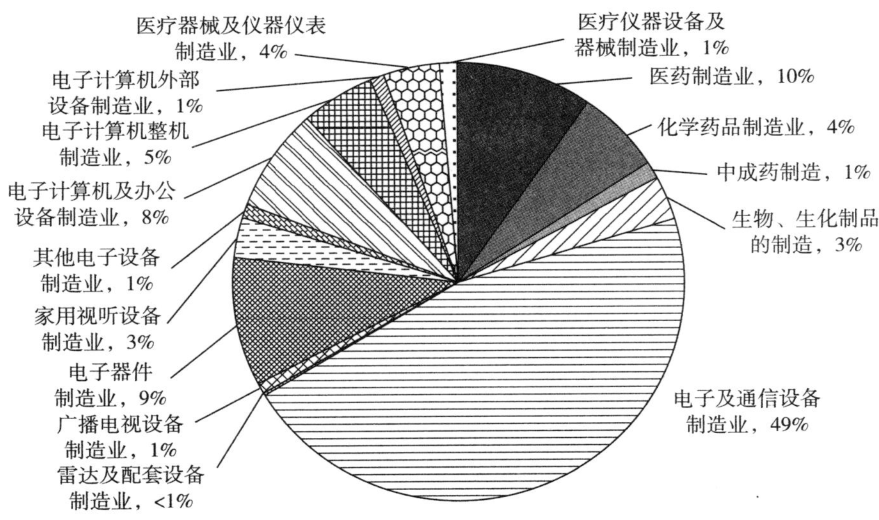


**图7-52　中国2021年高技术产业新产品销售收入行业分布情况②**

①② 数据来自中国国家统计局。

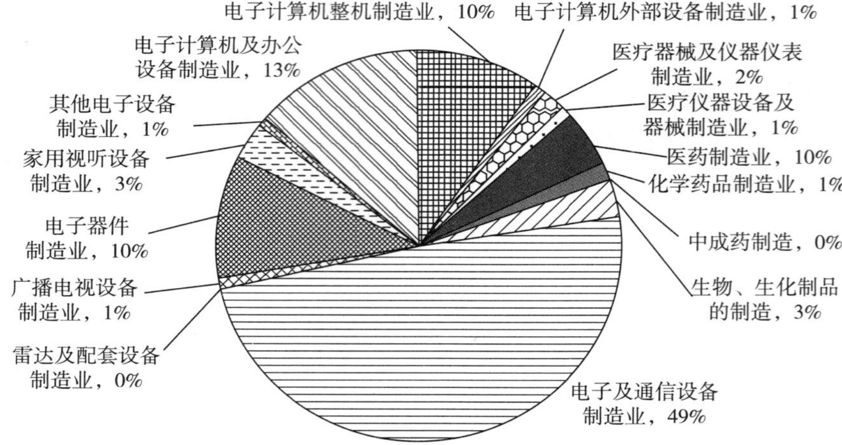


**图 7-53　中国 2021 年高技术产业新产品出口销售收入行业分布情况①**

## （四）高技术产业专利情况

2021 年，中国高技术产业专利申请总数 39.75 万件。如图 7-54 所示，其中，电子及通信设备制造业占比 49%，电子器件制造业占比 13%，医疗器械及仪器仪表制造业占比 12%，其他高技术行业均占比 10%以下。

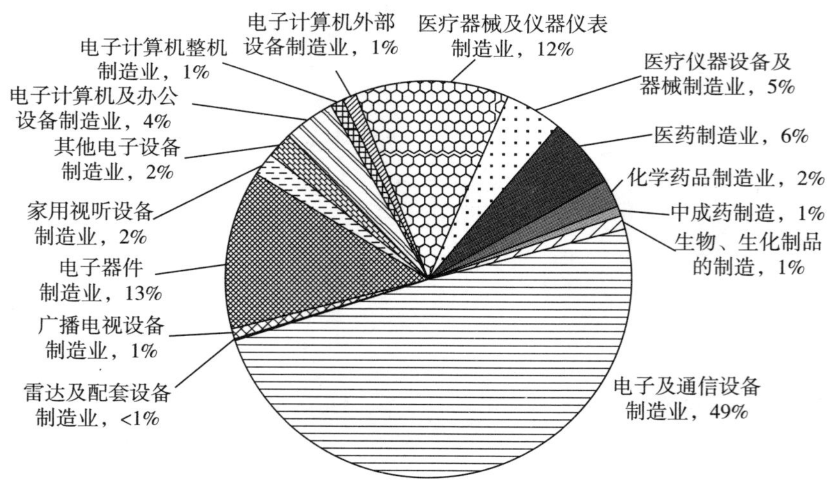


**图 7-54　中国 2021 年高技术产业专利申请行业分布情况②**

①② 数据来自中国国家统计局。

2021 年，中国高技术产业发明专利申请总数为 19.75 万件。如图 7-55 所示，其中，电子及通信设备制造业占比53%，电子器件制造业占比 15%，医疗器械及仪器仪表制造业占比 9%，医药制造业占比 6%，其他高技术行业发明专利申请量占比均不足 5%。

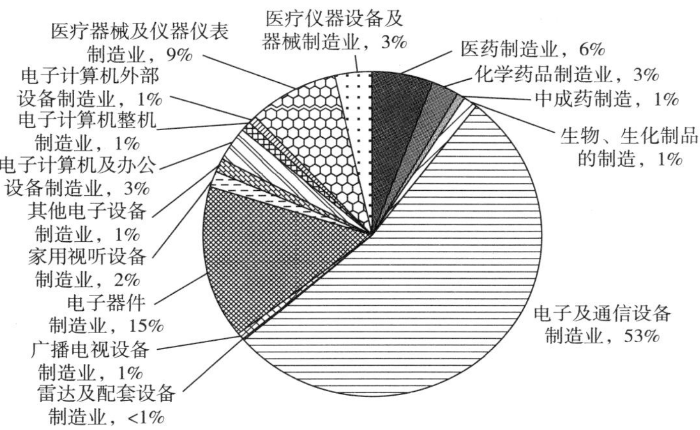


**图 7-55 中国 2021 年高技术产业发明专利申请行业分布情况①**

2021 年，中国高技术产业有效发明专利 68.54 万件。如图 7-56 所示，其中，电子及通信设备制造业占比 54%，电子器件制造业占比 12%，医疗器械及仪器仪表制造业占比 8%，医药制造业占比 7%，其他高技术行业有效发明专利占比均不足 5%。

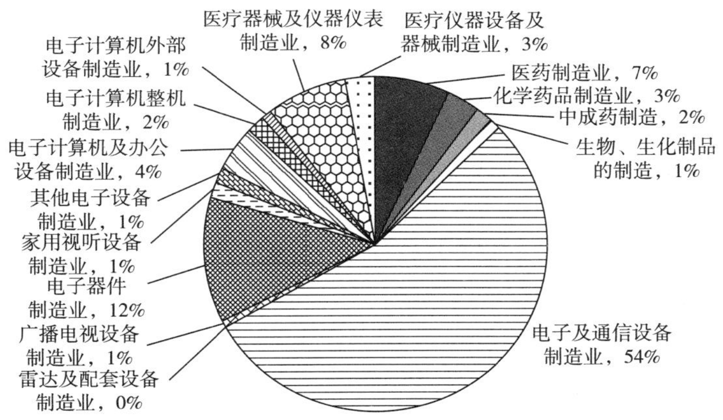


**图 7-56 中国 2021 年高技术产业有效发明专利行业分布情况②**

①② 数据来自中国国家统计局。

# 六、国家科技计划

## （一）国家主要科技计划基本情况

如图 7-57 所示，2001~2021 年国家自然科学基金整体增加。2001 年国家自然科学基金为 159835 万元，2021 年上涨至 3116845.51 万元，增长率超过 185%。其中，2009 年以前增长速度较为平缓，2009 年后增长迅速，但存在 2013 年与 2019 年两个略有减少的时间节点。

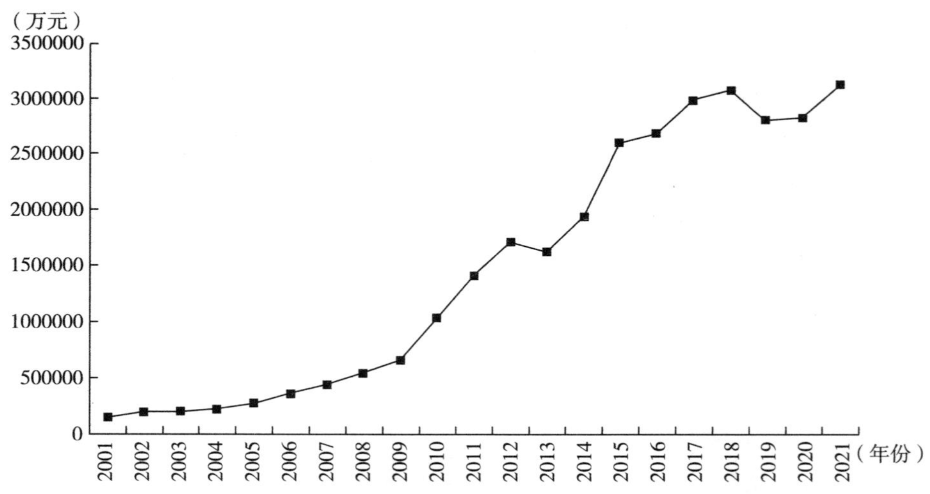


**图 7-57　2001~2021 年国家自然科学基金中央财政拨款情况①**

2016~2021 年，中国国家主要科技计划基金先增后减，基本情况如图 7-58 所示。其中，国家重点研发计划投入较大，2016 年拨款 1035417.5 万元，2019 年增长至 2954184.5 万元，2020 年和 2021 年略有下降，2021 年拨款 2143838.3 万元。中央引导地方科技发展基金 2016~2019 年逐渐减少，近两年回升。国家（重点）实验室引导专项和国家重点实验室拨款先增加后减少，峰值同样出现在 2019 年。

① 数据来自《中国科技统计年鉴》。

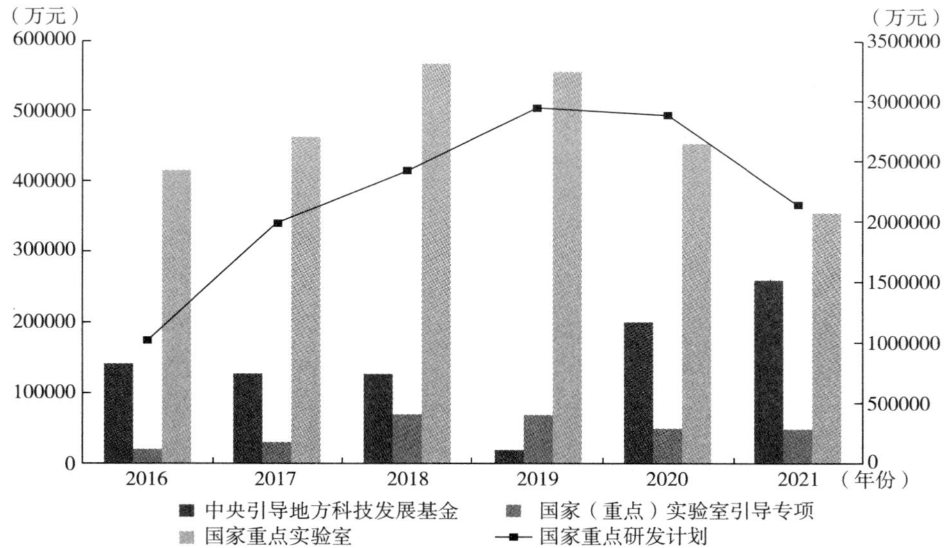


**图 7-58 2016~2021 年国家主要科技计划中央财政拨款情况①**

### （二）国家科技支撑计划

国家科技支撑计划是为贯彻落实《国家中长期科学和技术发展规划纲要（2006—2020）》制定，旨在面向国民经济和社会发展需求，重点解决经济社会发展中的重大科技问题。在众多领域中，“农业”始终占有很大比重，但 2015 年后拨款显著减少，2010 年后“信息产业与现代服务业”的重要性显著提升，其余领域拨款数量较为稳定。具体如图 7-59、图 7-60、图 7-61 所示。

### （三）国家重点基础研究发展计划

国家重点基础研究发展计划（“973 计划”）旨在解决国家战略需求中的重大科学问题。如图 7-62、图 7-63、图 7-64、图 7-65 所示，2001~2011 年，国家重点基础研究发展计划中央财政拨款整体增加，2011 年后波动减少；对“综合交叉”和“健康”领域的拨款在整个计划中始终占有重要的位置；2011 年起，“制造与工程”被列入计划范围。近年来，对“重大科学前沿”“信息”领域的重视程度不断提升。

① 数据来自《中国科技统计年鉴》。

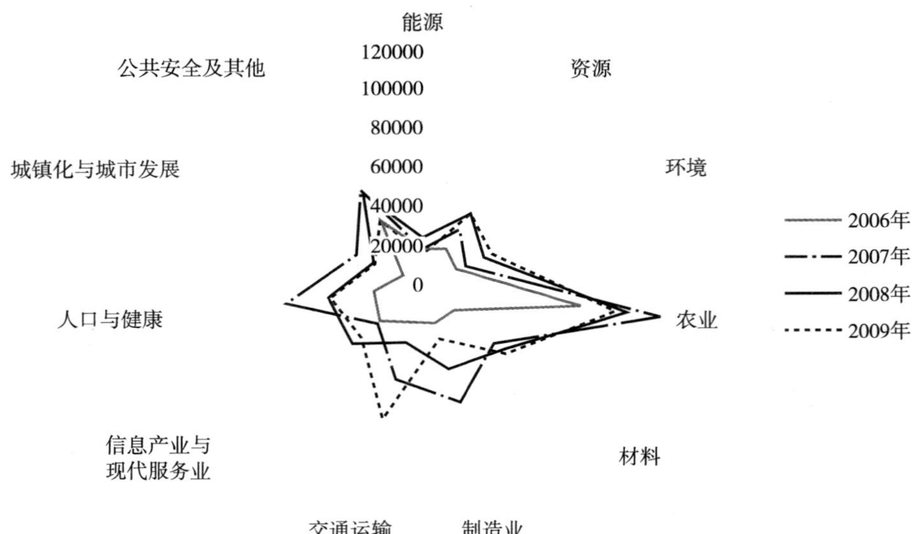


**图 7-59　2006~2009 年国家科技支撑计划中央财政拨款情况（单位：万元）**①

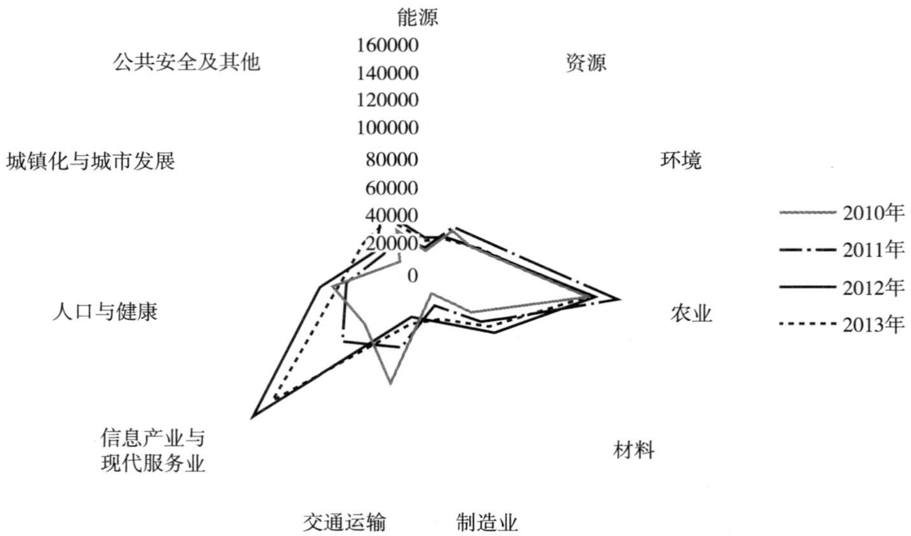


**图 7-60　2010~2013 年国家科技支撑计划中央财政拨款情况（单位：万元）**②

①② 数据来自《中国科技统计年鉴》。

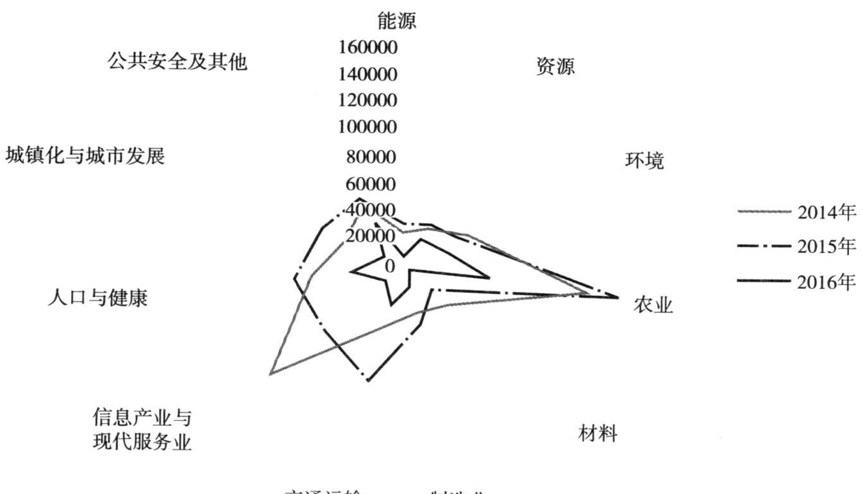


**图 7-61　2014~2016 年国家科技支撑计划中央财政拨款情况（单位：万元）①**

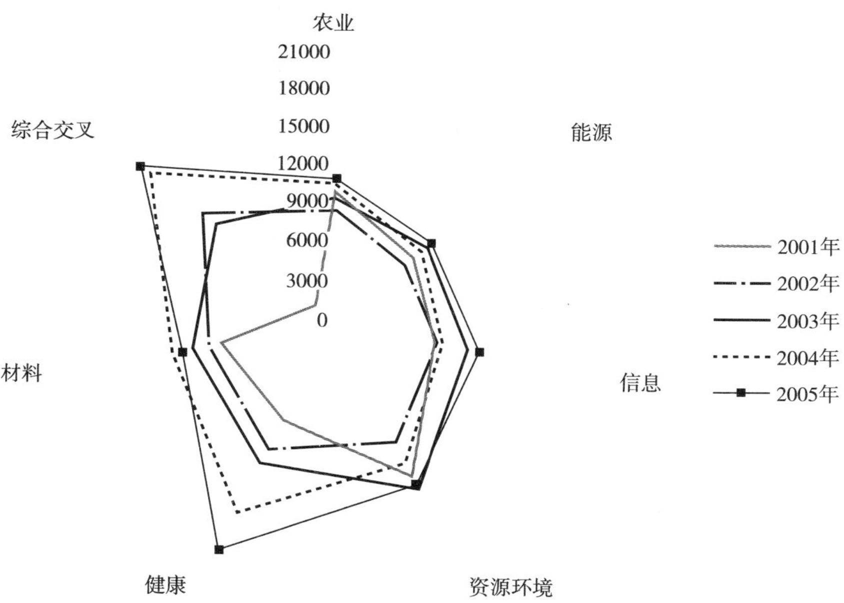


**图 7-62　2001~2005 年国家重点基础研究发展计划（"973"计划）中央财政拨款情况（万元）②**

①② 数据来自《中国科技统计年鉴》。

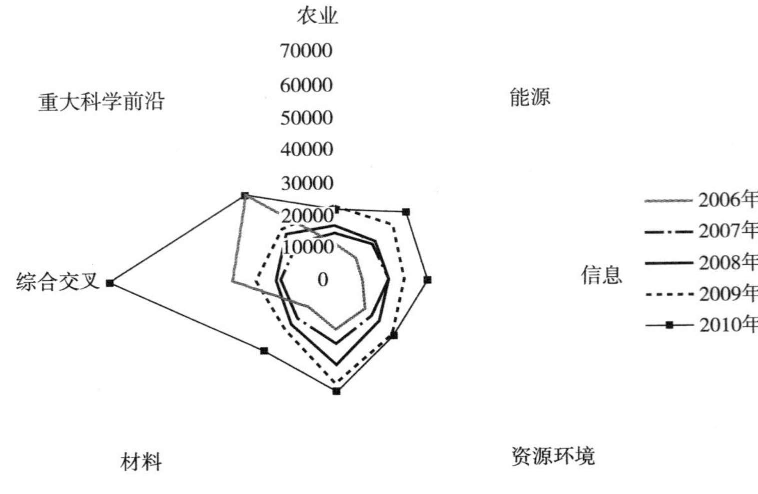


**图 7-63　2006~2010 年国家重点基础研究发展计划（“973”计划）中央财政拨款情况（万元）①**

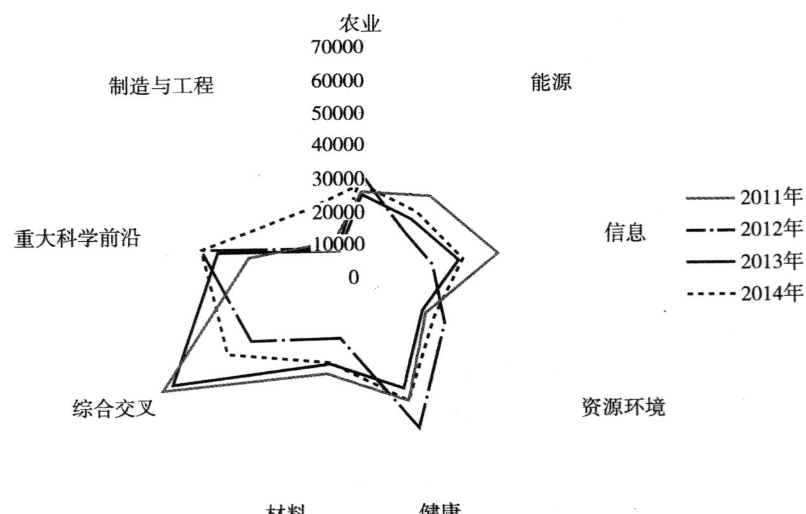


**图 7-64　2011~2014 年国家重点基础研究发展计划（“973”计划）中央财政拨款情况（万元）②**

①② 数据来自《中国科技统计年鉴》。

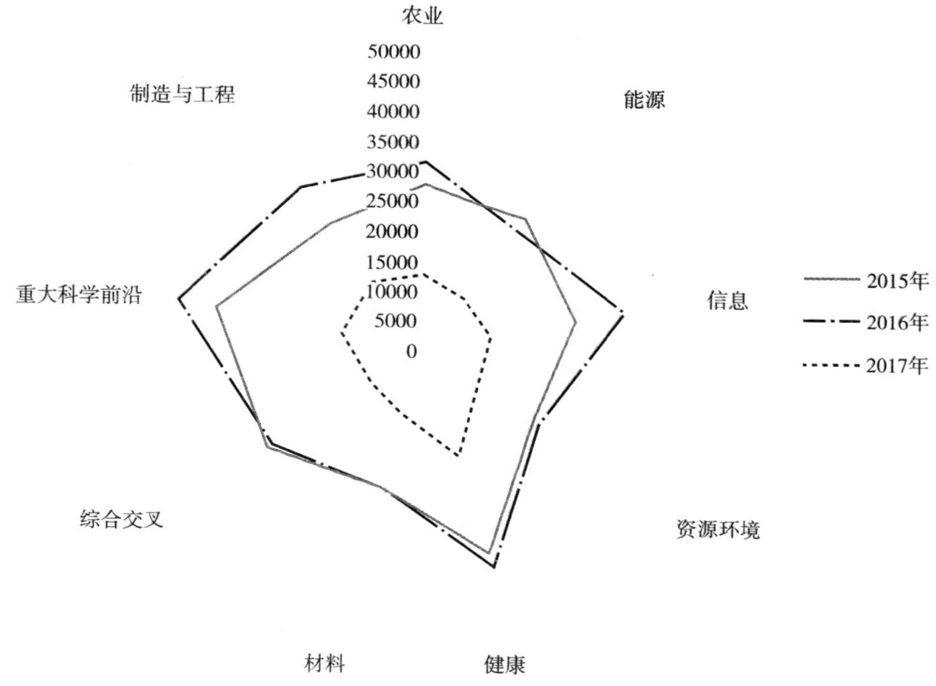


**图 7-65 2015~2017 年国家重点基础研究发展计划（“973”计划）中央财政拨款情况（万元）①**

## （四）国家重大科学研究计划

国家重大科学研究计划，是国家重点基础研究发展计划的一部分，由中国科技部开展。该计划起初涉及蛋白质研究、量子调控研究、纳米科学研究、发育与生殖研究四大领域，后来增加了全球变化研究和干细胞研究，成为六大领域。如图 7-66、图 7-67、图 7-68 所示，在国家重大科学研究计划中，纳米研究和发育与生殖研究始终作为热点存在。2011 年后，量子调控研究、蛋白质研究成为计划的主要研究内容。发育与生殖研究的优先地位在 2011 年后让位于蛋白质研究。全球变化研究和干细胞研究在 2010 年被纳入计划后，2011 年中央拨款有所减少，之后总体呈增加态势。

① 数据来自《中国科技统计年鉴》。

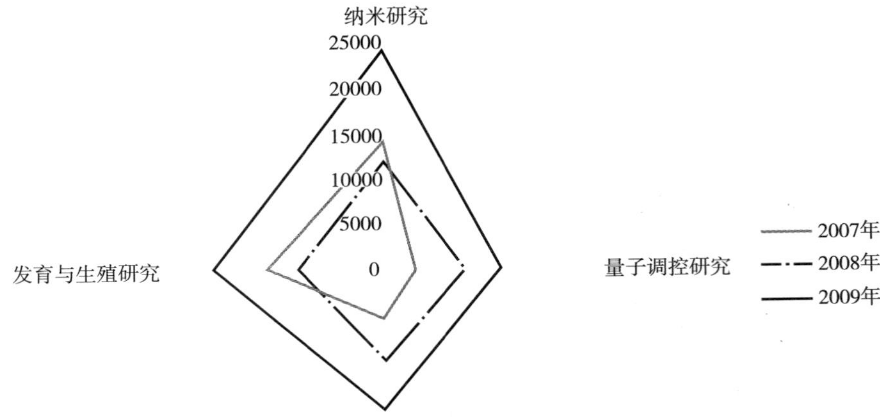


**图 7-66　2007~2009 年国家重大科学研究计划中央财政拨款情况（单位：万元）①**

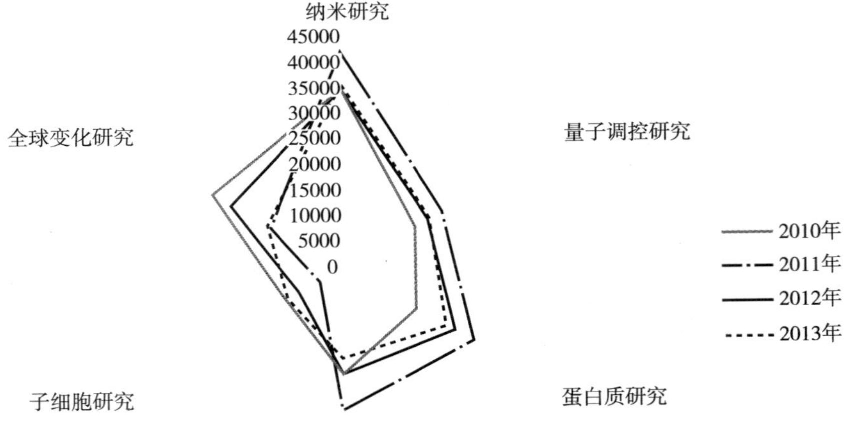


**图 7-67　2010~2013 年国家重大科学研究计划中央财政拨款情况（单位：万元）②**

①② 数据来自《中国科技统计年鉴》。

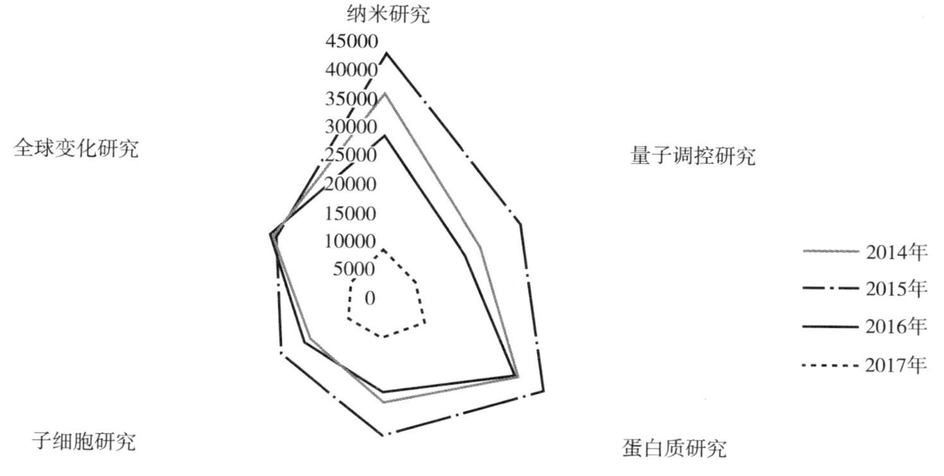


**图 7-68 2014~2017 年国家重大科学研究计划中央财政拨款情况（单位：万元）①**

国家重点研发计划首批重点研发专项指南已于 2016 年 2 月 16 日发布，标志着整合了多项科技计划的国家重点研发计划即日起正式启动实施。

## 七、世界五大知识产权局主要统计指标

### （一）专利申请

世界五大知识产权局是指欧洲专利局、日本特许厅、韩国特许厅、中国国家知识产权局和美国专利商标局，全球超过 90%的专利在世界五大知识产权局管辖范围内有效。

2006~2020 年，世界五大知识产权局专利申请数量总体呈现增加的趋势，具体如图 7-69 所示。五大局专利申请增长的主要动力来自中国，2006 年，来自中国的专利申请数量为 130454 件，2020 年达到 1456987 件，增长超过 10 倍。其次

① 数据来自《中国科技统计年鉴》。

是韩国，2006 年专利申请数为 170722 件、2020 年为 246016 件，增长 44.1%。美国专利申请量 2006~2020 年增长 13.4%。EPC 成员国专利申请量 2006~2020 年增长 6.9%。日本专利申请量 2006~2020 年下降 29%。

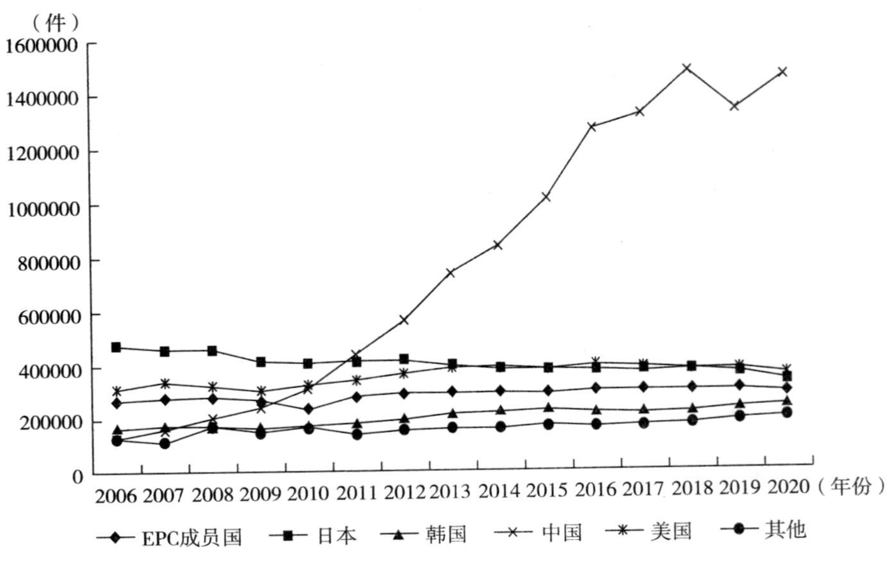


**图 7-69　2006~2020 年全球提交的专利申请数——按来源地划分①**

如图 7-70 所示，2006~2020 年，中国专利申请数量在当年全球专利申请中的占比逐年上升，从 2006 年的 8.7%增加至 2020 年的 50.4%。EPC 成员国提交的专利申请占比从 2006 年的 18.2%下降至 2020 年的 10.1%。日本申请占比从 31.9%下降至 11.7%。韩国 2006 年为 11.4%，2020 年为 8.5%。美国 2006 年为 21.2%，2020 年为 12.4%。

## （二）专利授权

如图 7-71 所示，2006~2020 年，世界五大知识产权局授权的专利数量也不断增加，中国授权专利数量从 2006 年的 57786 件增长至 2020 年的 530127 件，增长 817%。EPC 成员国授权专利数增长 59%，日本增长 26.9%，韩国增长 11.6%，美国增长超过 100%。

① 数据来自《世界五大知识产权局统计报告》（https://www.fiveipoffices.org/statistics/statisticsreports）。

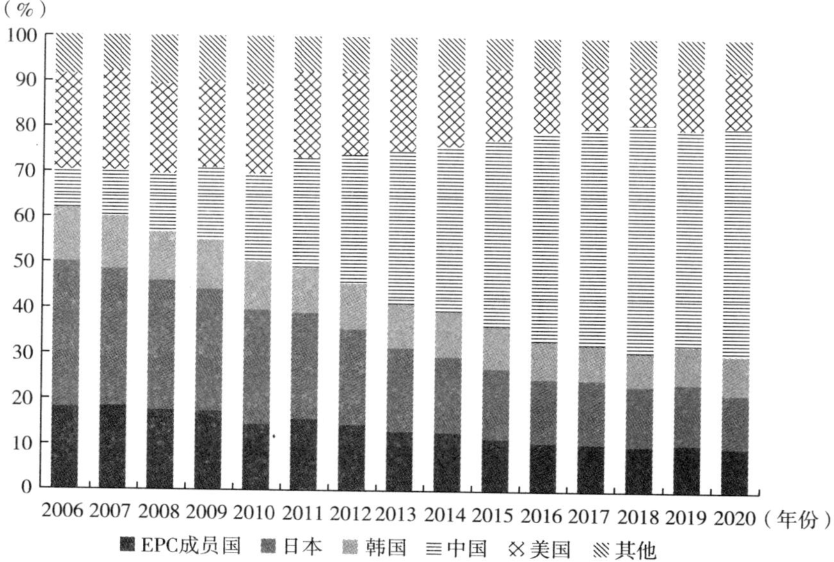


**图 7-70　2006~2020 年全球提交的专利申请数占比——按来源地划分①**

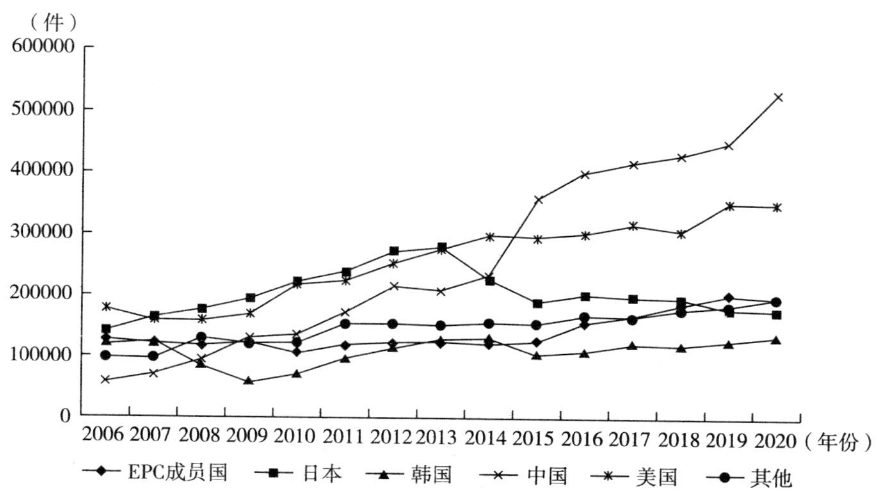


**图 7-71　2006~2020 年全球的专利授权数——按申请地划分②**

①② 数据来自《世界五大知识产权局统计报告》(https://www.fiveipoffices.org/statistics/statisticsreports)。

如图 7-72 所示，2006~2020 年，中国授权的专利数量在当年全球专利授权量的占比总体上升，从 2006 年的 8%增加至 2020 年的 33.3%。EPC 授权量提交的专利申请占比从 2006 年的 17.5%下降至 2020 年的 12.5%，波动较小。日本专利授权量占比从 19.7%下降至 11.3%。韩国专利授权量占比 2006 年为 16.9%，2020 年为 8.5%。美国占比 2006 年为 24.5%，2020 年为 22.1%。

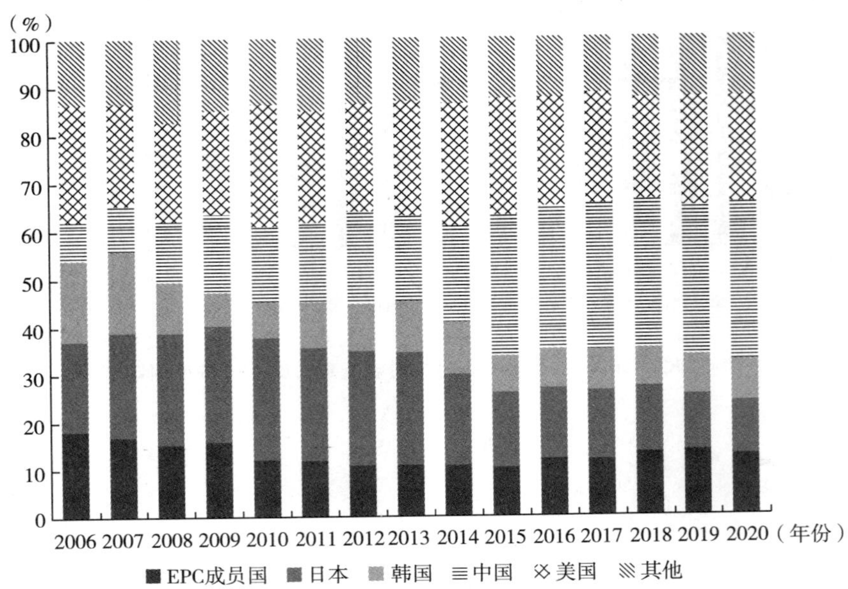


**图 7-72　2006~2020 年世界五大知识产权局的专利授权数占比——按申请地划分**[①]

## （三）2021 年世界五大知识产权局专利申请具体情况

2021 年世界五大知识产权局专利数申请具体情况如图 7-73 所示。2021 年，除本国（地区）外，EPC 成员国的专利申请主要目的地是美国，占 EPC 成员国专利申请总量的 25%，其次依次是日本、中国、韩国。日本专利申请的主要目的地是美国，占比 9%，其次依次是 EPC 成员国、中国、韩国。韩国的专利申请地优先次序为韩国、美国、日本、EPC 成员国、中国。中国的专利申请地优先次序为中国，美国、日本、EPC 成员国并列，韩国最后。美国的次序是美国、EPC 成

① 数据来自《世界五大知识产权局统计报告》（https：//www.fiveipoffices.org/statistics/statisticsreports）。

员国、日本、中国、韩国。由此可见，在 2021 年，韩国不太能获得各国专利申请地的偏好，除本国外，各国倾向于以美国为申请地申请专利。

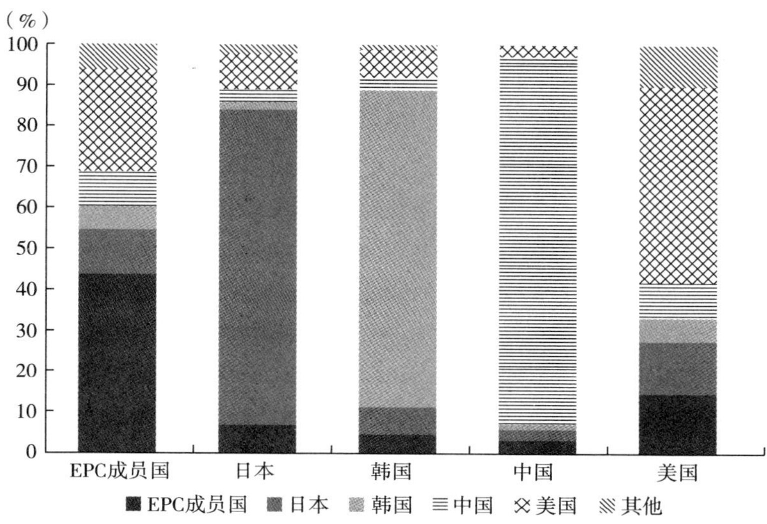


**图 7-73　2021 年世界五大知识产权局专利申请比例——按来源地划分①**

## 八、本章小结

综上所述，近年来全国范围内科技创新发展迅速。从创新投入来看，以企业研发支出为主的研发经费不断增加，科技人才数量翻倍增长，企业和高等学校成为科技创新的中坚力量，特别是高技术企业近年来 R&D 活动与科技活动整体呈稳步增长态势。从创新产出来看，科技论文发表的增加是知识产出增长的主要驱动力；高技术产品进出口额显著提升；各类专利申请与授权数量连年上涨，私营企业的专利活动功不可没；新出现的科技企业孵化器拥有越来越多的知识产权，为企业创新助力。从创新质量来看，上市企业创新多样性不断提升，企业越来越多地选择在对自己而言是新技术的领域开展创新活动，然而上市企业的创新质量近年来稍有下滑，这意味着企业科技创新“提质增速”还有很长的路要走。

① 数据来自世界五大知识产权局初步数据，2022 年 4 月。

需要注意的是，尽管我国整体创新能力提升，但各地创新能力仍然存在一定差异，具有“东高西低”的特点，且呈“金字塔”形分布，少部分地区创新能力遥遥领先，很多省份科技创新尚有较大的提升空间。具体地，广东省、江苏省、北京市、上海市等东部地区综合创新能力较强，西部地区和东北地区创新能力较弱，需要加大创新资源流入、改善创新环境。

高技术产业作为研发经费投入强度相对高的制造业行业，无论是创新投入还是高质量的创新产出，增长都十分迅猛。其中，电子及通信设备制造业的R&D活动开展、研发经费投入、新产品销售、专利申请等情况在一众高技术产业中名列前茅，电子器件制造业和医药制造业紧随其后，成为高技术产业创新的“领头羊”。

科技创新活动的开展和能力的提升，离不开国家的重视和支持。自“863”“973”等科技发展计划实施以来，国家在科技创新上的中央财政拨款整体增加，特别是2009年以后，随着《国家中长期科学和技术发展规划纲要（2006—2020年）》的落地和深入实施，财政拨款增长迅速。其中，农业、能源、健康、纳米研究等领域始终是科技计划的关注重点，重大科研计划的制定推动了相关领域科技创新活动的积极开展。

中国在国际范围内的创新能力和创新影响力也不断提升，越来越多的国际专利在中国国家知识产权局提交申请，国内对外专利申请数量也不断提升。中国的专利申请与授权数量在全世界专利申请和授权数量中所占比重逐年增高，近年来逐渐成为世界专利增长的重要动力。

# 第八章　补贴时点、人才补贴与环境补贴对创新质量的影响

## 一、引言

政府补贴是刺激企业创新产出的重要政策工具，然而有关政府补贴对企业创新影响的研究结论却并不一致。一部分研究发现政府补贴对企业创新具有积极影响，例如，Carboni（2011）研究发现，政府补贴能够激励企业扩大研发投资规模，促进企业开展研发和创新活动。雎华蕾和王胜利（2021）基于陕西省一万多家高新技术企业的面板数据发现，获得政府补贴的企业研发投入总额与内部研发支出显著增加。姚东旻和朱泳奕（2019）认为，政府补贴能够向外部投资者释放信号，缓解了企业所面临的融资约束。另外一些研究认为政府补贴会对企业创新产出产生消极的影响，例如，Goolsbee（1998）发现，政府补贴改变了市场上研发用生产资料的价格，从而增加了企业的研发成本，降低了企业的研发积极性。黎文靖和郑曼妮（2016）发现，政府补贴可能促使企业进行更多的策略性创新，而不是实质性创新。Boeing（2016）发现政府补贴可能改变企业在不同创新项目之间的投资决策进而挤出企业的研发投入。由于存在上述相互矛盾的研究结论，一些学者进一步在补贴政策方面进行了细分研究（Busom et al.，2012；Neicu et al.，2016；林洲钰等，2013；王桂军和张辉，2020；汪红霞等，2021；吴伟伟和张天一，2021）。

有关创新政策的分类，尚没有一个被普遍认可的分类标准，主要有以下分类类型：刘凤朝和孙玉涛（2007）根据政策内容和发挥作用领域将创新政策划分为科技政策、产业政策、财政政策、税收政策和金融政策。张炜等（2016）从政策着力点出发将创新政策划分为扩大创新要素供给的供给导向型创新政策、减少市

场不确定性的需求导向型创新政策、提供有利的创新环境的环境支持型创新政策。刘云等（2014）提出国家创新体系国际化政策包括创新制度国际化、创新资源国际化和创新主体国际化三个方面。薛光明（2016）在国家创新指数的基础上，将创新政策分为创新资源投入、创新载体建设、创新产出成果、综合性的政策。Rothwell（1985）提出了创新政策工具分类理论，将创新政策划分为供给型政策工具、需求型政策工具和环境型政策工具三类。杨文珂等（2021）提出了绿色创新补助政策的概念，如绿色税收利率优惠、绿色信贷以及绿色创新资金补贴等。

基于不同的创新政策分类，学者研究了不同的创新政策类别对企业创新绩效的影响（Busom et al.，2012；Neicu et al.，2016；林洲钰等，2013；王桂军和张辉，2020）。汪红霞等（2020）研究发现，环境补贴的设立可通过定向分配等方式扩大高新技术企业规模，帮助地区筛选有利于长远发展的产业。汪红霞等（2021）通过省级面板数据检验了环境补贴对区域创新能力的影响效果及作用机制，发现环境补贴可以通过提高地区科研对象密度、增加地区研发投入等机制显著推动地区创新能力发展。吴伟伟和张天一（2021）研究了研发补贴和非研发补贴对企业创新产出具有的非对称效应。马嘉楠等（2018）研究了不同类别的财政科技补贴对企业研发投入的影响。

基于上述分析，本章将探讨不同的政策补贴类型对企业创新产出的影响。具体来说，将政策补贴类型分为：事后补贴、环境补贴和人才补贴。通过人工分类的方式，将包含环境、节能、淘汰、环保、资源、绿色、废旧、老旧、污染、植保、回收、清洁这些关键词的补贴条目分类为环境补贴；将包含人力、人才、人员、培养、培训、英才、博士、专家、员工、实习生、团队、精英、稳岗补贴等关键词的补贴条目分类为人才补贴；将包含成果、转化、奖励、表彰、退税、贴息、返还等关键词的补贴条目分类为事后补贴。选取中国沪深两市A股上市企业作为研究样本，基于国泰安数据库的政府补贴数据与企业金融数据，以及从CNRDS数据库获取的企业专利数据构建出横跨2010~2021年的一个研究样本。本部分的研究意义在于，通过对政府补贴类型的细分，来更好识别不同补贴类别对企业创新绩效产生的异质性影响，有助于政府更有针对性、更高效地设置和实施补贴政策。

本章的其他部分分别为：第二部分为理论发展与假设；第三部分为实证设计；第四部分为实证结果与分析；第五部分为结论与讨论。

## 二、理论发展与假设

### （一）事后补贴与企业创新行为

本章中，事后补贴是指企业在产生创新产出之后政府给予企业的奖励或是企业成果转化补贴等。我们认为获得事后补贴能够促进企业的创新产出。

首先，从资源角度来说，事后补贴给企业提供了创新所需的资源。企业在事后补贴中获得的资源可以用来扩大再投入，进而在下一期或其他创新活动中有效地推动创新产出（吴剑峰和杨震宁，2014）。事后补贴也可以视为企业的一种冗余资源，企业的冗余资源越多，企业承受风险的能力更强，因此会更加倾向于投资具有风险属性的创新活动（Nohria & Gulati，1996）。缺乏外部资金的支持是企业进行创新活动的一大障碍（Harhoff & Körting，1998），事后补贴给企业注入了外部资金，激励企业投入更多资源在企业创新中。白俊红（2011）和王俊（2010）基于中国行业面板数据发现，研发补贴能够有效促进企业的研发支出。刘建国（2017）通过实验经济学的方法研究发现，研发补贴对企业的创新意愿具有积极影响。

其次，从信号传递角度来说，一方面，事后补贴给企业传递了积极的信号，企业感到创新行为得到了肯定，这能够对企业产生激励作用。当企业因为创新能力获得政府的事后补贴时，企业收到了政府传递的积极信号，即企业创新在提高企业自身竞争力的同时，还能获得政府额外的奖励。企业在接收到这种正反馈之后，会更加坚定自己的战略选择，因而投入更多的研发资源，从而获得更多的创新产出。另一方面，事后补贴向外部相关者传递了积极的信号。获得政府的补贴给企业带来了政治背书，表明企业获得了政府的肯定和认可，根据政府的政策导向行事，符合政府的期望，这向外部投资者传递了一种积极信号（Takalo & Tanayama，2010），因此使企业更容易获得融资与风险投资（傅利平和李小静，2014），间接为企业创新带来了一定的资源。Feldman 和 Kelley（2006）认为，获得政府补贴能够证明企业拥有较强的创新能力，从而使外部投资者更愿意给企业提供投资（Wu & Cheng，2011）。

基于以上阐述，我们提出以下假设：

H1：相比于没有获得事后补贴，获得事后补贴促进了企业的创新产出。

黎文靖和郑曼妮（2016）将企业的创新行为划分为实质性创新与策略性创

新。一方面，胡善成和靳来群（2021）的研究表明，政府研发补贴在合理区间内，能够同时促进企业的实质性创新产出和策略性创新产出。这在一定程度上呼应了我们提出的假设1。另一方面，一些研究表明，政府补贴政策对两种不同类型的创新行为会产生异质性的影响。例如，夏喆和章梓钰（2021）认为，政府补贴对促进企业选择实质性创新的效果强于选择策略性创新。黎文靖和郑曼妮（2016）研究发现，受产业政策支持的公司，更倾向于增加策略性创新，而不是实质性创新。考虑到事后补贴的特征，我们认为比起策略性创新，事后补贴更能促进企业的实质性创新。原因如下：

首先，事后补贴避免了机会主义。在以往研究中，政府补贴的实际效果遭受到了质疑。由于信息不对称，政府很难事先识别出企业的创新是一种实质性的创新行为还是一种为了获得补贴而产生的表现性行为（Rodrik，2008）。而事后补贴很好地避免了企业的这种机会主义行为，在事后补贴中，政府只会对真正做出了实质性创新的企业给予奖励或补贴。事后补贴具有选择效应，企业之所以能够获得事后补贴，是因为企业已经做出了实质性创新活动。其次，事后补贴给企业带来了一定的压力。正如前文所指出的，事后补贴不仅为企业带来了资源，还为企业带来了合法性。企业之所以能够获得事后补贴，是因为企业的实质性创新行为得到了政府的肯定，而企业要想维持从政府处获得的补贴，就需要持续进行实质性的创新行为。企业一旦存在投机行为，不再符合政府的期望，不仅会失去现有的资源支持，由于政府的关注，还可能受到更严厉的处罚。例如，企业可能会损失合法性带来的优势，导致企业融资困难，进而影响其他外部资金支持的积极性。因此，为了维持政府补贴为企业带来的积极影响，企业会更加迎合政府的期望，进行实质性创新，而不是策略性创新。

基于以上理由，我们提出以下假设：

H2：相比于策略性创新，事后补贴更加促进了企业的实质性创新。

### （二）人才补贴与企业创新行为

人才补贴是指政府为企业提供的人力资源培训专项费用以及人才引进补贴等。人才补贴政策不同于其他补贴政策，它是直接针对“人”的。人才是企业最稀缺的生产要素（罗勇根等，2019）。人才是实现民族振兴、赢得国际竞争主动的战略资源，应该实施更加积极、开放、有效的人才政策，把党内和党外、国内和国外各方面优秀人才聚集到党和人民的伟大奋斗中来①。我们认为，人才补贴能够促进企业的创新产出水平。

---

① https：//www.12371.cn/2017/10/27/ARTI1509103656574313.shtml。

首先，人才补贴给企业带来了培训高水平员工的资金，高水平员工是企业创新的原动力。在现代商业中，人力资本被认为是一个企业最有价值的资产（Backhuijs et al.，1999；Miller et al.，1999）。因为，人是创新的动力，只有当人发挥主观能动性的时候，创新才可能会发生。毛义华等（2021）研究发现，人力资本对知识的获取能力、吸收能力与保护能力对企业的创新绩效具有显著的正向作用。政府给予企业的人才补贴，能够为企业带来更优质的人力资本，因此更有利于企业的创新产出。企业中的人决定了企业是否进行创新、进行何种创新以及如何创新。所以，企业中员工的质量越高，企业的创新活动水平才会越高。

其次，人才补贴向市场上的优质人才传递了信号，能够帮助企业吸引更多高水平的员工。正如上文中提到的，政府补贴释放了一种信号，即该企业具有良好的合法性。获得政府补贴意味着企业能够获得更多的资源，这对高水平的员工是具有吸引力的。获得人才补贴的企业，在员工福利方面更有优势，能够提升企业在劳动市场中的竞争力，帮助企业吸引高素质人才，进而提高企业的创新产出水平。

最后，人才补贴向企业的利益相关者释放了积极的信号。一方面，能够向外部投资者传递"该企业拥有优质人才"的信号。拥有人才就拥有了创新的原动力，这使外部投资者相信企业有能力开展高质量的创新活动，从而为企业提供资金支持，使企业有更多的财务资源投入创新活动。另一方面，人才补贴向外部投资者传递了"企业深得政府信任"的信号，这也使外部投资者更放心将资金注入该企业。

基于以上原因，我们提出如下假设：

H3：相比于没有获得人才补贴，获得人才补贴促进了企业的创新产出。

在假设3的基础上，我们进一步认为，比起策略性创新，人才补贴更能促进企业的实质性创新。理由如下：

正如上文所指出的，人才是创新的原动力，具有创新的主观能动性。而人才补贴是专门针对人才的专项补贴，落实在人才的培训、引进与奖励上。这就使企业无法将其应用在表现性的创新行为上。而当企业的人才质量上升之后，企业自然就将更多的资源在人才的引导下投入到实质性的创新行为中去。

基于以上原因，我们提出如下假设：

H4：相比于策略性创新，人才补贴更加促进了企业的实质性创新。

### （三）环境补贴与企业创新行为

中国经济在改革开放以来取得了飞速的发展，随之而来的是严重的大气污染、水环境污染、森林资源锐减等问题，严重威胁到人民群众的健康以及社会的可持续发展。党的十九大报告指出，建设生态文明是中华民族永续发展的千年大计，保护生态环境就是保护生产力，改善生态环境就是发展生产力。创新是提高社会生产力和综合国力的战略支撑，也是推动企业持续健康发展的重要因素。创新是企业提升竞争力、实现生存和可持续发展的重要手段。创新型国家的建设离不开创新型的企业。如何在经济稳定增长的同时，建设一个清洁环保的生存环境，是一个亟待解决的问题。在这种背景之下，政府给予企业的环境补贴既能激励企业进行绿色创新，又推动了环保事业的发展。环境补贴是指政府针对企业实施的减排节能、环保等项目给予的补贴。张阿洋（2021）通过对中国重污染上市公司的研究发现，政府环境补贴能够显著增强企业的绿色技术创新。汪红霞等（2021）通过对省际面板数据的研究发现，环境补贴能够通过提高地区科研对象密度、增加地区研发投入等机制显著推动地区创新能力的提升。

首先，环境补贴是以一种资源的形式进入企业，为企业的创新活动提供支撑。政府补贴能够帮助企业分散企业创新活动的风险（Almus & Czarnitzki，2003），进而激励企业在创新活动中投入更多资源。其次，从信号理论出发，一方面，环境补贴能够向外部投资者传递“企业具有更高合法性保证”的信号。能够获得环境补贴，企业具有较低可能性会在环保监管中受到处罚，企业面临的市场风险较低，因此更容易获得外部投资的资金支持。在这种情况下，企业获得了更多的资源，会有更多的创新投入，从而产生更多的创新产出。另一方面，环境补贴向外部投资者传递了“企业具有良好环保创新项目”的信号。企业拥有良好的创新项目，确保了投资者能在未来得到可观的收益，因此投资者更愿意为企业投资。企业会因此获得更多的创新资源，进而有更高水平的创新产出。

因此，我们提出如下假设：

H5：相比于没有获得环境补贴，获得环境补贴促进了企业的创新产出。

企业资源有限，且企业的首要目标是生存，因此在选择实质性创新还是策略性创新时，企业往往选择不会长时间捆绑企业资源，并且能够在短时间内取得可见回报的策略性创新。然而，政府给予企业的专项环境补贴缓解了企业的资源困境。在这种情况下，我们认为企业会更愿意选择实质性创新而不是策略性创新。因为，实质性创新能够为企业带来更丰厚的回报，在为企业带来财务收益的同时，有利于企业的可持续发展，并吸引外部投资者的青睐。

基于以上原因，我们提出如下假设：

H6：相比于策略性创新，环境补贴更加促进了企业的实质性创新。

# 三、实证设计

## （一）数据来源和研究样本

本章选取 2010～2021 年中国沪深两市 A 股上市企业作为研究样本。首先，通过 CSMAR 数据库获取了企业获得政府补助的明细数据，根据补助项目名称判断企业获得的是何种补贴。其次，我们从 CNRDS 数据库获取了企业专利申请数据。最后，基于 CSMAR 数据库，收集了研究所需的其他公司层面的数据。将所有数据合并，并剔除金融行业的样本值之后，我们获得了 2010～2021 年 4082 家上市企业的 25149 个观测值。如表 8-1 所示，样本包括公用事业行业 667 家企业 3478 个观测值、商业企业 143 家 637 个观测值、工业企业 3031 家 19525 个观测值、房地产企业 159 家 970 个观测值、综合行业 82 家企业 539 个观测值。

**表 8-1　样本数据行业分布**

| 行业名称 | 企业数（家） | 观测值（个） | 观测值占比（%） |
|---|---|---|---|
| 公用事业 | 667 | 3478 | 13.83 |
| 商业 | 143 | 637 | 2.53 |
| 工业 | 3031 | 19525 | 77.64 |
| 房地产 | 159 | 970 | 3.86 |
| 综合 | 82 | 539 | 2.14 |
| 合计 | 4082 | 25149 | 100.00 |

## （二）变量测量

1. 被解释变量：创新产出（Iratio，Innov）

与专利授权数量相比，专利申请数量更能反映企业的真实创新水平（Griliches，2007），因此本章从 CNRDS 数据库获取了企业不同类型专利的申请数据。根据黎文靖和郑曼尼（2016）的分类，将企业创新区分为实质性创新与策略性创新，并用发明专利的申请数量的对数值来衡量企业的实质性创新，用实用新型专利和外观专利的申请量之和的对数值来衡量企业的策略性创新。在此基础上，生成 ratio 变量，即实质性创新与策略性创新的比值（Iratio）；创新产出变量（Innov)，即三种类型的专利申请量之和的对数值。

2. 解释变量：创新政策类别（事后补贴、人才补贴与环境补贴）

通过人工识别分类的方式，产生了三个虚拟变量：事后补贴（Postsub），将包含成果、转化、奖励、表彰、退税、贴息、返还等关键词的补贴条目分类为事后补贴，若企业有的补贴条目包含任意以上关键词，则将事后补贴变量赋值为1，否则为0。人才补贴（Stusub），将包含人力、人才、人员、培养、培训、英才、博士、专家、员工、实习生、团队、精英、稳岗补贴等关键词的补贴条目分类为人才补贴，若企业有的补贴条目包含任意以上关键词，则将人才补贴变量赋值为1，否则为0。环境补贴（Ensub），将包含环境、节能、淘汰、环保、资源、绿色、废旧、老旧、污染、植保、回收、清洁这些关键词的补贴条目分类为环境补贴，若企业有的补贴条目包含任意以上关键词，则将环境补贴变量赋值为1，否则为0。

3. 控制变量

根据张笑等（2021）、邵颖红和程与豪（2021）、吴伟伟和张天一（2021）、白旭云等（2019）的研究，为了保证回归结果的稳健性，我们控制以下变量的作用：企业规模（Size），用企业员工人数的对数值来衡量。企业年龄（Age），用调查年份与企业成立年份之差来衡量。财务杠杆（Lev），用总负债与总资产的比值来衡量。流动比率（Cro），用流动资产与流动负债的比值来衡量。资产收益率（Roa），用净利润与总资产的比值来衡量。企业劳动生产率（Lfp），用营业收入与员工人数之比的对数值来衡量。资本密集度（Klr），用企业固定资产与员工人数之比的对数值来衡量。企业平均工资（Wag），用应付职工薪酬与员工人数之比的对数值来衡量。两职合一（Dual），若企业董事长与总经理由同一人担任，赋值为1，否则为0。

## 四、实证结果与分析

### （一）样本的描述性统计与相关性分析

表8-2展示了本章主要变量的描述性统计结果，包括观测值个数、平均值、标准差、最小值、中间值和最大值。由结果可以看出，事后补贴（Postsub）的均值为0.776，表明样本中有77.6%的企业得到了事后补贴；人才补贴（Stusub）的均值为0.364，表明样本中有36.4%的企业获得了人才补贴；环境补贴（Ensub）的均值为 0.276，表明样本中有 27.6%的企业获得了环境补贴。

表 8-2　描述性统计

| VarName | Obs | Mean | SD | Min | Median | Max |
|---|---|---|---|---|---|---|
| Iratio | 25149 | 0.822 | 0.637 | 0.000 | 0.774 | 8.611 |
| Innov | 25149 | 3.381 | 1.332 | 0.693 | 3.332 | 9.659 |
| Postsub | 25149 | 0.776 | 0.417 | 0.000 | 1.000 | 1.000 |
| Stusub | 25149 | 0.364 | 0.481 | 0.000 | 0.000 | 1.000 |
| Ensub | 25149 | 0.276 | 0.447 | 0.000 | 0.000 | 1.000 |
| Size | 25149 | 7.795 | 1.236 | 2.639 | 7.689 | 13.223 |
| Age | 25149 | 17.601 | 5.969 | 1.000 | 17.000 | 63.000 |
| Lev | 25149 | 0.424 | 0.221 | 0.007 | 0.413 | 8.009 |
| Cro | 25149 | 2.613 | 3.591 | 0.057 | 1.686 | 204.742 |
| Roa | 25149 | 0.035 | 0.105 | -4.946 | 0.039 | 6.365 |
| Lfp | 25149 | 13.787 | 0.814 | 7.028 | 13.695 | 18.771 |
| Klr | 25149 | 12.534 | 1.100 | 0.000 | 12.507 | 18.511 |
| Wag | 25149 | 9.460 | 1.201 | 0.000 | 9.590 | 15.396 |
| Dual | 25149 | 0.299 | 0.458 | 0.000 | 0.000 | 1.000 |

表 8-3 展示了本章主要变量的相关系数矩阵以及方差膨胀因子（VIF）。从结果可以看出，各变量之间的相关系数的绝对值均小于 0.5，且方差膨胀因子均小于 2，表明本模型中不存在严重的多重共线性问题。

### （二）回归结果分析

表 8-4 报告了对样本数据进行普通面板固定效应回归的结果。模型 1、模型 3 和模型 5 的被解释变量为创新产出（Innov）。从模型 1 可以看出，事后补贴（Postsub）与创新产出（Innov）之间的系数为 0.0454，并在 1%的水平上显著为正，表明事后补贴能够显著促进企业的创新产出，假设 1 得到了支持。模型 3 显示人才补贴（Stusub）与创新产出（Innov）之间的系数为 0.038，同样在 1%的水平上显著为正，意味着获得人才补贴的企业有更多的创新产出，假设 3 得到了支持。模型 5 结果显示环境补贴（Ensub）与创新产出（Innov）之间的系数为 -0.002，但并不显著，表明环境补贴对企业的创新产出没有显著影响，假设 5 没有得到支持。

表 8-3　相关系数矩阵

| | VIF | 1 | 2 | 3 | 4 | 5 | 6 | 7 | 8 | 9 | 10 | 11 | 12 | 13 | 14 |
|---|---|---|---|---|---|---|---|---|---|---|---|---|---|---|---|
| 1. Iratio | 1.01 | 1 | | | | | | | | | | | | | |
| 2. Innov | 1.24 | 0.17* | 1 | | | | | | | | | | | | |
| 3. Postsub | 1.01 | 0.02* | 0.01 | 1 | | | | | | | | | | | |
| 4. Stusub | 1.01 | 0.04* | 0.04* | 0.29* | 1 | | | | | | | | | | |
| 5. Ensub | 1.05 | 0.03* | 0.00 | 0.23* | 0.31* | 1 | | | | | | | | | |
| 6. Size | 1.29 | 0.04* | 0.46* | 0.01 | -0.02* | 0.13* | 1 | | | | | | | | |
| 7. Age | 1.08 | -0.02* | 0.08* | -0.07* | 0.05* | 0.01 | 0.10* | 1 | | | | | | | |
| 8. Lev | 1.93 | -0.03* | 0.16* | -0.03* | -0.02* | 0.08* | 0.37* | 0.16* | 1 | | | | | | |
| 9. Cro | 1.38 | 0.03* | -0.13* | 0.01 | -0.01* | -0.08* | -0.30* | -0.13* | -0.49* | 1 | | | | | |
| 10. Roa | 1.29 | 0.02* | 0.04* | 0.01 | -0.03* | -0.01 | 0.03* | -0.06* | -0.39* | 0.12* | 1 | | | | |
| 11. Lfp | 1.43 | 0.02* | 0.10* | -0.06* | -0.04* | -0.00 | 0.01 | 0.17* | 0.27* | -0.14* | 0.04* | 1 | | | |
| 12. Klr | 1.22 | -0.03* | 0.01 | -0.01* | -0.00 | 0.14* | 0.05* | 0.12* | 0.18* | -0.17* | -0.07* | 0.39* | 1 | | |
| 13. Wag | 1.12 | 0.06* | 0.13* | -0.05* | 0.01* | -0.08* | -0.00 | 0.16* | 0.03* | -0.04* | 0.03* | 0.28* | 0.08* | 1 | |
| 14. Dual | 1.05 | 0.01 | -0.02* | -0.00 | 0.01 | -0.08* | -0.16* | -0.11* | -0.14* | 0.10* | 0.02* | -0.10* | -0.13* | -0.00 | 1 |

注：表中系数为皮尔逊相关系数，*表示在5%以上显著。

表 8-4 普通面板回归结果

| 变量 | 模型 1 | 模型 2 | 模型 3 | 模型 4 | 模型 5 | 模型 6 |
|---|---|---|---|---|---|---|
| | Innov | Iratio | Innov | Iratio | Innov | Iratio |
| Postsub | 0.045***<br>(3.307) | 0.009<br>(0.936) | | | | |
| Stusub | | | 0.038***<br>(3.224) | 0.013<br>(1.633) | | |
| Ensub | | | | | -0.002<br>(-0.150) | 0.019**<br>(2.061) |
| Size | 0.520***<br>(40.389) | 0.033***<br>(3.724) | 0.521***<br>(40.482) | 0.034***<br>(3.746) | 0.521***<br>(40.440) | 0.033***<br>(3.644) |
| Age | 0.049***<br>(17.140) | 0.006***<br>(3.116) | 0.048***<br>(16.699) | 0.006***<br>(2.929) | 0.048***<br>(17.067) | 0.006***<br>(3.177) |
| Lev | -0.097**<br>(-2.192) | 0.015<br>(0.496) | -0.097**<br>(-2.199) | 0.016<br>(0.505) | -0.099**<br>(-2.245) | 0.015<br>(0.478) |
| Cro | 0.005***<br>(2.598) | 0.002<br>(1.385) | 0.005**<br>(2.530) | 0.002<br>(1.363) | 0.005**<br>(2.542) | 0.002<br>(1.396) |
| Roa | 0.069<br>(1.173) | -0.029<br>(-0.700) | 0.068<br>(1.153) | -0.029<br>(-0.698) | 0.066<br>(1.118) | -0.029<br>(-0.706) |
| Lfp | 0.181***<br>(12.347) | 0.025**<br>(2.412) | 0.182***<br>(12.421) | 0.025**<br>(2.451) | 0.181***<br>(12.344) | 0.024**<br>(2.399) |
| Klr | 0.076***<br>(7.306) | 0.009<br>(1.257) | 0.075***<br>(7.261) | 0.009<br>(1.234) | 0.076***<br>(7.305) | 0.009<br>(1.202) |
| Wag | -0.011<br>(-1.564) | 0.008<br>(1.557) | -0.012<br>(-1.623) | 0.008<br>(1.529) | -0.011<br>(-1.574) | 0.008<br>(1.563) |
| Dual | 0.043***<br>(2.579) | 0.016<br>(1.384) | 0.043***<br>(2.585) | 0.016<br>(1.386) | 0.043***<br>(2.581) | 0.016<br>(1.407) |
| Year | Yes | Yes | Yes | Yes | Yes | Yes |
| Constant | -5.183***<br>(-20.690) | -0.153<br>(-0.877) | -5.156***<br>(-20.592) | -0.148<br>(-0.848) | -5.155***<br>(-20.580) | -0.141<br>(-0.807) |
| N | 25149 | 25149 | 25149 | 25149 | 25149 | 25149 |
| Within $R^2$ | 0.332 | 0.018 | 0.332 | 0.018 | 0.332 | 0.018 |
| P Value | 0.000 | 0.000 | 0.000 | 0.000 | 0.000 | 0.000 |

注：括号内为 t 值；* 表示在 10%水平上显著；** 表示在 5%水平上显著；*** 表示在 1%水平上显著。

模型 2、模型 4 和模型 6 的被解释变量为实质性创新与策略性创新的比值（Iratio）。从模型 2 可以看出事后补贴（Postsub）与 Iratio 之间的相关系数为 0.009，但并不显著，无法证明比起策略性创新，事后补贴更能促进企业的实质性创新，假设 2 没有得到支持。模型 4 显示了人才补贴（Stusub）与 Iratio 之间的相关系数为 0.013，这与我们预期的方向一致，即比起策略性创新，人才补贴更能促进企业的实质性创新，但是该系数并不显著，假设 4 没有得到支持。从模型 6 可以看出，环境补贴（Ensub）与 Iratio 之间的相关系数为 0.019，并且在 5%的水平上显著，这表明比起策略性创新，环境补贴更加促进了企业的实质性创新，假设 6 得到了支持。

### （三）稳健性检验

由于本章中因变量企业创新存在大量的零值，因此选择 Tobit 模型进行稳健性检验。表 8-5 报告了稳健性检验的结果，可以看出，假设 1、3、6 依然得到了支持，假设 2、5 依然没有得到支持。此外，从表 8-5 模型 4 可以看出，人才补贴与 Iratio 之间的相关系数为 0.021，并且在 1%的水平上显著，表明比起策略性创新，人才补贴更加促进了企业的实质性创新，假设 4 得到了支持。综上所述，我们的结果基本上是稳健的。

**表 8-5　Tobit 面板回归**

| 变量 | 模型 1 | 模型 2 | 模型 3 | 模型 4 | 模型 5 | 模型 6 |
|---|---|---|---|---|---|---|
| | Innov | Iratio | Innov | Iratio | Innov | Iratio |
| Postsub | 0.050*** | 0.011 | | | | |
| | (3.815) | (1.202) | | | | |
| Stusub | | | 0.043*** | 0.021*** | | |
| | | | (3.761) | (2.653) | | |
| Ensub | | | | | −0.004 | 0.024*** |
| | | | | | (−0.318) | (2.714) |
| Size | 0.495*** | 0.028*** | 0.496*** | 0.028*** | 0.496*** | 0.027*** |
| | (52.796) | (4.924) | (52.891) | (4.953) | (52.804) | (4.761) |
| Age | −0.020*** | −0.006*** | −0.020*** | −0.006*** | −0.020*** | −0.006*** |
| | (−7.391) | (−4.277) | (−7.467) | (−4.311) | (−7.451) | (−4.337) |
| Lev | −0.087** | −0.049* | −0.088** | −0.050* | −0.090** | −0.050* |
| | (−2.115) | (−1.800) | (−2.152) | (−1.807) | (−2.191) | (−1.836) |

续表

| 变量 | 模型 1 | 模型 2 | 模型 3 | 模型 4 | 模型 5 | 模型 6 |
|---|---|---|---|---|---|---|
| | Innov | Iratio | Innov | Iratio | Innov | Iratio |
| Cro | 0.005*** | 0.003*** | 0.005*** | 0.003*** | 0.005*** | 0.003*** |
| | (2.693) | (2.592) | (2.629) | (2.576) | (2.632) | (2.613) |
| Roa | 0.122** | -0.040 | 0.120** | -0.040 | 0.118** | -0.040 |
| | (2.137) | (-1.024) | (2.117) | (-1.016) | (2.076) | (-1.036) |
| Lfp | 0.152*** | 0.021*** | 0.152*** | 0.022*** | 0.151*** | 0.021*** |
| | (12.464) | (2.788) | (12.537) | (2.853) | (12.440) | (2.787) |
| Klr | 0.032*** | -0.006 | 0.031*** | -0.006 | 0.032*** | -0.007 |
| | (3.700) | (-1.151) | (3.656) | (-1.180) | (3.713) | (-1.304) |
| Wag | 0.008 | 0.023*** | 0.007 | 0.023*** | 0.008 | 0.023*** |
| | (1.149) | (5.180) | (1.102) | (5.163) | (1.137) | (5.210) |
| Dual | 0.058*** | 0.024** | 0.058*** | 0.024** | 0.058*** | 0.025** |
| | (3.777) | (2.400) | (3.788) | (2.408) | (3.777) | (2.445) |
| Year | Yes | Yes | Yes | Yes | Yes | Yes |
| Constant | -3.650*** | 0.134 | -3.624*** | 0.135 | -3.613*** | 0.153 |
| | (-18.551) | (1.110) | (-18.442) | (1.121) | (-18.373) | (1.271) |
| N | 25149 | 25149 | 25149 | 25149 | 25149 | 25149 |
| LR | 1.5e+04 | 6127.22 | 1.5e+04 | 6108.58 | 1.5e+04 | 6121.94 |

注：括号内为 t 值；* 表示在 10%水平上显著；** 表示在 5%水平上显著；*** 表示在 1%水平上显著。

## 五、结论与讨论

本章研究了不同政策补贴类别对企业创新产出的影响，并借鉴黎文靖和郑曼妮（2016）的研究，将企业创新行为分为策略性创新与实质性创新，进一步研究了不同补贴类别对企业策略性创新与实质性创新的异质性影响。基于 CSMAR 数据库以及 CNRDS 数据库的专利申请数据，采用 2010~2021 年中国沪深两市 4082 家 A 股上市企业的 25149 个面板数据进行研究，得出以下结论：

第一，事后补贴、人才补贴作为一种资源支撑与利好信号，激励了企业投入更多的资源在研发创新活动中，显著促进了企业的创新产出。表明了政府补贴对企业创新具有积极的影响，弥补了市场机制的失灵。

第二，不同类别的政策补贴对企业两种不同类型的创新的影响具有异质性。相比于策略性创新，人才补贴和环境补贴更能促进企业的实质性创新。人才是企业的创新来源，针对企业中人力资源进行补贴，包括奖励和人才培训等，这种对人力资源的直接补贴，更能激发人员的积极性，在企业中形成一种创新的氛围，因此更能促进企业的实质性创新。环境补贴主要是针对环保项目进行的补贴，若企业在获得补贴后不进行实质性的创新，使政府看到一定的创新成果，企业就有失去补贴的风险，因此，获得环境补贴会更加促进企业的实质性创新。

本章的研究结论具有一定的实践意义：首先，对于政府来说，不同类型的政策补贴对于企业选择实质性创新与策略性创新有不同的影响。本书研究结论认为，更有针对性的补贴政策有更好的政策效果，更加明显地促进企业进行实质性创新活动。其次，对于企业来说，实施实质性创新有利于企业可持续获得政府补贴与企业自身的可持续发展，同时更容易获得融资与风险投资。因此，出于企业发展的长远考虑，企业应该更多选择实质性创新而不是策略性创新。

# 第九章　政府补贴与自有经费对创新质量的影响

## 一、引言

根据《2019年中国统计年鉴》，2018年我国R&D经费支出共19677.9亿元，其中，政府资金为3978.6亿元，各类企业经费支出15079.3亿元，政府支持经费占比接近23%。大量的政府经费投入对企业自有经费的补充以及企业创新能力的提升是否达到了预期的效果？众多研究者对此话题展开了深入的研究。

一些学者（Romero-Martínez et al.，2010；陈玲和杨文辉，2016；Choi & Lee，2017）对政府经费的创新效果持积极态度，认为政府补贴是对企业自有经费的补充，有利于缓解企业的融资约束，对创新活动具有促进作用。汤森路透社集团2014年发布的《中国的创新份额》报告指出，中国专利申请数量的激增，并非是中国研究人员的创新灵感突然翻倍的结果，而是政府专利发展战略和资助政策推动的结果（张杰和郑文平，2018）。然而也有学者提出了不同的意见，他们认为政府的创新补贴腐蚀了企业的创新动力，导致机会主义行为的产生（Dang & Motohashi，2015；Guan & Yam，2015；张杰等，2016），企业为了获得更多的创新补贴而进行利于“寻补贴”的策略性创新活动。

上述矛盾的研究结论启发学者从不同的角度解释不同经费来源对创新绩效的作用机制。Huang和Xu（1998）认为，不同来源的研发经费对企业研发活动有不同的监督和激励作用，由此会影响企业的研发行为。政府研发补助属于外部经费，自有创新经费属于内部经费。对企业而言，不同的经费来源其重要程度和使用去向皆有差异，但已有研究并未细致分析不同经费来源的异质性影响。弗里德曼说：“花自己的钱办自己的事，既讲节约，又讲效果；花别人的钱，办自己的事，只讲效果，不讲节约。”本章以创新经费来源为切入点，基于信号理论和心理账户理论探讨政府创新补贴和自有研发经费对企业不同创新战略的影响。从动机角度出发，学术界将企业的创新战略分为策略性创新和实质性创新（黎文靖和郑曼妮，2016）：策略性创新是指不以提高技术水平和创新质量为目的，通过追求创新“数量”和“速度”来迎合监督的创新策略，创新的技术含量较低；实质性创新是指以推动企业技术进步和获取竞争优势为目的的“高质量”创新行为，属于高技术水平的创新。

本章认为企业的自有创新经费和政府研发补贴都存在促进策略性创新的动机，但由于企业本质上是为了谋求竞争优势，因此两种来源的经费对实质性创新绩效的影响将大于策略性创新。另外，政府经费还可能挤出自有创新经费对实质性创新的作用。本章采用中国上市公司 2010~2017 年面板数据为样本对假设进行了检验，结果表明：第一，企业自有创新经费和政府研发补贴无论对策略性创新还是实质性创新都具有显著促进作用。从回归系数的 Suest 检验来看，相比于策略性创新，自有创新经费和政府的研发补贴更大程度上促进了实质性创新。第二，政府研发补贴对企业自有创新经费的使用效果产生一定的挤出作用。第三，在竞争程度激烈的行业，政府研发补贴刺激自有创新经费做策略性创新的现象相对更少。

本章的其他部分安排如下：第二部分为理论发展与假设，论述了相关理论并提出假设；第三部分为实证设计，给出了变量的定义和测量方法；第四部分为实证结果及分析，对假设进行了检验并对结果做了稳健性分析；第五部分为结论与讨论，提出了本章的研究结论和贡献，指出了本章研究的不足之处。

## 二、理论发展与假设

### （一）创新经费来源的特点和创新战略的类型

不同来源的企业研发资金在使用时具有不同的限制和特点（梁莱歆等，2009）。自有创新经费具有灵活性强、约束条件少等特点。企业对于自有经费的使用方向具有较大的自主权，因而企业的大量研发活动会依赖内源经费（唐清泉和徐欣，2010）。政府研发补助是政府为鼓励创新而提供给企业的经费支持，是企业重要的外部创新资源（林洲钰等，2015）。由于创新的高风险性、高转换成本以及正外部性，各国政府常常利用“有形的手”对市场失灵进行干预（David et al.，2000），通过发放补贴等形式鼓励企业积极创新。但是政府的补贴并不是普惠性发放，政府为了提高其补贴经费对企业创新效果的促进作用，常常对申请补贴的企业进行严格筛选和甄别，择优补贴。而鉴于政府补贴通常具有无偿性质，企业往往积极争取这类补充性的外部创新资源。

在创新战略的类型研究中，从创新的目的出发，Benner 和 Tushman（2003）根据双元性创新理论将创新分为探索式创新和利用式创新；从创新的方式从发，Chesbrough（2003）将创新划分为开放式创新和封闭式创新；从创新的强度出发，Christensen（2013）将创新分为渐进式创新和突破式创新；从创新动机出发，黎文婧和郑曼尼（2016）将企业创新战略分为策略性创新和实质性创新战略。

### （二）创新经费来源与企业创新战略选择

作为一种外部经费来源，政府创新补贴在一定程度上能够作为企业自有经费的补充，缓解企业在科研中的资金压力。对于这种免费的外部资源，企业容易产生“投机”行为。企业进行策略性创新的动机有两个：第一，相比于实质性创新，策略性创新具有“多快好省”的特点，更容易在短期内向政府释放大量的创新信号。出于“寻补助”的动机，企业通常会将得到的部分政府补助投入策略性创新中并发出“以量示好”的信号，同时还向政府表明研发补助被用在了“正途”而没有被挪作他用。第二，根据心理账户理论，账户体系存在违背简单经济法则的心理运算规则，从而产生非理性的决策行为（Thaler，1985）。相对于自有经费，在使用政府补助这种具备“免费午餐”性质的经费进行创新时，企业做策略性创新的心理压力较小，因此把这笔资金用在追求功利目的的投资上，企业也更加“心安理得”。

然而，政府的补助虽然会被用于策略性创新，但是本质上企业仍更倾向于做实质性创新，原因有以下两个方面：

第一，从政府的监管和经费使用的强制性来说：首先，大部分政府的钱需要专款专用，不具备很强的灵活性。研发项目申请政府补助时，一般明确规定了经费的用途和额度。并且，实务中企业获得的指定用途的补助通常要履行附带条件，如政府对某建设项目拨款，要求该项目达到具体的验收标准等。因此，由于补贴的相关制度规定，政府的研发补贴大部分必须专款专用到促进企业的实质性创新上。其次，部分政府补助要求企业取得创新产出成果后方给予补助。2013年11月起实施的《国家科技计划及专项资金后补助管理规定》明确规定，事前立项、事后补助的政策要求企业先行投入资金，取得相应成果或服务绩效，按规定程序通过立项、验收后，政府再给予资金补助。在这种情况下，企业为了获得政府的补贴必须从事实质性创新活动。再次，尽管政府补助是无偿的，但如果创新经费没有被妥善管理和利用，企业也需要承担对应的风险和惩罚。2018 年 11 月，由政府 41 个部门联合印发的《关于对科研领域相关失信责任主体实施联合惩戒的合作备忘录》明确提出了惩罚措施和实施方式。例如，项目验收不合格将导致企业被拉入黑名单，成为失信名单中的一员而无法获得补贴，甚至被收回已发放的补助。最后，由于研发活动的公共性、外部性和不确定性（Arrow，1971），对于高风险的研发项目，在没有政府补助的情况下，企业不愿意进行投资。因此，政府补贴在某种程度上起到保障高风险的实质性创新项目顺利开展的作用。

第二，从企业的自主性来说，获得政府补助代表企业得到了政府的认可，在某种程度上激发了企业的自信心和荣誉感，推动企业自觉地进行实质性创新研发。事实上，我国很多企业面临着缺乏自主创新信念的困境，不敢创新，不愿创新（顾远东和彭纪生，2011），而政府的补助恰好能够作为“强心剂”鼓励企业进行创新活动，打消企业的顾虑。

基于以上论述，本章提出以下假设：

H1：政府补贴会促进策略性创新和实质性创新，但是对实质性创新的促进作用更强烈。

不同于政府补贴，自有研发经费的使用方向和投入程度完全由企业把握。一方面，基于心理账户理论，相对于别人的钱，企业更愿意将自己的钱用在产出效率高、回报收益好的事情上。实质性创新的成果不仅能够为企业带来长期的正向收益，还是衡量企业真实创新能力的重要指标。因此，从未来的长远收益来看，企业有强烈的动机把自有经费投入到实质性创新活动中。另一方面，实质性创新是企业赢得市场地位和核心竞争力的关键。把创新产品推向市场并获得认可才是企业最终要达到的目的（李文茜和刘益，2017），而稳健且可持续的研发产品往往是吸引和维系客户的重要标准。因此，企业有动力为了争取客户和市场进行实质性创新。

然而，对于理性的企业来说，把所有自有经费投入到高风险、长周期的实质性创新中是不理性的，这对企业维持短期内的运营和发展来说是巨大的挑战。策略性创新恰好能弥补实质性创新给企业带来的风险。首先，策略性创新属于创新成果的一种呈现形式，可以部分反映企业的创新能力。其次，企业能够通过策略性创新活动，快速产出创新成果（Tong et al.，2014），并释放创新信号，博取政府好感，为获得更多的政治资源做铺垫。因此，企业在一定程度上愿意用自有经费进行适当的策略性创新行为。

基于以上分析，本章提出以下假设：

H2：自有创新经费会促进策略性创新和实质性创新，但是对实质性创新的促进作用更强烈。

### （三）政府研发补贴对自有创新经费的调节作用

自己的钱（自有研发经费）与别人的钱（政府研发补贴）同时存在于企业中，两者会发生交互作用。政府补贴的特点和作用机制对自有创新经费的实质性创新效果将产生抑制作用，理由如下：

第一，中国政府创新补贴往往遵循“扶优扶强”和产业导向原则，即政府重点支持在技术创新、创造税收和就业等方面效率更高的企业（魏志华等，2015；苑德宇等，2018）。在某种程度上，政府的专项创新经费缓解了企业创新经费短缺的难题（张洪辉，2015），为企业的技术突破和难点攻关提供了经费方面的保障，省去了原本自有科研经费的投入，但同时也替代了企业自有经费在实质性创新活动中的价值。

第二，虽然政府创新补贴能够矫正市场失灵，提高企业研发投入水平，但由于在实践中政府无法准确划清公共决策与市场决策的边界（彭宜新，2009），难以保证资源的最优配置。将补贴发给哪些企业？作为资金提供方，政府虽然会对资助项目提前进行资质考察，但这无法避免优先将补贴给予释放创新信号更强烈的企业（Spence，2002）。这样一方面能减少更多不必要的调研成本，把更多有限的资金投入到有利于促进企业创新的活动中；另一方面能够降低投资风险、提高经费的产出效益。因此，企业为了释放强烈的创新信号，争取拿到政府补贴，有动机将自有经费投入策略性创新中，快速地增加创新数量，使自己具备强烈的创新信号以满足政府资助的要求（康志勇，2018）。

基于以上论述，提出如下假设：

H3：政府补助越多，越会抑制自有经费对实质性创新的促进作用，反而会促进企业利用自有经费进行策略性创新。

### （四）行业竞争的三阶调节作用

行业竞争程度不仅影响着企业的存活与发展，还是影响政府宏观政策的重要因素。当行业竞争程度较弱时，政府创新经费的作用会更强。一方面，竞争程度较弱的行业中的企业由于资金雄厚、市场地位较高，能够把持产业发展方向，对政府的影响力更强，在与政府的对话中更有话语权，因此更加容易获得政府的创新补贴。例如，中国半导体行业上市公司京东方在地方以股权投资的方式获得大量的政府补助（步丹璐和黄杰，2013），甚至通过无效率投资来寻租扭亏。另一方面，市场竞争程度较弱的行业中的企业对政府的依赖程度更高。政府作为其关键的资源来源，政府的创新补贴甚至能够对企业的经营和创新活动产生直接的影响（肖文和林高榜，2014），因此，政府创新补贴发挥的作用将会更大。相反，当行业竞争程度较强时，市场在创新和企业经营中发挥主导作用（康志勇，2018），政府对企业的影响力较小，因此，政府补贴的作用效果明显减弱。

根据假设3的结论，政府补贴越多，对自有经费进行实质性创新的替代作用越明显，而对自有经费进行策略性创新的促进效果越强烈。

基于以上分析，提出如下假设：

H4：相比于竞争程度较强的行业，市场竞争程度越弱的行业，政府补贴对自有经费进行策略性创新的促进作用和自有经费进行实质性创新的抑制作用越强。

## 三、实证设计

### （一）样本选择和数据来源

实证研究的样本选自我国2010~2017年沪深A股上市企业的面板数据样本，并按如下规则进行筛选：①剔除金融、保险类上市公司。②删除ST、*ST和资产重组等以及退市的公司。③去除相关信息缺失的公司。经过几轮处理，最终一共获得218家公司的数据，样本量为1007个。其中，制造业行业样本量最多，占49.34%；信息传输、软件和信息技术服务业次之，占20.68%；建筑业排第三，占9.31%；剩余行业样本量共占20.67%。本章所有的数据均来自CSMAR数据库，其中，研发支出数据来自上市公司研发创新研究数据库；专利数据来自上市公司与子公司专利数据库；财务数据来自上市公司财务报表。

### （二）变量与测量

1. 被解释变量——创新战略类型

本章借鉴黎文靖和郑曼尼（2016）的划分标准和测量方法，将创新战略分为策略性创新（Tactic）战略和实质性创新（Sub）战略，并以发明专利申请数来衡量实质性创新，以实用新型专利和外观设计专利申请数来衡量策略性创新。为了去除异常值对实验结果的影响，在数据处理中对发明专利数和非发明专利数的两端做了1%和99%的断尾处理，再加1取自然对数。

2. 解释变量——创新经费来源

政府是企业重要的创新经费来源，引导资金的投入和使用方向（孙玉涛和刘凤朝，2012）。自有创新经费则是企业研发投入的主要经费来源，企业对自有创

新经费的使用情况反映了企业对创新的重视程度。本章参考何玉润等（2015）、王俊（2010）的研究，采用上市公司年度财务报表披露的研发投入金额的对数来测量企业自有研发经费支出（Own），采用企业所获政府补助投入的对数来测量政府补助（Gov）。

3. 调节变量——行业竞争程度（HHI）

参考李连燕（2017）、沈健叶（2016）的研究，本章采用赫芬达尔—赫希曼指数（HHI）来衡量行业竞争程度，即：

$$HHI = \sum_{i=1}^{n} (x_i/x)^2，其中\ x = \sum x_i$$

其中，$x_i$ 表示 i 企业的资产总额，x 表示企业所在行业的资产规模。HHI 越小，表示企业所在的行业规模相近的企业数量越多，也就意味着行业竞争程度越激烈；反之则表示行业竞争程度越不激烈。

4. 控制变量

为排除第三变量对所研究变量的因果关系的影响，本章借鉴已有研究设置控制变量。控制变量的度量方法和预期结果如表 9-1 所示。

**表 9-1　控制变量定义与说明**

| 变量名称 | 测量符号 | 变量度量 | 相关研究 |
|---|---|---|---|
| 资产收益率 | ROA | 净利润/总资产余额 | 孙光国等（2015） |
| 企业规模 | Firm size | 营业收入取对数 | 邹国平等（2015） |
| 资产负债率 | Lev | 总负债/总资产 | Tong et al.（2014） |
| 企业成长年龄 | Age | 公司已成立年份取对数 | 周煊等（2012） |
| 流动比率 | Liquidity | 流动资产/流动负债 | 黎文靖和郑曼妮（2016） |
| 股权集中度 | Top10 | 前十大股东持股数/总股数 | 吕新军（2015） |
| 年份 | Year dummy | 专利申请发生在 2010~2017 年，设置以 2017 年为基期的虚拟变量 | Kang 和 Kim（2008） |
| 行业虚拟变量 | Industry dummy | 根据证监会行业分类一门类行业设置虚拟变量 | 王砚羽等（2014） |
| 股权性质 | Equity dummy | 根据企业第一大股东股权性质设置虚拟变量 | 王斌和宋春霞（2015） |

## 四、实证结果及分析

### （一）描述性统计及相关系数矩阵

表 9-2 列出了研究变量的均值、标准差、VIF 和相关系数矩阵，通过表中数据可以看出，各控制变量之间的相关系数较小，且经过检验发现方差膨胀因子（VIF）值均小于 10，说明变量间不存在严重的多重共线性。本章的假设在相关系数矩阵内初步得到了验证：自有创新经费和政府补助与企业的创新行为存在显著正相关关系，假设 1 得到一定程度的支持；流动速率、资产负债率、企业规模与企业创新战略选择之间显著相关，说明在回归模型中加入上述控制变量是必要的。经过 Hausman 检验，本章选择固定效应模型进行面板回归。

### （二）内外部创新经费来源对企业战略选择的影响

表 9-3 给出了自有创新经费、政府研发补贴和其他控制变量对企业创新战略选择的固定效应面板回归结果。模型 1 和模型 2 分别是策略性创新和实质性创新为因变量，检验了控制变量、年份、行业和企业股权性质哑变量对企业创新战略选择的影响，方向与预期一致。

模型 3 和模型 4 将政府补助和自有创新经费引入基准模型，从表中可以看出，自有创新经费显著地正向影响实质性创新和策略性创新，说明自有创新经费越多，企业会更多地进行实质性和策略性创新（p=0.00）。同时模型 3 和模型 4 的结果也表明，政府补助越多，企业进行实质性创新和策略性创新行为越多。通过表 9-3 回归系数的 Suest 检验来看，相比于策略性创新，政府研发补贴和自有创新经费都更多地促进了实质性创新。由此假设 1 和假设 2 得到了验证。

### （三）调节作用检验

表 9-4 给出了以政府研发补贴为二阶调节以及以行业竞争激烈程度（HHI）为三阶调节的调节效应结果。从表 9-4 来看，模型 5 和模型 6 表明政府研发补助只对自有经费促进策略性创新在 5%的水平上有显著调节作用，因此假设 3 得到了部分验证。模型 7 加入行业竞争激烈程度系数（HHI）的交叉项为三阶调节变量，交叉项回归系数（t=1.67）在 10%的水平上显著为正，表明行业的竞争程度越弱，政府创新补助对自有经费进行策略性创新的促进作用越强，而模型 8 对

表 9-2　描述性统计和相关系数

| 变量 | 均值 | 方差 | VIF | 1 | 2 | 3 | 4 | 5 | 6 | 7 | 8 | 9 | 10 | 11 |
|---|---|---|---|---|---|---|---|---|---|---|---|---|---|---|
| 策略性 | 2. 719 | 1. 860 | 1. 59 | 1 | | | | | | | | | | |
| 实质性 | 2. 925 | 1. 719 | 1. 98 | 0. 573*** | 1 | | | | | | | | | |
| 自有经费 | 1. 833 | 0. 147 | 1. 94 | 0. 446*** | 0. 591*** | 1 | | | | | | | | |
| 政府补助 | 1. 680 | 0. 191 | 1. 57 | 0. 358*** | 0. 473*** | 0. 503*** | 1 | | | | | | | |
| 行业竞争 | 0. 006 | 0. 026 | 1. 02 | -0. 029*** | -0. 058*** | -0. 081*** | -0. 005 | 1 | | | | | | |
| 资产收益率 | 0. 048 | 0. 043 | 1. 35 | -0. 032*** | 0. 027*** | 0. 068*** | -0. 012 | -0. 002 | 1 | | | | | |
| 企业年龄 | 2. 806 | 0. 284 | 1. 07 | 0. 009 | 0. 032*** | 0. 021** | 0. 082*** | 0. 005 | -0. 076*** | 1 | | | | |
| 流动速率 | 3. 793 | 7. 321 | 1. 36 | -0. 173*** | -0. 117*** | -0. 157*** | -0. 168*** | -0. 022** | 0. 193*** | -0. 106*** | 1 | | | |
| 资产负债率 | 0. 392 | 0. 216 | 1. 87 | 0. 270*** | 0. 232*** | 0. 278*** | 0. 344*** | 0. 037*** | -0. 418*** | 0. 184*** | -0. 503*** | 1 | | |
| 企业规模 | 18. 378 | 2. 437 | 1. 36 | 0. 266*** | 0. 329*** | 0. 463*** | 0. 389*** | -0. 013 | 0. 064*** | 0. 082*** | 0. 266*** | 0. 228*** | 1 | |
| 股权集中度 | 0. 622 | 0. 145 | 1. 13 | 0. 028*** | -0. 044*** | -0. 027*** | -0. 022*** | 0. 045*** | 0. 258*** | -0. 198*** | 0. 142*** | -0. 175*** | -0. 033*** | 1 |

注：* 表示在 10%水平上显著；** 表示在 5%水平上显著；*** 表示在 1%水平上显著。

表 9-3 主效应回归结果

| 变量 | 模型 1 | 模型 2 | 模型 3 | 模型 4 | Suest |
|---|---|---|---|---|---|
| | DV=策略性 | DV=实质性 | DV=策略性 | DV=实质性 | 检验结果 |
| 自有经费 | | | 2.139***<br>(4.58) | 1.473***<br>(3.40) | 0.004*** |
| 政府补助 | | | 0.567**<br>(2.06) | 1.345***<br>(5.26) | 0.002*** |
| 行业竞争 | 0.058<br>(0.03) | -1.775<br>(-0.88) | 0.646<br>(0.30) | -1.936<br>(-0.98) | |
| 资产收益率 | -0.100<br>(-0.10) | -0.129<br>(-0.13) | -0.493<br>(-0.49) | -0.506<br>(-0.54) | |
| 流动速率 | -0.014**<br>(-2.00) | -0.001<br>(-0.12) | -0.014**<br>(-2.16) | -0.003<br>(-0.44) | |
| 资产负债率 | -0.142<br>(-0.39) | -0.718**<br>(-2.11) | -0.294<br>(-0.81) | -1.003***<br>(-2.99) | |
| 企业规模 | 0.091**<br>(2.15) | 0.184***<br>(4.64) | 0.0530<br>(1.24) | 0.131***<br>(3.33) | |
| 股权集中度 | 0.992**<br>(2.09) | 1.127**<br>(2.53) | 0.968**<br>(2.06) | 1.269***<br>(2.91) | |
| 股权性质 | Yes | Yes | Yes | Yes | |
| 年份 | Yes | Yes | Yes | Yes | |
| 行业 | Yes | Yes | Yes | Yes | |
| 常数项 | 0.219<br>(0.20) | -1.920*<br>(-1.89) | -3.772***<br>(-2.87) | -5.756***<br>(-4.72) | |
| 样本量 | 1007 | 1007 | 1007 | 1007 | |
| 企业数 | 218 | 218 | 218 | 218 | |
| F 值 | 7.81 | 7.08 | 8.53 | 8.61 | |
| Prob>F | 0.00 | 0.00 | 0.00 | 0.00 | |

注：括号内为 t 值；* 表示在 10%水平上显著；** 表示在 5%水平上显著；*** 表示在 1%水平上显著。

实质性创新的三阶调节作用不显著，假设 4 得到了部分验证。假设 3 和假设 4 的调节作用效果如图 9-1 和图 9-2 所示。

表 9-4　调节效应检验结果

| 变量 | 模型 5 | 模型 6 | 模型 7 | 模型 8 |
|---|---|---|---|---|
| | DV＝策略性 | DV＝实质性 | DV＝策略性 | DV＝实质性 |
| 自有经费 | 2.143*** (4.11) | 1.470*** (3.04) | 2.340*** (4.38) | 1.644*** (3.32) |
| 政府补助 | 0.569** (1.99) | 1.344*** (5.07) | 0.529* (1.85) | 1.308*** (4.92) |
| 政府补助×自有经费 | −0.029 (−0.02) | 0.022 (0.01) | 0.073 (0.05) | 0.113 (0.08) |
| 行业竞争×政府补助×自有经费 | | | −72.342* (−1.65) | −64.35 (−1.58) |
| 行业竞争 | 0.640 (0.30) | −1.931 (−0.96) | 0.657 (0.30) | −1.916 (−0.96) |
| 资产收益率 | −0.495 (−0.48) | −0.504 (−0.53) | −0.524 (−0.51) | −0.529 (−0.56) |
| 流动速率 | −0.014** (−2.16) | −0.003 (−0.44) | −0.014** (−2.14) | −0.003 (−0.42) |
| 资产负债率 | −0.295 (−0.81) | −1.003*** (−2.97) | −0.300 (−0.83) | −1.007*** (−2.99) |
| 企业规模 | 0.0530 (1.24) | 0.131*** (3.33) | 0.0500 (1.17) | 0.129*** (3.27) |
| 股权集中度 | 0.968** (2.05) | 1.269*** (2.89) | 0.931** (1.97) | 1.235*** (2.82) |
| 股权性质 | Yes | Yes | Yes | Yes |
| 年份 | Yes | Yes | Yes | Yes |
| 行业 | Yes | Yes | Yes | Yes |
| 常数项 | −3.781*** (−2.67) | −5.749*** (−4.38) | −4.110*** (−2.88) | −6.041*** (−4.56) |
| 样本量 | 1007 | 1007 | 1007 | 1007 |
| 企业数 | 218 | 218 | 218 | 218 |
| F 值 | 8.17 | 8.25 | 7.98 | 8.05 |
| Prob>F | 0.00 | 0.00 | 0.00 | 0.00 |

注：括号中为 t 值；* 表示在 10%水平上显著；** 表示在 5%水平上显著；*** 表示在 1%水平上显著。

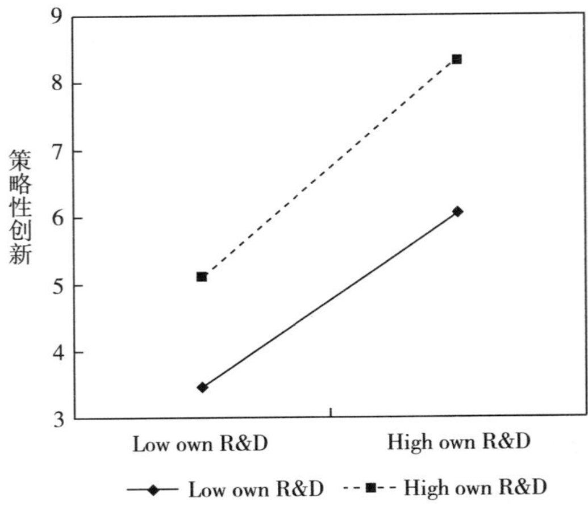


图 9-1 自有经费和政府经费交互作用

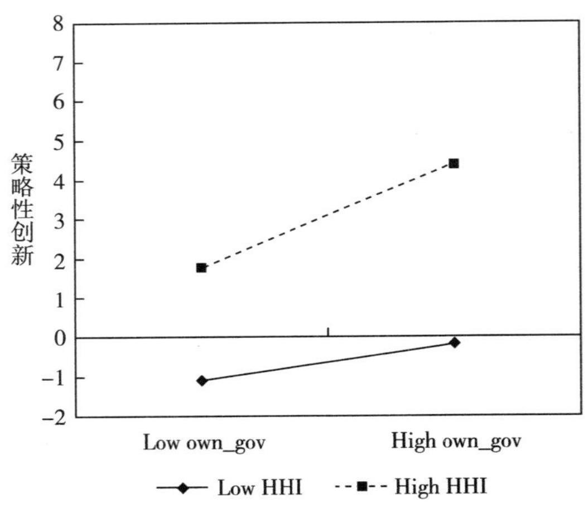


图 9-2 三阶的交互作用

### （四）稳健性检验

为验证结果的稳健性，本章对不同规模和地区的样本进行异质性检验。通过找出企业规模的中位数将企业划分为大规模企业和小规模企业，表 9-5 显示，政府研发补贴和自有创新经费都会促进企业的策略性创新，但是都更倾向于促进企业的实质性创新，与主效应回归结论一致，表明企业规模并不会影响结论的稳定性。

**表 9-5　企业规模稳健性检验结果**

| 变量 | 大规模 | | Suest 检验结果 | 小规模 | | Suest 检验结果 |
|---|---|---|---|---|---|---|
| | 模型 9 | 模型 10 | | 模型 11 | 模型 12 | |
| | DV=策略性 | DV=实质性 | | DV=策略性 | DV=实质性 | |
| 自有经费 | 2.727***<br>(14.81) | 3.438***<br>(21.33) | 0.053* | 2.414***<br>(12.19) | 3.338***<br>(19.35) | 0.005*** |
| 政府补助 | 0.730***<br>(5.70) | 1.142***<br>(9.99) | 0.040** | 0.665***<br>(5.64) | 1.038***<br>(9.55) | 0.026** |
| 控制变量 | Yes | Yes | | Yes | Yes | |
| 样本量 | 5385 | 5385 | | 5630 | 5630 | |
| 企业数 | 1416 | 1416 | | 1619 | 1619 | |
| F 值 | 895.60 | 1453.15 | | 661.39 | 1100.92 | |
| Prob>F | 0.00 | 0.00 | | 0.00 | 0.00 | |

注：括号内为 t 值；*表示在 10%水平上显著；**表示在 5%水平上显著；***表示在 1%水平上显著。

在样本选择方面，本章在前述回归中只保留了因变量专利数量大于 0 的样本，导致被解释变量可能存在样本选择性偏差。为了克服选择性偏差，本章进行了 Heckman 检验。参考 Heckman（1979）和陈云松（2012）的研究，Heckman 检验分为以下两个阶段：第一阶段的模型是一个包括全样本的 Probit 模型，用来估计企业是否产出了专利，其中，0 表示没有专利，1 表示有专利。根据 Probit 模型可以为每一个样本计算出逆米尔斯比率（Inverse Mills Ratio），用于修正样本选择的偏差值。第二阶段通过引入第一阶段的逆米尔斯比率矫正企业创新战略样本选择性偏差的影响因素。从表 9-6 的回归结果可以看出，第二阶段中的逆米尔斯比率是显著的，说明考虑了样本选择性偏差之后，所得结论依然稳健。

**表 9-6　Heckman 回归结果**

| 变量 | 模型 11 | 模型 12 | 模型 13 |
|---|---|---|---|
| | DV=是否有专利 | DV=策略性 | DV=实质性 |
| 自有经费 | | 3.414***<br>(18.85) | 4.135***<br>(23.29) |
| 政府补助 | | 0.871***<br>(8.82) | 1.191***<br>(13.43) |

续表

| 变量 | 模型 11 | 模型 12 | 模型 13 |
|---|---|---|---|
| | DV=是否有专利 | DV=策略性 | DV=实质性 |
| 行业竞争 | -4.129*** (-6.58) | -6.169*** (-3.31) | -6.963*** (-4.37) |
| 资产收益率 | 0.519** (2.21) | 0.069 (0.21) | 0.231 (0.85) |
| 企业成长年龄 | -0.762*** (-18.99) | -0.974*** (-4.13) | -0.959*** (-5.02) |
| 流动速率 | -0.010*** (-4.27) | -0.017*** (-4.12) | -0.013*** (-3.79) |
| 资产负债率 | -0.687*** (-11.74) | -0.255 (-1.06) | -0.613*** (-3.07) |
| 企业规模 | 0.086*** (24.84) | 0.192*** (5.19) | 0.183*** (5.96) |
| 股权集中度 | 0.013 (0.18) | 0.104 (0.84) | -0.392*** (-3.51) |
| IMR | | 2.708*** (4.00) | 2.814*** (5.08) |
| 常数项 | 1.742*** (11.36) | -6.526*** (-15.72) | -8.043*** (-23.11) |
| 样本量 | 19324 | 12045 | 12045 |

注：①括号内为 t 值；* 表示在 10%水平上显著；** 表示在 5%水平上显著；*** 表示在 1%水平上显著。②第一阶段的工具变量为企业股权性质（模型 11），回归结果显著（t=1.83）。

# 五、结论与讨论

## （一）研究结论

针对创新经费来源对企业创新战略选择的影响，本章基于信号理论和心理账户，通过分析 2010~2017 年上市公司获得的政府研发补助和自有创新经费投入情况，研究了这两种来源的研发经费对企业创新战略选择的影响，得到以下结论：

第一，企业自有创新经费和政府研发补助无论对策略性创新还是对实质性创新都具有显著促进作用。回归系数的 Suest 检验来看，相比于策略性创新，自有创新经费和政府的研发补助更多地促进了实质性创新。结果表明，政府的研发补助对企业的创新产出存在积极的影响，有利于提高社会的整体创新水平。这一结论呼应了已有研究中对创新投入提高企业创新能力的论断（Wang，2018）

第二，从政府补贴与企业自有经费的交互作用来看，政府研发补助对企业自有创新经费用于策略性创新产生了促进作用，而对自有创新经费用于实质性创新的影响不显著。这一结果从信号理论视角验证了政府研发补贴腐蚀了企业的创新活动。为了迎合政府的补助要求，企业将研发经费投入到投机性质的策略性创新中，揭示了企业为了追求数量而进行寻补贴的动机，与部分学者的研究结论相呼应（黎文靖和郑曼妮，2016）。然而政府补贴并没有对企业研发经费从事实质性创新带来影响，一方面实质性创新高风险、长周期的特点使企业不会轻易改变已有的技术投资惯性；另一方面当今企业已经清醒地认识到实质性创新对企业核心竞争力的作用，因此依靠“自己的钱”比依靠“别人的钱”更加可靠。

第三，在市场竞争程度较弱的行业中，政府研发补助刺激自有创新经费做策略性创新的现象更加突出。

### （二）管理启示

本章研究表明，政府的研发补贴能够有效地促进企业的实质性创新，但是仍然在一定程度上影响了企业自有创新经费的使用方向。政府与企业关系的协调是创新体系结构优化的基础（步丹璐和黄杰，2013）。针对现状，本章提出以下几点启示：

第一，改变现有扶持政策简单的评判标准，从需求的角度建立对创新产出的引导政策。面对复杂的市场背景，政府在出台扶持方案前，应该注重对行业发展真实性的考察，为不同发展程度的行业“量身打造”符合其发展需求的政策，提高政策实施的有效性，减少由于信息不对称造成的“逆向选择”问题的产生。

第二，强化政府对企业创新信号的甄别机制，加强研发补贴使用去向透明化。目前政府常用的扶持政策主要有研发补贴、税收减免、政府采购等，其中，研发补贴是最常用的促进企业进行创新活动的关键手段。原本是为了补贴企业研发费用，政府补贴却常被企业视为“免费的午餐”。本章的研究表明，企业可能通过向政府传递虚假的“创新类型”信号，如大量进行策略性创新“以次充好”来获取补贴。造成这样不良现象的根本原因在于我国政府补贴审查和监督机制存在一定缺陷，传统制度对补贴发放的要求只注重企业的外在创新产出，没有健全的甄别真假创新信号的机制，对企业创新补贴经费具体使用的来龙去脉也没有完善的监察制度。因此，对于信号的鉴别和筛选有利于政策的落地和实施，减小政策目标与实际结果的差距。

第三，完善市场竞争机制，消除对补贴的低效利用。自主创新型中小型企业基本包揽了具有革命性突破的创新活动（陆国庆等，2014），活跃地开展创新活动的企业竞争程度更高。这类企业的创新意愿强烈，对政府补贴经费的使用效率很高，在极大程度上促进着市场经济的发展。本章研究发现，处于低竞争程度的行业中的企业的策略性行为更强，非常不利于进行有效创新。良性竞争是促进企业积极创新必不可少的条件，为此，政府应该为企业营造良好的竞争环境。

### （三）研究贡献

本章的贡献为：第一，贡献于创新政策已有研究结论。本章从创新战略（策略性创新 VS 实质性创新）的角度剖析了已有研究中创新政策效果不一致结论产生的内在机制。现有研究认为创新政策对企业创新有激励作用（Romero-Martínez et al.，2010；陈玲和杨文辉，2016；Choi & Lee，2017），同样也有腐蚀作用（Dang & Motohashi，2015；Guan & Yam，2015；张杰等，2016）。本章认为出现这样矛盾的结论是因为已有研究没有细致划分创新战略类型。本章通过划分策略性创新和实质性创新，厘清了已有研究中存在的矛盾结论，认为政府研发补贴既有对策略性创新的腐蚀作用，也有对实质性创新的激励作用，但是归根到底还是更加有利于对实质性创新的激励。第二，贡献于创新经费来源的已有研究。本章从内外创新资源及其交互的视角分析了企业在使用不同资源时的不同动机，已有研究较少基于内外资源的对比来分析创新经费来源的作用。本章的结论认为不同经费来源对于企业进行策略性创新和实质性创新具有不同的作用机制，并且政府经费虽然在某种程度上刺激了企业自有研发经费进行策略性创新，但是对自有研发经费进行实质性创新并没有干扰作用。这一结论在市场竞争程度较低的行业中的作用效果更加明显。第三，本章的研究结论为政府创新政策和创新经费的布局提供了一定的理论借鉴。

### （四）研究局限和未来方向

本章的局限和未来的研究方向有：①研发经费的来源主要有自有研发经费、政府补贴、金融机构贷款、吸收外部投资、股权融资等渠道，受数据的限制，本章只研究了自有研发经费和政府补助这两种来源的研发经费对企业创新战略的影响。往后的研究可以针对多种研发经费来源，探究多样的研发经费对企业战略抉择的影响。②由于收集的数据有限，本章没有对行业进行细分，研究不同行业间竞争程度对企业创新偏好的实际作用。未来可以对行业竞争程度做深入细分，探究具体的行业区别对企业创新战略选择的影响。

# 第十章　税收优惠与政府补贴对创新质量的影响

## 一、引言

2018年初爆发的中兴"缺芯"事件，为中国企业创新再一次敲响了警钟。中国企业要实现转型升级和真正的赶超，必须要有可靠的技术支持。没有自己的技术、专利、品牌，没有源源不断的技术来源，企业将始终处于价值链的被动地位。因此，增强企业创新能力，又一次成为企业面临的迫切且重要的使命。然而创新毕竟是"厚积薄发"的过程（陈清泰，2006），具有高投入、高风险、长周期的特点。新古典经济学的创新理论认为，创新具有外部性，企业尽管承担了创新的全部成本，但是却难以阻止技术的外溢，企业从创新中获得的收益低于其投入（邢斐和王红建，2018），从而导致企业创新投入动力不足。

此时，政府通过创新政策有效地干预创新活动，是解决市场失灵和企业创新不足的重要补充机制。政府的补贴或税收优惠等政策干预，可以降低企业的研发成本（Hall，2002），使企业有额外的资源投入到那些在无资助情况下不会投入的研发项目（Wallsten，2000；Tokila et al.，2008），从而促进基础研发或核心技术的开发投入。同时，政府补贴对企业可能会产生"成本缩减效应"或"融资效应（王军和黄凌云，2017），缓解企业从事研发活动的机会成本压力，分散融资所带来的经营风险。但是不可忽视的是，已有研究中也存在不少文献关注到政府干预对企业创新活动的消极作用。例如，Blanes 和 Busom（2004）认为，政府补贴可能会扭曲创新投入要素的价格，甚至有些企业为了获得补贴项目而进行寻租。同时政府补贴可能会对企业正常的研发支出产生挤出效应，使企业按照政府的偏好进行研发布局，实施"策略性创新"（黎文靖和郑曼妮，2016），而忽略了企业真正的需求。

已有研究对于创新政策的作用效果产生了矛盾的结论，其原因可能是没有对创新政策的类型做进一步细分。李燕等（2016）认为已有研究创新政策作用效果的文献，往往把创新政策作为一个整体，缺乏对政策内部差异性的分析。并且在实证检验中发现，不同类型的政策在不同的作用时期产生不同的作用效果。科技政策领域的研究学者已经对创新政策的类型做了细致的划分。Rothwell（1985）从政策工具角度提出了供给型政策、需求型政策和环境型政策三种创新政策。Nag 等（2007）根据政策目标的不同，将创新政策分为紧迫型、强制型和一般型。Rahmandad 和 Sterman（2008）从政策演化的视角将创新政策分为短期政策、中期政策和长期政策。Ergas（1987）将政策目标分解为任务导向型和扩散导向型，分别对应推动知识创造和知识传播的目标。Borrás 和 Edquist（2013）将政策工具划分为规制工具、经济转移工具和软性工具。基于中国的创新政策，赵筱媛和苏竣（2007）、苏竣等（2012）结合 Rothwell（1985）的思想，将创新政策分为供给型、环境型和需求型。其中，供给型表现为政策的推动力，政府通过人才、技术、资金、公共服务等支持直接扩大技术的供给。环境型表现为政策对科技活动的影响力，政府的主要政策手段包括目标规划、金融支持、法规规范、产权保护、税收优惠等政策，从而间接影响并促进科技创新和新产品开发。需求型通过政府采购、贸易政策、用户补贴、应用示范、价格指导等措施减少市场的不确定性，积极开拓并稳定新技术应用的市场。因此，对不同类型创新政策异质性效果的分析将成为解开当前研究结论不一致的问题的关键契机。

本部分将基于这一研究机会，探讨供给型创新政策和环境型创新政策对企业创新质量的影响。供给型创新政策聚焦于政府的直接 R&D 补贴，环境型创新政策关注税收优惠。本书认为，作为一种事前激励，直接 R&D 补贴充实了企业的现金流，受政府部门的主导程度较高，更有可能诱使相对价格扭曲，削弱价格信号的调控功能，阻碍企业的创新产出；而税收优惠是一种相对稳定的规范，能给企业稳定的预期，企业更加倾向于提前预算创新投入，进而能够促进企业高质量创新的产出。本章采用 505 家创新型试点企业 2011~2013 年专利申请数据作为样本，利用随机效应面板泊松模型对假设进行了验证。结论表明，税收优惠对整体创新效果和高质量创新具有促进作用，而政府直接的 R&D 补贴对创新具有挤出作用。同时验证了政府政策和企业技术能力的交互作用，研究结果发现，在技术能力较强的企业中，政府创新政策对高质量创新的影响更弱。

本章研究可能具有以下贡献：第一，丰富了已有的研究结论。转型背景下的中国，政府创新政策是对知识产权保护缺位的一种补偿机制（张杰等，2015），然而政策作用的效果却是不确定的。本章从政策类型的角度出发，细分了不同政策的异质性效果，验证了直接补贴的“挤出”效应和间接税收政策的“挤入”效应，这

些发现为理解中国的政府创新政策的合理性和局限性提供了文献支持。第二，寻找了交互作用，扩展了理论边界。对于高技术水平的企业来说，税收优惠对高质量创新产出的作用受到削弱；而对于低技术水平的企业来说，创新效果作用获得强化。以企业技术水平为切入点，寻找到了政策作用的内部机制，为政府寻找合适的政策作用对象提供了参考。第三，鲜有文献关注，中国情境下政府资助政策对专利质量造成的影响。基于张杰和郑文平（2018）及许昊等（2017）的研究，本章区分高质量创新绩效和低质量创新绩效，寻找企业不同创新动机的政策动力因素。

本章其他部分安排如下：第二部分为理论发展与假设，基于文献分析和产业实践提出了研究假设；第三部分为研究方法，介绍了数据来源及研究方法；第四部分为实证结果，给出了实证分析的结果；第五部分为结论与讨论，总结了研究结论并指出了研究意义。

## 二、理论发展与假设

### （一）税收优惠对创新效果及创新质量的影响

税收优惠是国家通过采取与现行税制基本结构相背离的税收制度给予纳税人的各种优惠性税收待遇，以减轻其税负压力，达到间接补贴的目的（柳光强，2016）。我国政府对于企业的技术创新给予了大量的税收优惠。例如，目前我国对经过国家认定的高新技术企业实行15%的企业所得税率，一般企业的所得税为25%（李维安等，2016）。作为一种政府支出形式，税收优惠是一种事后激励，政府通过税收政策使企业保留一部分利润。相比于其他政策方式，税收优惠政策对于企业来说自主性较强（柳光强等，2015）。税收优惠需要通过企业运营才能实现税收减免，是企业的一种期望收益，因此税收优惠的寻租风险较低，多数学者推崇采用税收优惠的方式补偿创新的市场外部性（Lin，2009；Lin & Monga，2011）。

从研发投入角度来看，技术创新的税收优惠有利于企业的研发投入和创新绩效的提升。Yang 等（2012）对我国台湾地区 2001~2005 年制造业上市公司的研究表明，政府在研发领域的税收优惠对企业的研发投入具有一定的补偿作用。戴晨和刘怡（2008）也认为，税收优惠比政府补贴更能促进 R&D 投资。而研发投入的增加将直接导致企业创新绩效的提升，促使企业专利申请量增加。从创新效率角度来看，Cappelen 等（2012）研究了挪威研发费用加计扣除政策（Skatte FUNN）对企业创新产出的影响，结果发现，税收优惠对企业创新产出具有积极的作用。张俊瑞等（2016）基于中国企业样本，采用随机前沿分析方法发现，研发费用加计扣除政策能够显著提高高新技术企业的创新效率。基于此提出以下假设：

H1a：企业享受的政府税收优惠越多，专利申请数量越多。

我们进一步详细剖析不同创新质量水平受到税收优惠政策的影响。高质量创新产出（如发明专利）往往需要更加充实的资金基础、技术能力较强的研发团队、风险承担倾向较高的领导者、较长周期的专有资产投资。一方面，税收优惠政策作为一种事后激励，企业的可控性较强（柳光强等，2015），企业能够通过持续的研发活动和由此带来的创新绩效保证一定的税收优惠来源，而税收优惠又进一步补充了企业的经营资金，维系持续的研发投入。两者是相辅相成、互相促进的关系。而在这一链条中，高质量产出是维系此良性循环的重要因素。另一方面，相比于其他政策手段，税收优惠方式的政府主导作用不明显，企业能否获得税收优惠，关键取决于市场机制下自发形成的企业创新绩效，因此，企业有动力将经营的注意力放在争取创新绩效的提升中，而投资于高质量的创新产出是促进企业获得政策优惠的重要推力。因此，税收优惠对高质量创新产出具有促进作用，据此提出以下假设：

H1b：企业享受的政府税收优惠越多，企业越倾向于高质量创新产出而非低质量创新产出。

### （二）财政直接补贴对创新效果及创新质量的影响

财政直接补贴是指国家和地方政府运用财政政策对某些特定对象、群体或者组织机构提供财政捐助以及收入、价格等支持（王军和黄凌云，2017）。政府补贴属于事前激励，表现为政府向微观市场主体直接提供现金流，增加企业的收入和利润（柳光强，2016）。因此政府 R&D 补贴与企业经营情况无关，补贴收入是确定的。获得政府的 R&D 补贴对于企业来说具有直接的经济刺激。但是政府 R&D 补贴受政府意愿的影响比较强烈，而政府往往对微观主体的创新方向并不完全了解，存在信息不对称，因此，“拿补贴”和“发补贴”之间的不匹配往往使企业主动迎合政府的需要，而牺牲企业自身创新能力建设的真正需求。对于创新型企业来说，政府直接 R&D 补贴可能会产生以下消极后果：

第一，政府补贴的进入会扭曲创新投入要素的价格，甚至有些企业将补贴项目列为创收项目进行寻租（Blanes & Busom，2004）。在制度尚不完善的转型时期，地方政府拥有企业所需要的经济资源和行政资源，企业有动力通过寻租从而建立政治关联，获得企业发展所需的稀缺资产。我国的知识产权保护制度并不健全，促使寻租成为一种“关系资本”，部分地替代了正式制度保护中的缺陷（Li

et al.，2008；余明桂等，2010）。政府 R&D 补贴是企业稳定的现金流，因此，企业将热衷于通过包括寻租在内的各种方式追求这一稳定的现金流，从而挤占了研发资源。

第二，政府的 R&D 补贴对研发支出产生挤出效应。技术市场上，政府与企业之间往往存在信息的错位，政府并不真正了解企业的技术需求。而政府的 R&D 补贴具有事前激励的作用，是一种稳定的资金支持，因此，企业倾向于迎合政府的需要布局“热点”项目，而将企业真正的基础研发活动抛在脑后，从而影响企业创新产出（Lach，2002）。

第三，政府 R&D 补贴有可能使企业产生依赖心理（毛其淋和许家云，2015），使企业依赖补贴来提振或刺激企业的现金周转，进而降低了生产和创新的积极性，产生寻租或骗补的行为，严重影响企业内部的资源配置，使企业的真正技术能力得不到发展。因此，政府的 R&D 补贴对企业的技术能力具有腐蚀作用，无论是高质量创新产出还是低质量创新产出，都将受到政府 R&D 补贴的挤压。据此提出以下假设：

H2a：企业获得的政府 R&D 补贴越多，专利申请数量越少。

H2b：企业获得的政府 R&D 补贴越多，企业高质量创新产出数量越少。

H2c：企业获得的政府 R&D 补贴越多，企业低质量创新产出数量越少。

### （三）政府政策与企业能力的交互作用

对于税收优惠对企业创新产出的正向作用，本章将提出一个交互机制。当企业自身的技术能力比较强时，企业必然有充足的资源和后备资源支持研发投入，也将针对研发活动具有一定的专有资产配置，企业的领导者具有较强的创新意识，企业有能力支撑高质量的创新产出。因此，企业的研发活动对外部政府辅助性政策的依赖将比较小。而当企业技术能力比较差的时候，企业对外界技术支持的依赖性便比较强，企业有动机通过低质量创新产出等“策略性创新战略”释放创新信号，争取到更多的政府资源以补充由于自身技术弱势所带来的缺陷。据此提出以下假设：

H3a：相比于技术能力差的企业，技术能力越强的企业，税收优惠对高质量创新产出的促进作用越弱。

H3b：相比于技术能力差的企业，技术能力越强的企业，税收优惠对低质量创新产出的促进作用越强。

对于政府 R&D 补贴对创新产出的负向作用，我们从同样的角度提出一个交互机制。当企业的技术能力比较强时，企业必然形成了对高质量创新产出的专有资产和投资惯性，进而形成了技术轨道（Von Tunzelman et al.，2008；缪小明和赵静，2014），企业将有较小的动机为了获得研发补贴而转变已有的技术投资结构和技术轨道。因此，政府 R&D 补贴对高质量创新产出的挤出效果将比较弱。相反，当企业的技术能力比较差的时候，企业便更加有动机通过低质量的“策略性创新战略”去寻求更多的补贴，而这些补贴又进一步扭曲了创新要素的价格机制，从而使企业锁定在低质量创新的范围，更加依赖通过 R&D 直接补贴维持创新产出。据此提出以下假设：

H4a：相比于技术能力差的企业，技术能力越强的企业，政府 R&D 补贴对高质量产出的挤出效果越弱。

H4b：相比于技术能力差的企业，技术能力越强的企业，政府 R&D 补贴对低质量创新产出的挤出效果越强。

## 三、研究方法

### （一）样本选择与数据来源

本章的数据来源于中华人民共和国科技部、国务院国资委、中华全国总工会联合组织的中国创新型企业调研。创新型企业是指拥有自主知识产权和自主品牌，依靠技术创新获得市场竞争优势和持续发展的企业。为了及时掌握企业创新状况与需求，加强对企业技术创新的科技服务，科技部创新办、国家科技基础条件平台中心 2013 年底开展了对 653 家创新型企业技术创新信息采集和研发资源调查。基于此项调查构成了本章的研究样本，数据包括了 2011～2013 年的全部创新型企业，剔除所有年份信息缺失样本，共获得 505 家创新型企业的面板数据。在此基础上，本章基于佰腾网手工收集了这 505 家企业 2012～2014 年的专利信息，为了保证因果关系的顺序，专利数据滞后其他企业信息一年。样本数据的专利分布情况如表 10-1 所示。

**表 10-1　样本专利数据的分布情况**

| 专利类型 | 2011 年 | 2012 年 | 2013 年 | 总计 |
|---|---|---|---|---|
| 发明专利（项） | 1158 | 1340 | 1323 | 3821 |
| 外观和设计（项） | 2524 | 2334 | 1981 | 6839 |
| 占比（%） | 31.45 | 36.47 | 40.04 | 35.84 |

## （二）变量测量

1. 被解释变量

本章设计三组被解释变量：

一是创新效果变量（Patern），采用 t+1 年的申请专利总数来表示。

二是创新质量。一方面，实用新型专利和外观设计专利从申请、公开到授权的时间最长为 18 个月，明显短于发明专利的 3~4 年，申请环节也不存在实质审查阶段（张杰等，2016）；另一方面，外观专利与实用新型专利的保护时间仅为 10 年，维持年费和代理费用也低于发明专利。因此，众多研究如张杰和郑文平（2018）、许昊（2017）都将发明专利作为高质量创新产出（Invention）的代理变量，本章采用 t+1 年的发明专利申请数量来表示；将实用新型专利和外观设计专利作为低质量创新产出（Design）的代理变量，本章采用 t+1 年的实用新型专利和外观设计专利申请数量来表示。

三是创新的经济效果变量（Tech_ income），采用 t 年的企业技术收入的自然对数来表示。

2. 解释变量

税收优惠（Tech_ tax），采用技术转让所得税减免额的自然对数来测量。技术转让所得税减免是指按照《企业所得税法》第二十七条和《企业所得税法实施条例》第九十七条规定，企业符合条件的技术转让所得免征、减征的企业所得税额。

R&D 政府补贴（R&D_ gov），采用来自政府部门的科技活动资金的自然对数来测量。政府部门的科技活动资金指企业在报告期使用的从政府有关部门得到的科技活动资金，包括纳入国家计划的中间试验费等。

3. 交互作用变量

企业技术能力（Paper）：采用企业科技论文数量的自然对数来测量。这种测量方法与许亚军（2017）的做法一致。企业技术能力将分别与税收减免和 R&D 政府补贴进行交互。

4. 控制变量

为了排除影响因果关系的第三变量，本章借鉴已有研究，设置控制变量，具体如表 10-2 所示。

**表 10-2　控制变量**

| 变量名称 | 测量符号 | 变量度量 | 预期方向 |
|---|---|---|---|
| 外部 R&D 支出 | Out RD fee | 委托外单位开展科技活动的经费支出的自然对数 | 委托外单位的科技活动经费越高，越有利于企业攻克技术难关，获得技术提升，预期为正 |

续表

| 变量名称 | 测量符号 | 变量度量 | 预期方向 |
|---|---|---|---|
| 境外技术研发机构数 | Aboard | 企业境外技术研发机构数量 | 境外机构越多，企业的技术来源越丰富，技术能力越强，预期为正 |
| 科技项目数 | Tech_prog | 企业全部科技项目数 | 科技项目数越多，企业的技术水平越高，专利数量越多，预期为正 |
| 技术改造经费支出 | Tech_modify | 企业技术改造经费支出的自然对数 | 技术改造经费越多，企业的技术水平越高，预期为正 |
| 企业规模 | Firm size | 企业总资产的自然对数 | 规模越大，实力越强，技术资源越丰富，预期为正（Jia，2014） |
| 企业年龄 | Firm age | 研究节点年份减去企业成立年份 | 年龄越大，技术积累越丰富，专利申请越多，预期为正（Belderbos，2003） |
| 是否高新园区 | Region | 企业是否进入高新技术园区，进园区为1，否则为0 | 高新技术企业倾向于基础技术研究，成果较慢，预期为负（谢子远，2014） |
| 所有制 | State | 是否国有企业，国有为1，非国有为0 | 国有企业短期的技术目前更清晰，预期为正（吴文峰等，2018） |

## 四、实证结果

### （一）样本的描述性统计

表10-3列出了研究变量的均值、标准差、方差膨胀因子和相关系数矩阵。从表中来看，企业平均申请专利7项，其中发明专利2.52项，实用新型专利和外观设计专利4.51项。因此，企业的专利质量有待提升。方差膨胀因子（VIF）均小于10，表明变量之间并不存在严重的多重共线性。相关系数矩阵系数均小于0.4，当相关系数大于0.058时，在5%的水平上显著。控制变量的方向和显著性大部分与预期方向一致。

表 10-3 描述性统计

| 变量 | Mean | SD | VIF | 1 | 2 | 3 | 4 | 5 | 6 | 7 | 8 | 9 | 10 | 11 | 12 | 13 | 14 |
|---|---|---|---|---|---|---|---|---|---|---|---|---|---|---|---|---|---|
| Patern | 7.03 | 40.94 | 0.00 | 1 | | | | | | | | | | | | | |
| Invention | 2.52 | 16.71 | 0.00 | 0.970* | 1 | | | | | | | | | | | | |
| Design | 4.51 | 25.05 | 0.00 | 0.987* | 0.919* | 1 | | | | | | | | | | | |
| Tech trans tax | 0.05 | 0.52 | 1.21 | -0.005 | -0.005 | -0.004 | 1 | | | | | | | | | | |
| RD fee gov | 1.78 | 2.99 | 1.20 | 0.153* | 0.156* | 0.146* | 0.116* | 1 | | | | | | | | | |
| Paper | 3.61 | 14.70 | 1.53 | 0.371* | 0.391* | 0.346* | 0.032 | 0.222* | 1 | | | | | | | | |
| Out RD fee | 1.64 | 2.98 | 1.29 | 0.205* | 0.212* | 0.193* | 0.032 | 0.289* | 0.303* | 1 | | | | | | | |
| Abroad | 0.01 | 0.13 | 1.82 | 0.662* | 0.655* | 0.646* | 0.058* | 0.147* | 0.214* | 0.148* | 1 | | | | | | |
| Tech prog | 11.03 | 22.24 | 1.62 | 0.274* | 0.244* | 0.286* | -0.021 | 0.249* | 0.477* | 0.309* | 0.165* | 1 | | | | | |
| Tech modify | 1.89 | 3.57 | 1.22 | 0.109* | 0.107* | 0.106* | 0.013 | 0.277* | 0.211* | 0.276* | 0.098* | 0.284* | 1 | | | | |
| Firm size | 11.91 | 1.64 | 1.43 | 0.252* | 0.238* | 0.253* | 0.022 | 0.161* | 0.271* | 0.327* | 0.170* | 0.423* | 0.301* | 1 | | | |
| Firm age | 16.78 | 6.40 | 1.11 | 0.010 | -0.002 | 0.018 | -0.014 | 0.007 | 0.165* | 0.133* | -0.034 | 0.216* | 0.069* | 0.170* | 1 | | |
| Region | 1.69 | 0.46 | 1.02 | -0.042 | -0.039 | -0.042 | -0.030 | -0.000 | -0.058* | 0.029 | -0.039 | 0.001 | 0.008 | 0.079* | 0.012 | 1 | |
| State | 0.19 | 0.39 | 1.13 | 0.044 | 0.041 | 0.045 | 0.024 | 0.014 | 0.131* | 0.082* | 0.008 | 0.199* | 0.110* | 0.266* | 0.201* | -0.059* | 1 |

注：*表示在5%水平上显著。

## （二）实证检验

### 1. 主效应回归

由于被解释变量为计数模型，接下来采用面板数据的泊松回归模型对假设进行检验。表 10-4 列示了税收优惠和 R&D 补贴及其他控制变量对专利总数、高质量专利、低质量专利以及创新经济效果的泊松层次回归结果。对于面板泊松回归，我们分别列出了固定效应模型和随机效应模型及对应的 Hausman 检验。

表 10-4 主效应回归

| 变量 | 模型 1 | 模型 2 | 模型 3 | 模型 4 | 模型 5 | 模型 6 | 模型 7 |
|---|---|---|---|---|---|---|---|
| | Patent (FE) | Patent (RE) | Invention (FE) | Invention (RE) | Design (FE) | Design (RE) | Tech_ income (RE) |
| Tech_ tax | 0.070** | 0.023 | 0.124** | 0.027 | 0.037 | 0.012 | 0.324** |
| | (2.09) | (0.75) | (2.04) | (0.50) | (0.93) | (0.33) | (2.27) |
| R&D_ gov | -0.022*** | -0.029*** | -0.030*** | -0.018* | -0.019** | -0.028*** | -0.013 |
| | (-3.63) | (-5.05) | (-2.72) | (-1.81) | (-2.49) | (-3.94) | (-0.57) |
| Paper | 0.001*** | 0.001** | 0.003*** | 0.003*** | 0.000 | 0.000 | 0.017* |
| | (2.81) | (2.30) | (3.81) | (4.00) | (0.88) | (0.06) | (1.82) |
| Out RD fee | 0.028*** | 0.037*** | 0.026** | 0.051*** | 0.029*** | 0.032*** | 0.023 |
| | (4.33) | (5.98) | (2.32) | (4.98) | (3.62) | (4.15) | (0.79) |
| Abroad | -0.356 | 0.409*** | -1.438*** | 0.008 | 0.689** | 0.927*** | 1.935*** |
| | (-1.50) | (2.85) | (-4.07) | (0.05) | (2.24) | (4.24) | (2.80) |
| Tech prog | 0.006*** | 0.007*** | 0.003** | 0.004*** | 0.008*** | 0.009*** | 0.003 |
| | (6.29) | (7.67) | (2.03) | (2.73) | (6.98) | (8.10) | (0.46) |
| Tech modify | 0.019*** | 0.013*** | 0.001 | -0.012 | 0.028*** | 0.019*** | 0.029 |
| | (3.61) | (2.64) | (0.15) | (-1.64) | (4.27) | (3.31) | (1.24) |
| Firm size | -0.062 | 0.185*** | 0.139** | 0.372*** | -0.148*** | 0.120*** | -0.086 |
| | (-1.60) | (6.77) | (2.05) | (10.22) | (-3.17) | (3.62) | (-0.95) |
| Firm age | 0.015*** | 0.009*** | 0.003 | -0.007 | 0.019*** | 0.014*** | 0.003 |
| | (3.84) | (2.62) | (0.35) | (-1.22) | (4.00) | (3.19) | (0.22) |
| 2. in_ region | 0.368*** | 0.275*** | 0.405*** | 0.200** | 0.373*** | 0.248*** | -0.578** |
| | (5.20) | (4.58) | (3.19) | (2.20) | (4.29) | (3.41) | (-2.33) |
| 1. State | 0.055 | 0.184** | 0.055 | 0.296*** | 0.094 | 0.186* | 0.191 |
| | (0.58) | (2.33) | (0.37) | (2.75) | (0.76) | (1.84) | (0.69) |

续表

| 变量 | 模型 1 | 模型 2 | 模型 3 | 模型 4 | 模型 5 | 模型 6 | 模型 7 |
|---|---|---|---|---|---|---|---|
| | Patent (FE) | Patent (RE) | Invention (FE) | Invention (RE) | Design (FE) | Design (RE) | Tech_ income (RE) |
| Industry effect | Yes | No | Yes | No | Yes | No | Yes |
| _ cons | | -1.241*** (-3.69) | | -4.323*** (-9.90) | | -0.945** (-2.33) | 1.590 (1.56) |
| Lnalpha_ cons | | 0.513*** (7.31) | | 0.628*** (7.51) | | 0.823*** (11.12) | |
| Group | 413 | 505 | 336 | 505 | 358 | 505 | 505 |
| N | 1239 | 1514 | 1008 | 1514 | 1074 | 1514 | 1514 |
| Wald chi2 | 175.73 | 300.01 | 114.69 | 286.88 | 240.38 | 220.90 | 118.26 |
| Prob>chi2 | 0.000 | 0.000 | 0.000 | 0.000 | 0.000 | 0.000 | 0.000 |
| Hausman test | 184.2*** (0.00) | | 124.48*** (0.00) | | 112.26*** (0.00) | | |

注：①括号内为 t 值；* 表示在 10%水平上显著；** 表示在 5%水平上显著；*** 表示在 1%水平上显著。②随机效应模型中增加行业哑变量后模型不可估计，所以在模型中去掉了行业哑变量。

模型 1 和模型 2 为第一组回归，其因变量是企业申请的专利总数。模型 1 为固定效应模型，模型 2 为随机效应模型，Hausman 检验的结果拒绝了两者有没有显著差异的原假设（p=0.000），说明应该采用固定效应模型（模型 1）。模型整体 Wald chi2=175.73，税收优惠的回归系数显著为正（t=2.09），R&D 政府补贴的系数在 1%水平上显著为负（t=-3.63）。表明税收优惠政策促进了企业创新效果，而政府 R&D 补贴阻碍了创新效果，与假设 1a 和假设 2a 的论述相吻合。

模型 3 和模型 4 为第二组回归，其因变量是企业申请的发明专利总数，即高质量创新产出。模型 3 为固定效应模型，模型 4 为随机效应模型，Hausman 检验的结果拒绝了两者有没有显著差异的原假设（chi2=124.48），说明应该采用固定效应模型（模型 3）。模型整体 Wald chi2=114.69，税收优惠的回归系数在 5%的水平上显著为正（b=0.124），R&D 政府补贴的系数在 1%水平上显著为负（t=-2.72）。表明税收优惠政策促进了高质量创新产出，而政府 R&D 补贴挤出了高质量的创新产出，假设 1b 和假设 2b 得到了验证。

模型 5 和模型 6 为第三组回归，其因变量是企业申请的外观和设计专利总数，即低质量创新产出。模型 5 为固定效应模型，模型 6 为随机效应模型，Hausman 检验的结果拒绝了两者有没有显著差异的原假设（p=0.000），说明应该采用固定效应模型（模型 5）。模型整体 Wald chi2=240.38，税收优惠的回归系数不显著（t=0.93），R&D 政府补贴的系数在 5%水平上显著为负（t=-2.49）。表明税收优惠政策对于低质量创新产出没有效果，但是政府 R&D 补贴对于低质量创新产出依然具有挤出效应，假设 2c 得到了验证。

模型 7 对创新经济效果进行了检验，是稳健性检验的一部分，其因变量是企业技术收入。经过 Hausman 检验，采用面板回归的随机效应模型，模型的整体显著性为 0.000，Wald chi2=118.26。从回归结果来看，税收优惠对于创新收入具有正向的促进作用（t=2.27），而政府 R&D 补贴对技术收入的挤出效果并不明显，但是依然间接佐证了不同政府干预方式对创新产出的不同效果。

2. *交互效应回归*

表 10-5 中模型 9~模型 14 对交互效应假设进行了检验。模型 9~模型 11 的因变量为发明专利，在模型 9 中加入了企业技术能力与税收优惠的交互作用，模型整体显著，Wald chi2 为 414.52。企业能力与税收优惠的交互作用显著为负（t=-3.97），表明在较高技术能力的企业中，税收优惠对高质量专利的作用将得到削弱，而在较低技术能力的企业中，税收优惠对高质量专利的作用将增强。假设 3a 得到了验证。在模型 10 中加入了企业技术能力与 R&D 政府补贴的交互作用，但是该交互作用项不显著，假设 3b 没有得到支持。模型 11 为高专利质量因变量下的全模型。模型 12~模型 14 的因变量为外观和设计专利。模型 12 中加入了企业技术能力与税收优惠的交互作用，模型整体显著，Wald chi2 为 256.97，企业能力与税收优惠的交互作用显著为正（t=3.53），表明在较高技术能力的企业中，税收优惠对低质量专利的作用将得到增强。假设 4a 得到了验证。在模型 13 中加入了企业技术能力与 R&D 政府补贴的交互作用，但是该交互作用项不显著，假设 4b 没有得到支持。模型 14 为低专利质量因变量下的全模型。图 10-1 和图 10-2 为两个显著的交互作用关系。

**表 10-5 调节作用结果**

| 变量 | Invention | | | Design | | |
|---|---|---|---|---|---|---|
| | 模型 9 | 模型 10 | 模型 11 | 模型 12 | 模型 13 | 模型 14 |
| Tech trans tax | 0.172*** | 0.123** | 0.172*** | -0.057 | 0.026 | -0.054 |
| | (5.25) | (2.32) | (5.24) | (-0.84) | (0.43) | (-0.82) |
| RD fee gov | -0.029 | -0.030 | -0.030 | -0.020 | -0.024 | -0.026 |
| | (-1.15) | (-1.21) | (-1.18) | (-0.78) | (-0.94) | (-0.98) |
| Paper | 0.003*** | 0.002 | 0.002 | 0.001 | -0.007 | -0.007 |
| | (2.58) | (0.53) | (0.38) | (0.77) | (-1.43) | (-1.34) |

续表

| 变量 | Invention | | | Design | | |
|---|---|---|---|---|---|---|
| | 模型 9 | 模型 10 | 模型 11 | 模型 12 | 模型 13 | 模型 14 |
| Tech trans tax * paper | -0.036***<br>(-3.97) | | -0.037***<br>(-3.73) | 0.052***<br>(3.53) | | 0.044***<br>(2.80) |
| RD fee * paper | | 0.004<br>(0.15) | 0.006<br>(0.26) | | 0.048<br>(1.63) | 0.045<br>(1.60) |
| Out RD fee | 0.026**<br>(2.05) | 0.026**<br>(2.08) | 0.026**<br>(2.06) | 0.032<br>(1.41) | 0.028<br>(1.29) | 0.030<br>(1.37) |
| Abroad | -1.439<br>(-0.92) | -1.437<br>(-0.92) | -1.437<br>(-0.92) | 0.702<br>(1.14) | 0.602<br>(0.99) | 0.617<br>(1.01) |
| Tech prog | 0.003<br>(1.26) | 0.003<br>(1.16) | 0.003<br>(1.16) | 0.008*<br>(1.75) | 0.009*<br>(1.78) | 0.009*<br>(1.78) |
| Tech modify | 0.001<br>(0.06) | 0.001<br>(0.07) | 0.001<br>(0.07) | 0.028<br>(1.43) | 0.029<br>(1.43) | 0.029<br>(1.44) |
| Firm size | 0.137<br>(0.97) | 0.139<br>(0.98) | 0.138<br>(0.97) | -0.147<br>(-0.90) | -0.138<br>(-0.83) | -0.138<br>(-0.84) |
| Firm age | 0.003<br>(0.34) | 0.002<br>(0.31) | 0.002<br>(0.29) | 0.019<br>(1.44) | 0.015<br>(1.35) | 0.015<br>(1.35) |
| 2. in_region | 0.405*<br>(1.68) | 0.408*<br>(1.69) | 0.409*<br>(1.69) | 0.376*<br>(1.82) | 0.422*<br>(1.88) | 0.422*<br>(1.88) |
| 1. State | 0.055<br>(0.44) | 0.050<br>(0.37) | 0.048<br>(0.35) | 0.091<br>(0.26) | 0.071<br>(0.20) | 0.070<br>(0.19) |
| Industry effect | Yes | Yes | Yes | Yes | Yes | Yes |
| Group | 336 | 336 | 336 | 358 | 358 | 358 |
| N | 1008 | 1008 | 1008 | 1074 | 1074 | 1074 |
| Wald chi2 | 414.52 | 327.90 | 410.51 | 256.97 | 218.36 | 232.69 |
| Prob>chi2 | 0.000 | 0.000 | 0.000 | 0.000 | 0.000 | 0.000 |

注：括号内为 t 值；* 表示在 10%水平上显著；** 表示在 5%水平上显著；*** 表示在 1%水平上显著。

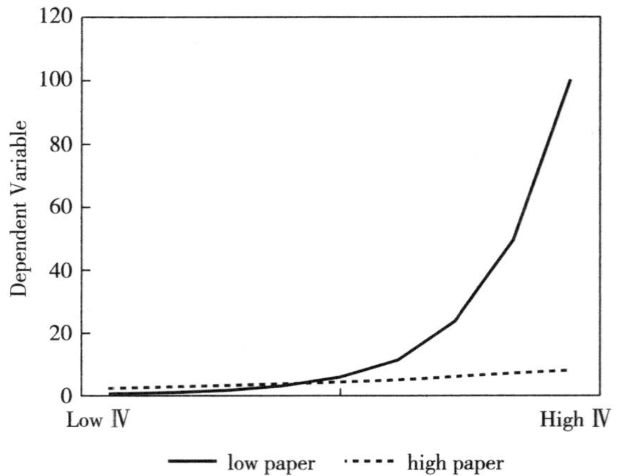


**图 10-1　税收优惠与企业技术能力在高质量创新中的交互作用**

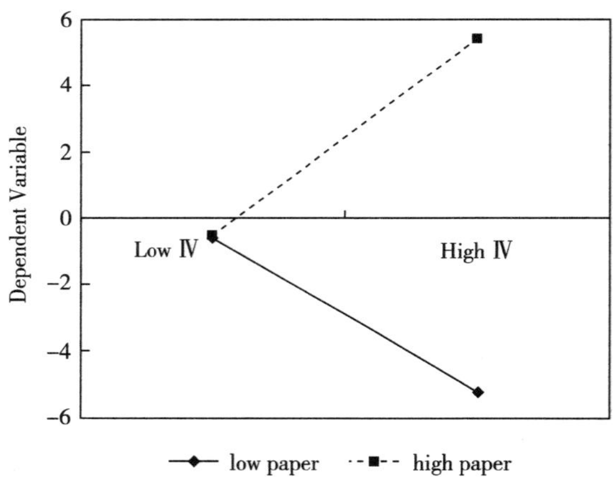


**图 10-2　政府 R&D 补贴在企业技术能力在高质量创新中的交互作用**

## 五、结论与讨论

本章以政府的不同创新政策手段对企业创新绩效的异质性影响为切入点，深入解析了税收优惠和政府 R&D 补贴对企业创新绩效和创新质量的影响。采用

2011~2013 年中国 505 家创新型企业调研的面板数据及佰腾网的专利信息作为样本，研究得到如下结论：

第一，税收优惠作为一种事后激励，影响企业的经营过程，有利于稳定企业的研发投入，对创新效果和高质量创新产出均具有促进作用。这一结论与李晨光和张永安（2014）以及李维安等（2016）的研究结论是一致的。表明政府的间接激励政策对发挥企业在创新中的主体地位、牢固市场作用机制具有重要作用。

第二，政府的 R&D 补贴对企业创新的作用效果却截然相反。作为一种事前激励，政府 R&D 补贴更多地体现了政府的意志，对企业创新活动反而形成一种干扰，扭曲价格要素，诱导企业对创新补贴的寻租行为和对政府的依赖，最终对创新绩效和创新质量都具有消极的作用。本章的结论回应了已有研究结论不确定的矛盾（Janz & Peters，2003；Falk，2004；Wu，2005），当我们细分不同的政策类型和政策的不同作用点时，我们发现，忽视企业在创新中的主导作用，以政府意志为导向的政策激励方式往往对创新产生逆向作用。

第三，本章进一步讨论了在不同技术水平的企业，不同政策类型对高质量创新和低质量创新的作用差异。研究表明，技术能力越强的企业，政策对高质量创新产出的作用越弱，企业更加倾向于遵循已有的技术轨迹，而对政府的政策依赖减弱。然而，创新政策对低质量创新产出的作用并不会受到企业技术能力强弱的影响，也就是说，企业通过投机性或策略性创新行为获得政府政策优惠的动机并不因企业技术能力存在差异而不同。

本章结论对于政府分析其政策效果具有一定的意义：首先，税收优惠比直接的 R&D 补贴更加符合企业的创新需要尤其是高质量创新能力培养的需要。因此，创新政策要与市场需求联合起来，有形的手和无形的手共同协调才能真正发挥对企业创新的刺激和带动作用。其次，企业技术能力越强，越不依赖创新政策，因此，政府要及时审视政策的作用效果，以免出现“越帮越软”的情况。

# 第十一章　成立时的宏观政策环境对企业创新质量的影响

## 一、引言

党的十九大提出要继续贯彻创新驱动发展战略，促进创新型国家的建设。创新作为经济发展的第一动力，在引领经济转型升级中起着至关重要的作用。创新也是企业自我革新、价值提升的关键举措，有利于企业在市场竞争中占据先发地位。因此企业创新战略的选择是企业首要并且关键的创新决策。Benner 和 Tushman（2003）首次将“双元化”引入到创新管理活动中，他们认为，创新包括探索式创新和利用式创新，探索式创新是一种变革式创新，是一种通过对新知识、新技术以及新产品的学习与探索，不断适应未来新需求的创新方式；而利用式创新是一种渐进式创新，是为了满足现有顾客、现有市场的需求，通过对现有产品、服务以及技术进行不断的改进，进而提升企业营运效率的创新方式。Jansen 等（2006）表示，利用式创新强调企业聚焦于现有的资源；而探索式创新要求企业挣脱现有资源的束缚并积极获取新的资源。李瑞雪等（2019）认为，在资源有限的情况下，为实现自身效用的最大化，企业应侧重于利用式创新。刘睿智和胥朝阳（2008）认为，利用式创新有利于企业短期绩效，并且可以为后续获取竞争优势提供必不可少的财力支撑。王一（2017）发现，探索式创新通过提升企业自身的技术水平和竞争力，有利于企业长期竞争优势的形成。企业需要在利用式创新和探索式创新之间进行取舍（邢新朋和梁大鹏，2016）。影响企业选择不同创新战略的其他因素有哪些？许多学者从不同维度进行了研究，例如，外部环境的动荡性（邢新朋和梁大鹏，2016）、组织结构（Jansen et al.，2006）、组织惯性（施萧萧和张庆普，2017）、制度资本（肖振鑫等，2018）、

创业导向（Kollmann & Stockmann，2010）、技术导向（范小宁，2018）、高管团队特征（文芳和胡玉明，2007）、产学研（王业静和于海云，2018）等都是影响企业进行创新战略选择的因素。遗憾的是，历史的视角却并没有被纳入考虑范围。

组织的历史客观存在，组织的生存与发展携带着历史的痕迹（Penrose，1959）。组织成立之初以及成长过程中某些重要、特殊时期的条件或事件会在组织中形成印记（Johnson，2007），这些印记不仅会对组织当前的结构、战略的形成有显著影响，印记的持续以及固化使其在组织未来的结构、能力、发展战略选择中也会产生作用（Marquis & Tilcsik，2013；Dobrev & Gotsopoulos，2010）。由此可以推出，企业成立时的环境条件是组织印记产生的重要因素（王砚羽和谢伟，2016），当时的经济技术条件会通过印记作用于企业未来的组织行为（Johnson，2007）。因此，本章从历史的角度出发，以成立于 1995~2010 年、在中小板与创业板上市的新创公司为样本，研究企业成立时外部经济环境的繁荣或衰退对未来创新战略选择的影响。同时本章在主模型的基础上从创新资源和 CEO 技术背景两个维度扩展了理论的边界。一方面，从创新资源的角度出发，史会斌和杨东（2019）发现创新资源能够显著促进企业创新水平的提升。张庆垒等（2018）的研究表明，创新资源的投入会对企业的探索式创新产生正向影响。另一方面，TMT 理论认为，高层管理团队是企业战略决策制定与执行的关键，高层管理团队对企业的战略决策有重要影响，CEO 作为高层管理团队中具有重要决策能力的一员，其专业背景会对企业的创新战略决策产生重要影响。Buyl 等（2011）表示，具有技术背景的 CEO 在企业创新决策中优势更为明显。张琴（2018）表明，有技术背景的 CEO 会提高企业的创新意识，进而促进企业的创新产出。尚航标等（2019）发现，CEO 技术背景对企业的探索式创新有显著的促进作用。这些均会对企业成立时期的贫资源印记产生削弱作用。本章的研究结论为：第一，成立在经济衰退时期的企业，因为成立时的资源匮乏形成的保守印记，在未来仍然更倾向于选择利用式创新战略；第二，创新资源投入强度高的企业，贫资源印记与企业未来选择利用式创新战略的关系会减弱；第三，CEO 有技术背景的企业，贫资源印记与企业未来选择利用式创新战略的关系会减弱。

## 二、理论发展与假设

### （一）成立时的环境印记与企业未来创新战略选择

企业成立时的外部环境印记会在一定程度上影响企业未来创新战略的选择。企业在成立时期所拥有的各种资源以及对资源的整合、配置、利用方式，会形成一个潜移默化的印记，对其日后成长与发展都有着极为重要的影响。这个印记可能会在企业存续期间一直持续存在，也有可能随着企业的发展壮大慢慢减弱甚至消失（Johnson，2007）。资源基础观认为，企业是资源的集合体（Penrose，1959），企业的长期竞争优势来自企业拥有并控制的难以复制的资源（Wernerfelt，1984）。一般来说，企业发展所必需的资源有两种来源：一是内部资源积累；二是外部资源获取。在经济衰退时期成立的企业，由于市场萎缩，消费者购买力急剧下降，企业的生产停滞使内部资源积累有限，不足以支撑其发展。而从外部资源获取来说，经济政策频繁变动的不确定性导致的负面影响会使投行信用下降，信贷市场紧缩，银行贷款的管控更加严格，金融市场无法有效发挥其投、融资匹配的功能，投资者资金闲置，筹资者集资困难，企业的融资受到限制（李凤羽和杨墨竹，2015；饶品贵等，2017；王洪波，2009）。在这个时期成立的企业，资源匮乏的印记尤其明显，为避免企业陷入经营困境甚至破产，企业倾向于选择相对保守的、可以快速获得回报的利用式创新。

相对于利用式创新，探索式创新的风险更高。利用式创新通过学习、模仿外部的技术，有利于企业以低成本实现高效率产出，稳定市场份额，把握市场动向，以便未来更好地预测技术的发展前景，寻找新的发展机会，企业承担的风险较低。探索式创新需要高额的研发资金投入，且研发回报期较长，要求企业有承担研发失败的高风险的能力（王林等，2014）。

根据组织印记理论，企业成立时的环境条件会对企业产生长久的影响，即使未来环境发生了变化，企业也倾向于延续成立时的习惯（Marquis & Tilcsik，2013）。成立于经济衰退时期的企业受到资源的限制，其抵御风险的能力较低，为了减少不确定性而倾向于选择偏保守的创新战略，即利用式创新。这一投资习惯会在组织印记的作用下延续至未来，进而产生贫资源的环境印记，使企业在未来的创新投资决策中也倾向于选择保守的利用式创新战略。基于此，提出假设 1：

H1：成立在经济衰退期间的企业未来更倾向于选择利用式创新。

### （二）创新资源投入对外部环境印记与创新战略选择的调节作用

虽然在成立时资源匮乏，但是随着企业的发展，当企业有了一定的实力来逐渐增加创新投入时，资源匮乏的印记与企业来选择利用式创新战略的关系会减弱。Lee 等（1996）提出，企业的创新资源包括研发人员与研发资金的投入，其中，研发资金起主要作用。在企业经营初期，利用式创新可以促进企业规模扩张、成本降低、利润增加。企业实力增强后，第一，企业拥有或者可以控制的资源增多，企业开始不满足于只开展利用式创新，开始试图利用创新资源来开发新技术、生产新的产品，进一步发展细分市场或者开拓新的市场（董勋，2015）。逄淑媛和陈德智（2009）通过实证研究表明，创新资源投入与发明专利产出的相关性较高，发明专利是探索式创新战略的成果。第二，企业创新资源投入强度大的企业，研发效率更高（张庆垒等，2018），企业创新成功的信心更强。考虑到探索式创新能促进企业构建自主核心技术，适应环境的动态变化（关玉蕊，2016），有利于企业塑造长期竞争优势（Mcdermott & O'connor，2002），一旦实力和机会成熟，企业更愿意进行探索式创新。渠帅（2019）发现，由于创新过程的漫长以及创新行为的不确定性，企业需要承担研发失败的风险，随着创新资源的增加，企业承担研发失败风险的能力会增强（钢巴图，2019）。

资源增多，研发能力增强，探索式创新的优势以及抗风险能力的提升，对经济衰退时期成立的企业在资源匮乏印记作用下形成的选择保守型利用式创新战略的倾向产生了冲击，进而弱化了企业的印记。基于此，提出假设 2：

H2：创新资源投入强度大的企业，资源匮乏的印记与企业未来选择利用式创新战略的关系会减弱。

### （三）CEO 技术背景对外部环境印记与创新战略选择的调节作用

CEO 技术背景会在一定程度上调节企业成立时外部环境的印记对创新战略选择的作用强度。高阶理论（Hambrick & Mason，1984）认为，高层管理者的背景特征是影响其个体自身价值以及自我认知的基础，高管个人特性会对企业的战略决策和业绩水平造成影响，其中包括高管的年龄、性别、受教育水平、职业经历以及任职期限等。现有研究表明，包括企业的 CEO、董事长、总经理以及其他成员在内的高管团队具有技术研发相关的职业背景时，会对企业创新效率、效果以及开展创新活动需承担的风险水平有显著影响。刘力钢和孙亚（2018）通过研究高管技术专长对当期以及滞后期创新的影响，发现技术专长高管会更显著提高企业内部的创新意识，企业会加大创新投入，积极地改善企业的创新水平。胡元木（2012）依据资源依赖理论，发现有专业技术才能的独立董事可以为上市公司提供更多的专业性技能、知识和经验等稀缺资源，从而有助于敏锐地捕捉更多前景良好的创新机会，提高决策质量。技术专家型董事通过改变企业创新战略、缓解创新活动的消极影响来提升企业的创新效果与效率（胡元木和纪端，2017）。文芳和胡玉明（2009）通过检验高管个人特征对公司研发投资强度的影响，发现拥有生产、技术、研发等职业背景的高管更愿意承担风险，更偏好增加新技术、新产品的创新投入。

在经济衰退时期成立的企业，基于企业过去形成的保守的投资习惯，成立时资源匮乏的印记会使企业继续选择保守的利用式创新，而有过技术研发相关的职业经历的 CEO，对企业的研发创新有更明确的认知，同时对市场上新技术、新产品的变动更加敏感，能够促进企业对市场变化迅速做出反应，紧跟行业发展方向，及时获取并利用新技术进行产品创新（张雪，2018），这在一定程度上弱化了企业最初的印记。基于此，提出假设 3：

H3：CEO 有技术背景的企业，资源匮乏的印记与企业未来选择利用式创新战略的关系会减弱。

综上所述，本章构建企业成立时的环境印记、创新资源、CEO 技术背景以及企业的创新战略的概念模型，具体如图 11-1 所示。

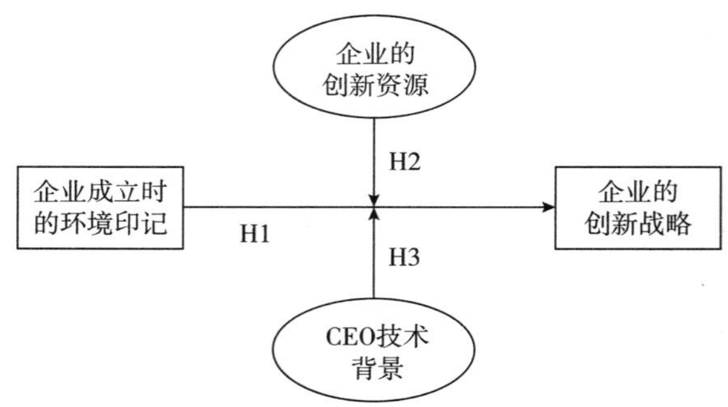


**图 11-1　成立时环境对企业创新战略影响的概念模型**

## 三、数据收集与变量测量

### （一）样本选择与数据来源

本章选取 1995~2011 年成立的中小板与创业板上市公司作为样本，利用

"克强指数"上下四分位数分类共选取 618 个企业，其中，成立在经济危机期间的有 293 个，成立在经济繁荣时期的有 335 个。对样本做如下筛选：①剔除金融行业以及 ST、*ST 类上市公司；②剔除数据缺失的样本；③对主要连续变量 1%~99%之外的极端值进行缩尾处理，最终得到 2342 个有效数据。本章所使用的专利数据、财务数据、公司治理数据均来自 CSMAR 数据库，宏观经济数据来自《中华人民共和国统计年鉴》。

### （二）变量测量

1. 因变量：探索式创新与利用式创新

探索式创新与利用式创新的度量用专利类型与数量来表征。借鉴（钟昌标等，2014）的观点，发明专利更具探索性和前瞻性，有利于企业开辟新市场、塑造消费者偏好，甚至具有改变消费者基本行为的潜能，代表探索式创新。而实用新型与外观设计专利致力于将现有知识与技能深化，企业通过消费者偏好识别市场发展方向，对现有的产品或服务功能进行改进，代表利用式创新。本章通过对比两类创新的专利数量来衡量企业的创新战略方式，发明专利授权数量大于实用新型和外观设计专利授权数量之和，记为 0，认为企业更倾向于探索式创新；反之，记为 1，则企业更倾向于利用式创新。

2. 自变量：企业是否成立在经济衰退期间

经济衰退与否用"克强指数"来衡量（田明静，2017）。"克强指数"是工业用电量、铁路运货量和银行中长期贷款余额三种经济指标的结合，被广泛应用于衡量宏观经济形势（周业付和乔越然，2015）。采用"克强指数"的原始指标来衡量经济发展状况："克强指数"=工业用电量增长率×40%+中长期贷款余额增长率×35%+铁路货运量增长率×25%。通过计算 1995~2011 年的"克强指数"，再按年度"克强指数"的大小选择上下四分位的年份，下四分位的年份（1996 年、1997 年、1999 年、2005 年、2008 年）为经济衰退时期，记为 1，上四分位的年份（2001 年、2003 年、2006 年、2010 年）为经济繁荣时期，记为 0。

3. 调节变量

创新资源：用研发投入比例衡量企业创新资源的投入强度，研发投入比例即上市公司研发投入占营业收入的比例。

CEO 技术背景：用企业的 CEO 是否有从事研发岗位的职业经历来衡量 CEO 的技术背景，有记为 1，反之则记为 0。

4. 控制变量

选取企业规模、企业年龄、资产收益率、Z 值、成长率、股权性质、股权集中度、两权分离率、两职合一、管理层规模、管理层持股规模作为控制变量。变量符号及定义如表 11-1 所示。

表 11-1 变量定义

| 变量名称 | 变量定义 | 文献来源 |
| --- | --- | --- |
| 创新类型 | 虚拟变量，探索式创新赋值为 0，利用式创新赋值为 1 | 钟昌标等（2014） |
| 成立时期 | 虚拟变量，成立在经济危机期间赋值为 1，成立在经济繁荣期间赋值为 0 | Marquis（2003） |
| 创新资源 | 研发支出/营业收入 | 胡元木（2012） |
| CEO 技术背景 | 虚拟变量，企业的 CEO 是否曾有过从事研发岗位的职业经历，是赋值为 1，否则为 0 | 刘力钢和孙亚（2018） |
| 企业年龄 | 调查年份——企业成立年份 | 岑杰和陈力田（2019） |
| 企业规模 | 企业当年总资产的自然对数 | 岑杰和陈力田（2019） |
| 资产收益率 | 净利润/总资产 | 曾德明等（2017） |
| Z 值 | 由美国学者 Altman 发明 Z-Score 评分模型 | 岑杰和陈力田（2019） |
| 成长率 | 总资产增长率 | 岑杰和陈力田（2019） |
| 股权性质 | 企业是否为国企，是赋值为 1，否则为 0 | 胡元木（2012） |
| 股权集中度 | 企业前 10 大股东持股比例 | 胡元木（2012） |
| 两权分离率 | 企业实际控制人控制权与经营权分离率 | 吴剑峰和杨震宁（2014） |
| 两职合一 | 企业董事长与总经理兼任情况，兼任为 1，否则为 0 | 路雅茜和郭淑娟（2018） |
| 管理层规模 | 企业董事会与高管总人数 | 王业静和于海云（2018） |
| 管理层持股规模 | 企业管理层持股总数 | 陈金勇等（2015） |
| 行业控制变量 | 按 2012 年修订版《上市公司行业分类指引》对企业行业进行分类 | 胡元木（2012） |

## 四、实证分析

### （一）模型选择

由于本章选取的自变量具有纵向数据的特点，故采用广义估计方程（GEE）

对样本数据进行统计分析，鉴于因变量企业的创新类型为 0~1 变量，因此在结构方程里选择二项式关联，链结函数为 logit 函数，由于不同行业企业创新类型及水平差异显著，因此在回归过程控制了行业。

### （二）描述性统计及相关性分析

表 11-2 列示了相关变量的描述性统计及相关性分析，共选取 618 个上市公司作为样本，其中，成立在经济衰退时期的企业有 293 个，占 47. 41%；成立在经济繁荣时期的企业 325 个，占 52. 59%。因变量企业的创新类型均值为 0. 6725，方差不超过 0. 5，说明样本企业中超过一半的企业利用式创新水平超过探索式创新，这跟我们所选的样本是中小板与创业板的企业有关。自变量企业是否成立在经济衰退期间均值为 0. 4621，方差为 0. 5，说明有接近一半的企业成立在经济衰退期间。样本的平均年龄为 13，平均资产收益率为 0. 55，Z 值的均值为 11，资产成长率的均值为 0. 30，说明所选企业大都处于成长期且经营良好，收益稳定。创新资源均值为 5. 77，相对于其最大值 29. 92 与最小值 4. 25，说明大部分企业创新资源较少，这也是目前国内企业的现状。CEO 技术背景的均值为 0. 35，即样本中不到 40%的企业的 CEO 曾从事过研发相关的工作。

### （三）回归分析

运用 STATA15. 1 对样本数据通过广义估计方程（GEE）来检验假设，为避免调节变量共线性的问题，将数据交乘之后进行中心化处理，回归结果如表 11-3 所示。

模型 1 为空模型，仅包含控制变量，模型 2、模型 3、模型 4、模型 5 的因变量均为企业的创新类型，自变量为企业是否在经济衰退时期成立。从模型 2 的回归结果可以看出，利用式创新与企业在经济衰退时期成立呈正相关关系（$\beta=0.326$，$P<0.05$），假设 1 得以验证。同时由控制变量的系数可以看出，利用式创新与企业年龄（$\beta=-0.037$，$P<0.05$）、企业规模（$\beta=-0.268$，$P<0.01$）呈负相关关系且显著；创新资源、CEO 技术背景分别与利用式创新呈负相关关系且显著。模型 3 基于模型 2 增加了创新资源与自变量的交乘项，创新资源与自变量的交乘项系数为负且显著（$\beta=-0.059$，$P<0.05$），表明创新资源对企业在经济衰退时期成立与其倾向利用式创新有负向调节作用，即创新资源投入强度越大，在经济衰退期间成立的企业的利用式创新倾向会减弱，假设 2 得以验证。模型 4 基于模型 2 增加了 CEO 技术背景与自变量的交乘项，CEO 技术背景与自变量的交乘项系数为负且显著（$\beta=-0.474$，$P<0.05$），表明 CEO 技术背景对企业在经

**表 11-2　变量描述性统计及相关性分析**

| 变量 | 均值 | 标准差 | (1) | (2) | (3) | (4) | (5) | (6) | (7) | (8) | (9) | (10) | (11) | (12) | (13) | (14) | (15) |
|---|---|---|---|---|---|---|---|---|---|---|---|---|---|---|---|---|---|
| 创新类型 | 0.67 | 0.47 | 1.00 | | | | | | | | | | | | | | |
| 成立时期 | 0.46 | 0.50 | 0.05 | 1.00 | | | | | | | | | | | | | |
| 创新资源 | 5.77 | 4.72 | -0.21* | 0.00 | 1.00 | | | | | | | | | | | | |
| CEO 技术背景 | 0.35 | 0.48 | -0.05 | 0.02 | 0.11* | 1.00 | | | | | | | | | | | |
| 企业年龄 | 13.05 | 3.81 | -0.01 | 0.17* | -0.11* | -0.01 | 1.00 | | | | | | | | | | |
| 企业规模 | 21.52 | 0.87 | 0.00 | 0.07 | -0.15* | -0.06 | 0.08 | 1.00 | | | | | | | | | |
| 资产收益率 | 0.55 | 0.05 | -0.05 | 0.01 | 0.04 | 0.02 | -0.00 | -0.05 | 1.00 | | | | | | | | |
| Z 值 | 11.11 | 12.53 | -0.11* | -0.02 | 0.28* | 0.03 | -0.02 | -0.41* | 0.38* | 1.00 | | | | | | | |
| 成长率 | 0.30 | 0.42 | -0.03 | 0.02 | -0.00 | 0.05 | 0.03 | 0.09* | 0.28* | 0.07 | 1.00 | | | | | | |
| 股权性质 | 0.75 | 0.26 | 0.07 | 0.01 | -0.07 | 0.12* | 0.08* | -0.05 | 0.09* | -0.04 | -0.06 | 1.00 | | | | | |
| 股权集中度 | 60.26 | 12.76 | 0.07 | 0.03 | -0.13* | -0.08 | -0.07 | -0.14* | 0.25* | 0.14* | 0.20* | -0.10* | 1.00 | | | | |
| 两权分离率 | 3.18 | 6.20 | 0.04 | -0.03 | -0.04 | -0.08 | -0.06 | 0.11* | 0.00 | -0.09* | -0.05 | 0.05 | 0.07 | 1.00 | | | |
| 两职合一 | 0.38 | 0.49 | -0.01 | 0.06 | 0.03 | 0.05 | 0.01 | -0.09 | 0.03 | 0.03 | 0.07 | -0.17* | 0.08 | -0.10* | 1.00 | | |
| 管理层持股规模 | 17.60 | 1.91 | -0.03 | 0.06 | 0.04 | 0.02 | 0.04 | 0.08 | 0.11 | 0.05 | 0.08 | -0.30* | 0.03 | -0.36* | 0.10* | 1.00 | |
| 管理层规模 | 14.50 | 2.72 | 0.00 | -0.05 | 0.04 | 0.02 | -0.03 | 0.31* | 0.02 | -0.16* | -0.06 | 0.19* | -0.08 | 0.07 | -0.08* | -0.02 | 1.00 |

注：* 表示在 10%水平上显著。

表 11-3 回归结果

| 变量 | 模型 1 | 模型 2 | 模型 3 | 模型 4 | 模型 5 |
|---|---|---|---|---|---|
| | GEE | GEE | GEE | GEE | GEE |
| 成立时期 | | 0.326**<br>(0.025) | 0.675***<br>(0.002) | 0.498***<br>(0.003) | 0.809***<br>(0.000) |
| 研发投入 | | -0.028**<br>(0.047) | -0.002<br>(0.909) | -0.028**<br>(0.048) | -0.030*<br>(0.073) |
| CEO 技术背景 | | -0.137<br>(0.240) | -0.138<br>(0.238) | -0.058<br>(0.703) | -0.067<br>(0.646) |
| 研发投入 * 成立时期 | | | -0.059**<br>(0.030) | | -0.056**<br>(0.031) |
| CEO 技术背景 * 成立时期 | | | | -0.474**<br>(0.042) | -0.407*<br>(0.072) |
| 企业年龄 | -0.027*<br>(0.098) | -0.037**<br>(0.029) | -0.041**<br>(0.018) | -0.038**<br>(0.026) | -0.041**<br>(0.014) |
| 企业规模 | -0.270***<br>(0.000) | -0.268***<br>(0.001) | -0.262***<br>(0.001) | -0.267***<br>(0.001) | -0.221***<br>(0.004) |
| 资产收益率 | 1.069<br>(0.324) | 0.725<br>(0.513) | 0.747<br>(0.500) | 0.711<br>(0.522) | 0.344<br>(0.746) |
| Z 值 | -0.013***<br>(0.002) | -0.012***<br>(0.010) | -0.012***<br>(0.008) | -0.012***<br>(0.010) | -0.012***<br>(0.007) |
| 成长率 | 0.032<br>(0.762) | 0.035<br>(0.742) | 0.036<br>(0.737) | 0.035<br>(0.739) | 0.011<br>(0.917) |
| 股权性质 | 0.276<br>(0.336) | 0.352<br>(0.223) | 0.352<br>(0.226) | 0.355<br>(0.218) | 0.227<br>(0.413) |
| 股权集中度 | 0.007<br>(0.170) | 0.005<br>(0.253) | 0.005<br>(0.273) | 0.006<br>(0.253) | 0.009*<br>(0.052) |
| 两权分离率 | 0.011<br>(0.331) | 0.012<br>(0.283) | 0.009<br>(0.421) | 0.012<br>(0.264) | 0.009<br>(0.403) |
| 两职合一 | 0.037<br>(0.739) | 0.047<br>(0.670) | 0.065<br>(0.567) | 0.058<br>(0.606) | 0.073<br>(0.504) |
| 管理层规模 | 0.015<br>(0.485) | 0.018<br>(0.398) | 0.018<br>(0.420) | 0.030<br>(0.355) | 0.016<br>(0.434) |

续表

| 变量 | 模型 1 | 模型 2 | 模型 3 | 模型 4 | 模型 5 |
|---|---|---|---|---|---|
| | GEE | GEE | GEE | GEE | GEE |
| 管理层持股规模 | 0.010<br>(0.772) | 0.011<br>(0.744) | 0.009<br>(0.797) | 0.011<br>(0.746) | 0.0103<br>(0.916) |
| 常数 | 6.041***<br>(0.001) | 6.043***<br>(0.001) | 5.576***<br>(0.002) | 5.792***<br>(0.002) | 5.081***<br>(0.003) |
| 样本量 | 2342 | 2342 | 2342 | 2342 | 2342 |
| 行业控制变量 | YES | YES | YES | YES | YES |
| Wald | 85.18*** | 93.04*** | 97.48*** | 95.81*** | 67.75*** |

注：括号内为 t 值；* 表示在 10%水平上显著；** 表示在 5%水平上显著；*** 表示在 1%水平上显著。

济衰退时期成立与其倾向利用式创新也具有负向调节作用，即企业的 CEO 曾经有过研发相关的职业经历会减弱在经济衰退期间成立的企业的利用式创新倾向，假设 3 得以验证。模型 5 中同时包含了创新资源与自变量的交乘项和 CEO 技术背景与自变量的交乘项，回归结果与模型 3、模型 4 一致。

### （四）稳健性检验

本章选择了两种方法进行稳健性检验：第一，我们将因变量由 0~1 型变量替换为比值型变量，由于样本中部分企业发明专利数量为 0，为保证数据的有效性，所有样本数据均做（分母+1）的处理，具体为企业的创新类型 =（实用新型专利数量+外观设计专利数量）/（发明专利数量+1）。由于因变量为比值型变量，因此我们在利用广义估计方程回归时选择了正态—恒等分布，回归结果如表 11-4 所示。模型 6 中自变量企业的成立时期与因变量企业的创新类型正向相关且显著（$\beta=1.080$，$P<0.01$），说明成立于经济衰退时期的企业更倾向于利用式创新，即假设 1 得证。第二，我国属于制造大国且制造业在国民经济发展中发挥着重要作用，是我国实现产业结构转型的重要组成部分，制造业企业对于生产技术与创新投入的敏感性强，对技术创新依赖度较高，因此仅选取制造业企业为子样本并进行与主回归相同的回归分析进行稳健性检验。由模型 8 可以看出自变量企业的成立时期与因变量企业的创新类型正向相关且显著（$\beta=0.410$，$P<0.05$），与主回归结果一致。模型 9 中创新资源与企业成立时期的交乘项的为负且显著（$\beta=-0.056$，$P<0.1$），模型 10 中 CEO 技术背景与企业成立时期的交乘

项为负且显著（β=-0.668，P<0.01），均与主回归结果一致，即假设 1、2、3 均在制造业分样本中得以验证。

表 11-4　稳健性检验

| 变量 | 因变量替换 | 分样本检验 | | | |
|---|---|---|---|---|---|
| | 模型 6 | 模型 7 | 模型 8 | 模型 9 | 模型 10 |
| | GEE | GEE | GEE | GEE | GEE |
| 成立时期 | 1.080***<br>(0.005) | | 0.410**<br>(0.012) | 0.721***<br>(0.004) | 0.675***<br>(0.001) |
| 创新资源 | -0.080**<br>(0.040) | | -0.034**<br>(0.044) | -0.009<br>(0.712) | -0.033*<br>(0.053) |
| CEO 技术背景 | -0.359<br>(0.263) | | -0.285**<br>(0.024) | -0.282**<br>(0.026) | -0.015<br>(0.930) |
| 创新资源 * 成立时期 | | | | -0.056*<br>(0.099) | |
| CEO 技术背景 * 成立时期 | | | | | -0.668***<br>(0.009) |
| 企业年龄 | -0.085*<br>(0.055) | -0.029<br>(0.101) | -0.042**<br>(0.026) | -0.046**<br>(0.016) | -0.045**<br>(0.018) |
| 企业规模 | -0.558***<br>(0.009) | -0.212**<br>(0.012) | -0.214**<br>(0.014) | -0.208**<br>(0.016) | -0.211**<br>(0.015) |
| 资产收益率 | -0.145<br>(0.962) | 0.936<br>(0.421) | 0.603<br>(0.614) | 0.601<br>(0.616) | 0.560<br>(0.642) |
| Z 值 | -0.026**<br>(0.039) | -0.014***<br>(0.004) | -0.012**<br>(0.014) | -0.012**<br>(0.013) | -0.012**<br>(0.015) |
| 成长率 | -0.062<br>(0.833) | -0.012<br>(0.916) | -0.002<br>(0.988) | -0.002<br>(0.988) | -0.002<br>(0.988) |
| 股权性质 | 0.034<br>(0.965) | 0.168<br>(0.632) | 0.349<br>(0.332) | 0.300<br>(0.402) | 0.333<br>(0.352) |
| 股权集中度 | 0.025*<br>(0.065) | 0.008<br>(0.140) | 0.007<br>(0.242) | 0.006<br>(0.265) | 0.006<br>(0.253) |
| 两权分离率 | 0.040<br>(0.174) | 0.005<br>(0.665) | 0.007<br>(0.581) | 0.004<br>(0.760) | 0.007<br>(0.564) |

续表

| 变量 | 因变量替换 | 分样本检验 | | | |
|---|---|---|---|---|---|
| | 模型 6 | 模型 7 | 模型 8 | 模型 9 | 模型 10 |
| | GEE | GEE | GEE | GEE | GEE |
| 两职合一 | 0.315<br>(0.306) | 0.044<br>(0.712) | 0.063<br>(0.604) | 0.078<br>(0.525) | 0.088<br>(0.473) |
| 管理层规模 | 0.117**<br>(0.049) | 0.008<br>(0.741) | 0.008<br>(0.741) | 0.009<br>(0.728) | 0.012<br>(0.633) |
| 管理层持股规模 | 0.186**<br>(0.041) | 0.018<br>(0.610) | 0.022<br>(0.537) | 0.020<br>(0.571) | 0.021<br>(0.554) |
| 常数 | 9.664*<br>(0.060) | 4.977***<br>(0.006) | 5.267***<br>(0.005) | 4.956***<br>(0.009) | 4.996***<br>(0.008) |
| 样本量 | 2342 | 1940 | 1940 | 1940 | 1940 |
| 行业控制变量 | YES | NO | NO | NO | NO |
| Wald | 72.74*** | 24.51** | 39.35*** | 41.88*** | 44.81*** |

注：括号内为 t 值；* 表示在 10%水平上显著；** 表示在 5%水平上显著；*** 表示在 1%水平上显著。

# 五、结论与讨论

## （一）研究结论

本章研究企业成立时期的外部环境印记与其未来双元创新战略选择之间的关系，证明了资源匮乏印记的存在性，同时证明了创新资源的增加以及引入有技术背景的 CEO 会对资源匮乏印记有削弱作用。

成立在经济衰退期间的企业未来更倾向于选择利用式创新，这与我们的假设一致。创始时期资源的限制使企业倾向于选择保守型的利用式创新战略以“求生存”。初创企业内部储备的资源有限，外部环境的不确定性使其不管是通过融资还是通过产品销售从外部获得新的资源的预期都持谨慎态度，再加上风险承受能力较弱，因此，企业更倾向于选择研发成本低且容易获得短期财务回报的利用式创新，资源匮乏印记使这种保守型的投资习惯会在企业存续期间一直持续下去。

创新资源投入的增多会对企业资源匮乏印记有削弱作用。企业的创新资源越多，企业成立初期的资源匮乏印记就会越弱，企业不再局限于最初的“求生存”战略。本身实力和抗风险能力的提升，使企业更愿意通过承担高风险、研发新的技术和产品即探索式创新来“求发展”，开辟新的市场，稳固市场地位，实现企业价值的提升。企业可通过适时调整创新战略，塑造其核心竞争优势。

CEO 技术背景对企业成立时期资源匮乏印记与利用式创新之间关系有显著负向调节作用，即当企业选聘有研发技术背景的 CEO 后，企业的利用式创新倾向显著降低。本章的实证表明，有技术背景的 CEO 能促进企业的探索式创新。有过技术职业经历的 CEO，对新技术、新产品的变动更敏感，更重视企业的核心技术的研发，与成立在经济衰退时期企业资源匮乏印记产生的保守型投资战略产生冲突，进而减弱了企业的利用式创新倾向。

### （二）理论贡献

本章具有以下理论贡献：第一，从组织印记的视角解释了企业创新战略的选择。已有研究对于企业选择探索式创新还是利用式创新往往聚焦于企业当期的资源约束（Jansen et al.，2006；李瑞雪等，2019），然而历史的影响是客观存在的，企业成立时期资源约束所带给企业的创新决策习惯也不容忽视。本章从组织印记视角出发（Marquis & Tilcsik，2013；Stinchcombe，1965），验证了成立时期宏观环境所产生的资源印记效果的存在性，扩展了创新战略研究的历史维度，为创新战略选择的研究提供了新的理论视角。第二，从创新资源和 CEO 技术背景角度寻找了主效应的两个作用边界，贡献于组织印记的动态演进方面的研究。组织印记在漫长的时间轴中是否会保持稳定是印记领域研究的一个难点（Marquis & Tilcsik，2013），然而现有的研究受到样本的限制往往忽略了这方面。本章通过创新资源投入和 CEO 技术背景两个维度，找到了组织印记动态变化的作用机制，丰富了组织印记动态变化的理论视角。

### （三）管理建议

任何一个国家都不能避免经济周期的循环，繁荣、衰退、萧条、复苏是经济发展周期的四个阶段，持续的繁荣并不现实，企业如何在经济衰退期间在保存自身实力的基础上维持创新以等待发展时机，对于企业在市场竞争中占据先发地位至关重要。我们的结论表明，经济衰退期间成立的企业未来大多偏好保守型的利用式创新，通过对产品质量、功能的改进，满足现有的客户需求，维持市场地位，同时可以规避风险。利用式创新风险虽小，但收益较少，无核心技术支撑，企业难以获得实质性的发展，要想在竞争对手之前抢占先机、扩大市场，需得结合自身资源，寻求战略与能力、环境的匹配。一方面，当企业实力、承担研发失败的风险的能力增强以后，可通过调节创新资源投入强度的大小适时转向探索式创新战略，在获得高收益的同时通过核心技术塑造企业长期竞争优势。另一方面，引入有技术背景的 CEO 有利于提高企业内部的创新意识与创新氛围，还可以凭借其良好的专业技能及对技术研发的风险偏好，敏感地捕捉市场上新技术的发展方向并迅速做出反应，进而提高企业的核心竞争力。

# 第十二章　补贴退坡对企业创新质量的影响

## 一、研究背景

自 2016 年新能源汽车退补政策信号释放至今，新能源汽车企业在政府政策和市场竞争中不断地动态调整其经营战略。由于新能源汽车行业属于战略性高新技术产业，研发和创新是企业维持市场地位和竞争优势的关键因素，而政府释放补贴“断奶”的信号会对新能源汽车行业的研发活动产生影响（马亮等，2018）。一方面，政府补贴作为一种消费补贴，“断奶”信号可能使企业预估整个行业的市场需求减少，影响原有的研发投入强度。例如，江淮汽车 2017 年年报显示，其研发支出与 2016 年相比下降了 7.47%，并且在年报中提出由于受政府退补政策的影响，其客车整体需求量大幅下滑。另一方面，补贴退坡表示外部财务资源的渠道变窄，在某种程度上会激发新能源汽车企业降低对政府补贴的依赖，从而转变为依靠自身技术创新赢得市场竞争力。政府补贴的退出究竟会给企业的创新活动带来怎样的影响？补贴退坡又能否实现政府“扶强扶优”的政策目的呢？

尽管现有文献已经发现并探讨了政府补贴在促进行业发展同时所带来的负面影响，但是已有研究大多探讨的是持续补贴过程对企业行为或绩效产生的影响。然而，2016 年新能源汽车断补政策信号的释放从相反的方面为研究政府补贴的作用提供了典型的政策断点。在外部政策冲击下企业如何应对和调整已有的创新质量？对于这一问题，已有研究并没有给出明确的答案。因此本章将借助补贴退坡的契机对上述研究空白进行补充。

本章认为，在补贴退坡政策信号的影响下，企业将逐渐从依靠外部“喂养”转变为利用内部资源进行研发创新。企业将调整原有的创新投入策略，减少以追求政府补贴为目的的策略性创新，加大研发投入。同时，企业的所有权性质和财务资源丰富程度也会影响政府补贴退坡后企业的研发战略调整。首先，相对于国有企业而言，退补信号的释放对非国有企业创新活动的影响更大。其次，企业财务资源越丰富，政府补贴退坡对企业创新行为的冲击越有限。

本章采用佰腾网、国泰安和 Wind 资讯数据库 2012~2019 年新能源汽车上市企业的面板数据作为样本，使用多项式断点回归（RDD）设计，对上述假设进行了实证检验。研究以 2016 年为政策断点，分析退坡政策颁布前后企业研发行为以及创新质量选择的变化。结果表明，政府补贴退坡后，企业的研发投入显著增加，策略性创新数量显著降低。其中，非国有企业在面临补贴退坡时对研发投入的力度比国有企业更强，减少策略性创新行为的力度也更大；财务资源丰富的企业在政府退补后加强了研发投入，财务资源相对匮乏的企业则在减少策略性创新方面行动力更强。

本章的篇章安排如下：第二部分为理论发展与假设，论述了现有研究进展并提出假设；第三部分为实证研究设计，给出了变量的定义和测量方法；第四部分为实证结果及分析；第五部分为稳健性检验；第六部分为本章小结，给出了本章的研究结论和贡献。

## 二、理论发展与假设

### （一）退补政策与企业研发投入和创新质量

从理论上说，尽管政府补贴能弥补由于创新活动正外部性给企业带来的消极影响，降低研发活动的潜在风险（Hünermund & Czarnitzki，2019；Hussinger，2008）。然而事实上，作为一种免费的外部资源，政府补贴在某种程度上给新能源汽车企业的创新行为也带来了消极影响，使其不仅没有动力加快技术升级，反而心存侥幸等待“投喂”（王文兵和王启玘，2020）。补贴退坡信号的释放，势必会使已经获得补贴资源并已习惯政府支持的新能源汽车企业重新审视自身的研发投入和创新质量（Sun et al.，2019）。

对研发投入的影响方面，政府断补信号的释放刺激企业将更多的资源投入企业研发。原因在于：第一，补贴退坡意味着外部的补贴资源逐渐减少，尽管车企可预期的经营状况会受到挑战，但企业也会逐步回归到依靠自身能力获得生存空间的发展轨道上。而作为战略性新兴产业，创新是新能源车企获得竞争优势的重要途径（Fabrizio et al.，2017），所以企业有动机更专注于技术和产品创新，将

其资源集中于技术领域。第二，政府补贴退坡的初衷是呼吁企业停止为了争取政府补贴而进行的低效创新行为（文雯，2019；熊勇清等，2018），引导企业将宝贵的创新资源用于核心技术的研发活动中。同时，政府退补并不代表对新能源汽车行业彻底断补，其根本目的是把有限的经费拨给实质进行高新技术创新的车企。企业若想继续获得政府的扶持和青睐，必须在创新方面有优异的表现。从这一角度来说，新能源汽车企业有动机通过更多的创新投入，向政府释放企业具有技术创新实力的信号（Kleer，2010），以便未来获得政府的扶持。

综上所述，政府断补政策信号的释放，使新能源汽车企业面临的生存和挑战问题更加清晰，企业有动机通过自身的创新投入提升市场地位和在政府眼中的地位。因此提出以下假设：

H1：政府退补信号的释放将刺激企业研发投入的增加。

从创新质量影响来看，政府断补的信号，会抑制企业寻补贴的策略性创新行为。黎文婧和郑曼妮（2016）研究政府补贴对企业研发行为的影响后发现，企业常以获取政府补贴为目的向政府发送“创新”的信号（Wu，2017），将大量研发经费用作策略性创新以获得政府的青睐。例如，企业为了迎合政府的补贴政策，将研发经费用于创新技术含量较低、产出速度快的创新活动。相反，退补意味着政府给予创新资源的减少，企业自然也会减少为了向政府释放创新信号而从事策略性创新的行为（如有意增加专利申请数量而不顾专利质量）。因此，退补信号会抑制企业从事无意义的策略性创新。

同时，对于新能源汽车企业而言，退补不仅代表补贴经费减少，也表示企业将迎来相对公平的市场竞争局面（Song et al.，2020）。随着政府补贴的退出，新能源汽车市场的竞争环境将变得更加激烈，谁能在技术上占领优势，谁就将引领市场风向。技术能力是新能源汽车企业追求的核心竞争力，“技术为王”的准则将使新能源汽车企业倾向于将有限的资源用于真正能够提升企业技术能力的实质性创新中。相反，策略性创新不但无助于企业形成技术壁垒，获得长足的竞争优势，而且需要投入资金、财力和物力（Boeing et al.，2016），因此企业会大大减少维系策略性创新的资源投入，主动抑制策略性创新行为。因此提出以下假设：

H2：政府退补政策出台后，企业的策略性创新行为显著减少。

### （二）所有权性质的调节作用

国有企业与非国有企业在创新效率、资金配置、研发回报率、创新意识等方面都存在显著差异（Boeing et al.，2016；陈林等，2019；Connelly et al.，2010）。Boeing 等（2016）研究认为，国有企业因其政府背景在融资借贷、获取补贴等方面相对非国有企业更具优势，导致国有企业创新效率和危机意识不如非国有企业。李玲和陶厚永（2013）认为，对于非国有企业而言，政府补贴发挥了“引导之手”的积极作用；而对于国有企业，政府补贴则扮演着“纵容之手”的消极作用。因此，我们认为，不同所有制性质在政府退补信号与企业创新的关系中存在异质性的作用。

对于国有企业来说，政府退补信号的影响效果并不明显。国有企业运营国有资产，相关经费多数来源于政府（Holz，2003）。相对于非国有企业来说，国有企业在国家支持下获得资源的能力和渠道更加丰富（Luo et al.，2011；Ruiqi et al.，2017），尤其是用于技术创新的资源。即便失去国家的直接补贴，国有企业也很容易在国家大力推进创新驱动的战略背景下通过其他途径获得政府对新技术的资金支持（Fan & Wang，2021），因此国有企业较少受困于退补所带来的资源约束（李文贵和余明桂，2015）。

对于非国有企业而言，政府的退补信号会对其创新行为带来较大的影响。非国有企业具有天然的趋利性（陈林等，2019），风险危机意识较强（Chen et al.，2018），对市场的反应速度较快。政府补贴逐步退出，非国有企业面对外部创新资源被逐步切断的压力，不得不调整创新行为和战略。在创新投入上，非国有企业更加有动机通过公平的市场竞争赢得市场份额，而技术创新是新能源汽车企业获得竞争优势的关键手段（Hormiga & García-almeida，2016；吴伟伟和张天一，2021）。因此，非国有企业将更加倾向于将大量资源投入创新活动。在创新质量上，外部资源的断补，促使非国有企业更好地利用已有的内部创新资源，集中优势资源从事企业实质性创新活动（Wu，2017）。而策略性创新所产生的创新价值低，其信号效应在退补政策中也很难再发挥作用，所以非国有企业将会进一步地收缩对策略性创新的投入。

综上所述，在补贴退出的大背景下，国有企业受到的资源冲击较小，而非国有企业的逐利性会引导企业调整创新质量。因此提出以下假设：

H3a：相对于国有企业，政府退补信号后，非国有企业增加企业研发投入的强度更高。

H3b：相对于国有企业，政府退补信号后，非国有企业减少策略性创新行为的强度更高。

### （三）企业财务资源的调节作用

毫无疑问的是，创新是企业赢得竞争优势的重要因素（Greenhalgh & Rogers，2006；Gu，2016），而企业财务资源则是企业创新的基础支持（Chiappini et al.，2022）。

在创新投入方面，政府资源的撤出会激发企业的创新动机，让企业将有限的

资源用于技术创新以提升产品的市场竞争力（叶光亮等，2022）。当企业财务资源丰富时，由政府退补所激发的企业创新动机能够获得财务资源的支持和保障，企业倾向于将更多的财务资源投入到企业研发活动中，进而增强政府退补对企业创新投入的影响。而当企业财务资源匮乏时，政府退补虽然激发了企业的创新动机，但是企业没有充足的财务资金保障，投入到创新活动中的经费也会受到限制。例如，在政府退补的情况下，为了弥补退坡的影响，不少车企需要自行为消费者购车“倒贴”以往的补贴差额以维系市场用户（Song et al.，2020）。相比于财务资源丰富的企业，财务资源紧张的企业有可能进一步摊薄企业原有用于创新研发的经费，导致支撑企业创新的投入受限。因此提出以下假设：

H4a：财务资源越丰富的企业，政府退补信号后，其研发投入经费增加的程度越大。

在策略性创新方面，政府资源撤出，企业释放创新信号的动机会大减，进而减少不必要的策略性创新行为。而对于自身财务资源储备丰富的企业而言，政府退补带给企业的资金冲击能够由自身的财务资源弥补和缓冲（Hoegl et al.，2008；Karltorp et al.，2017），因此这类企业受到政府资源撤出的影响相对弱一些。受到研发投入惯性的影响（陈海彬，2019），其可能继续维持一部分策略性创新行为。同时政府退补并非完全不补，而是补贴的技术门槛更高。所以对于具有充足财务资源的企业来说，依然倾向于坚持部分策略性创新以向政府释放创新信号。但是对于内部财务资源紧缺的企业来说，政府退补对其资金链的影响无疑是巨大的。企业有动力去调整创新质量，重新整合、构建和配置内部资源（Buccirossi et al.，2013），把稀缺的研发经费投入到能真正促进企业发展、提升市场竞争力的实质性创新活动上（Hashmi，2013），因此企业会减少创新价值较低的策略性创新行为。对此我们提出以下假设：

H4b：财务资源越丰富的企业，政府释放退补信号后，其策略性创新行为减少的程度越小。

## 三、实证研究设计

### （一）关于断点回归方法（RDD）的模型选择

本章选择断点回归方法出于以下两个原因：第一，断点回归方法是处理政策冲击的理想方法。Lee 和 Lemieux（2010）认为，断点回归的因果推理比典型

"自然实验"策略的因果推理更加可信，不需要严格的前提假设，避免了内生性的问题。Hausman 和 Rapson（2018）发现，在断点回归设计中，越来越多研究使用时间作为驱动变量（Running variable）来处理政策效应。第二，本章的研究重点是新能源车企的研发活动和创新质量在政府补贴从有到无情况下的变化。2016年，国家骗补调查和一系列退补政策的出台，形成了典型的政策断点。并且通过企业专利总数来看（见图 12-1），退补政策信号释放后，企业专利数在一年滞后期之后恰好出现了"跳跃点"，增长率由正转负，符合本章提出的存在政策断点的假设。

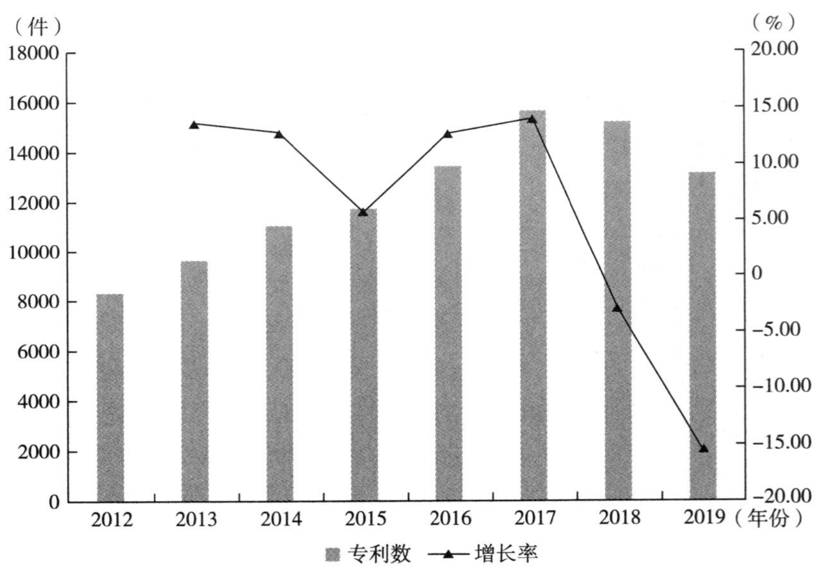


**图 12-1 新能源汽车企业历年专利总数**

选择 2016 年作为政策断点，主要从以下维度考虑：2016 年底，政府颁布了《关于调整新能源汽车推广应用财政补贴政策的通知》，明确退补力度和时间，退坡机制开始启动。根据新能源网报道，由于骗补调查和延后发放机制的影响，新能源车企在 2016 年底获取的是 2015 年的补贴，退坡机制的影响力在 2017 年才开始显现。本章认为，尽管正式的退补政策在 2016 年底才颁布，但政府的退补机制已经在 2016 年开始对新能源汽车企业产生影响，因此，2016 年存在一个政策时间断点。在 2016 年以前，车企能够享受高额补贴的政策优惠，甚至不少车企获得的补贴额超过本身的销售额；而在 2016 年以后，补贴全面紧缩，补贴

审查升级、技术门槛提高，新能源汽车企业开始告别高补贴、高增长的时代。

### （二）样本选择和数据来源

本章选择的研究样本时间为2012~2019年。选择从2012年作为研究起点的原因与上一章节相同，本章不再赘述。选择2019年作为研究节点的原因是新冠疫情暴发后，各个产业的发展受到巨大冲击，新能源汽车产业同样受到了影响。政府在2020年4月将原定于2020年底完成全部补贴退坡的计划延期，明确在未来两年平缓新能源汽车补贴退坡力度和节奏。因此，为了更准确地把握新能源汽车产业在补贴退坡政策后受到的最直接的影响，本章将2019年作为研究的时间节点。

根据Wind资讯数据库的分类，本章采用52家在沪深A股上市的新能源汽车公司2012~2019年的相关数据。剔除ST、*ST和资产重组以及退市的公司，去除相关信息和数据缺失的公司，本章最终包含264个有效样本。数据分别来自佰腾网，国泰安（CSMAR）数据库和Wind资讯数据库。其中，2012~2019年各企业专利数据皆从佰腾网手工收集，企业研发投入、政府补贴和财务数据来自国泰安数据库，公司基本信息和员工信息来自Wind资讯数据库。

### （三）变量与测量

1. 结果变量

研发投入。研发投入可以反映企业当年对研发活动的重视程度以及创新资源的投入情况。该指标用企业当年年报内研发投入金额来衡量（高伟和胡潇月，2020），本章取原始数值的自然对数进行回归。

创新质量。借鉴黎文靖和郑曼尼（2016）对创新质量的分类，本章将企业创新质量分为策略性创新和实质性创新。策略性创新是指以谋求其他利益为目的，通过追求创新“数量”和“速度”来迎合监督与政府的创新策略，创新的技术含量较低。实质性创新是指以推动企业技术进步和获取竞争优势为目的的“高质量”的创新行为，属于高技术水平的创新。本章以发明专利数量加1取对数来表示实质性创新，用实用新型和外观设计专利数量的和加1取对数来表示策略性创新。

2. 驱动变量

政府退补政策。将新能源汽车行业退补时间设定为虚拟变量，政策颁布前年份为0，颁布后年份为1。具体如下：

$$D_{i,t}=\begin{cases}0, & t<2016\\1, & t\geqslant 2016\end{cases}$$

其中，$i$代表公司，$t$代表年份。

3. 调节变量

企业所有权性质。本章试图从企业所有权性质的角度分析国有新能源汽车企业和非国有新能源汽车企业在面临政府补贴退出时，企业的创新质量调整和研发投入金额的变化情况。根据企业的实际控制人属性，将国有企业定义为 1，非国有企业定义为 0（李瑛玫和史琦，2019），其中，国有企业占 34.75%，非国有企业占 65.25%。

企业财务资源。本章以企业的营业利润率来衡量企业的财务资源丰富程度（王静和张西征，2013）。营业利润率越高，表示企业获得净收益的能力越强，内部财务资源越充沛。

4. 控制变量

采用多项式断点回归，控制变量的选择非常重要。为了排除第三变量对研究的影响，本章借鉴相关研究设置以下变量为控制变量：企业规模、企业年龄、投资回报率、所属地域和股权集中度。

## 四、实证结果及分析

### （一）描述性统计及相关系数矩阵

表 12-1 检验并汇报了变量的描述性统计及相关系数。为减少极端值对结果的影响，本章对控制变量分别进行了 1%水平的缩尾处理。由表 12-2 可知，各控制变量之间的相关性均小于 0.5，各变量的方差膨胀因子 VIF 均小于 10，表示各变量间不存在严重的多重共线性，确保了数据的稳健性。

表 12-1　控制变量定义与说明

| 变量名称 | 测量符号 | 变量测量 | 相关研究 |
|---|---|---|---|
| 企业规模 | Firm size | 企业营业收入取对数 | 邹国平等（2015） |
| 企业年龄 | Age | 公司已成立年份取对数 | 周煊等（2012） |
| 投资回报率 | ROI | 本期投资收益/本期投资总额 | 李延喜等（2015） |
| 所属地域 | Province | 企业注册地址所属的省份 | 白旭云等（2019） |
| 股权集中度 | Top10 | 前十大股东持股比例 | 张耕和高鹏翔（2020） |

表 12-2 描述性统计和相关系数

| 变量 | 均值 | 方差 | VIF | 1 | 2 | 3 | 4 | 5 | 6 | 7 | 8 |
|---|---|---|---|---|---|---|---|---|---|---|---|
| 策略性创新 | 3.615 | 1.995 | 2.88 | 1 | | | | | | | |
| 研发投入 | 19.315 | 1.641 | 7.64 | 0.775*** | 1 | | | | | | |
| 财务资源 | 0.058 | 0.118 | 1.10 | 0.068*** | -0.026*** | -0.045*** | 1 | | | | |
| 企业规模 | 22.507 | 1.683 | 9.28 | 0.705*** | 0.945*** | 0.782*** | -0.002*** | 1 | | | |
| 企业年龄 | 20.72 | 4.386 | 1.29 | 0.150*** | 0.308*** | 0.244*** | 0.045** | 0.389*** | 1 | | |
| 投资回报率 | 0.581 | 2.121 | 1.07 | -0.180 | -0.130 | -0.139* | 0.113** | -0.113 | 0.046 | 1 | |
| 股权集中度 | 0.609 | 0.168 | 1.24 | 0.248 | 0.351 | 0.204 | 0.157 | 0.336 | -0.030 | -0.126 | 1 |

注：括号内为 t 值；* 表示在 10%水平上显著；** 表示在 5%水平上显著；*** 表示在 1%水平上显著。

### （二）主效应回归分析

表 12-3 展示了假设 1 和假设 2 的检验结果。通过改变多项式的阶数可以发现，回归系数的方向是一致并稳健的。当被解释变量为企业研发投入金额时，政策断点的各阶系数为正，其中二阶与三阶系数分别在 5%和 10%水平上显著，这表明政府退补政策的信号刺激了企业加大研发投入，图 12-2 也呈现明显的向上跳跃趋势。当被解释变量为策略性创新时，政策断点的各阶系数都为负，其中二阶和三阶系数在 10%水平上显著，表示政府的退补政策显著减少了企业策略性创新行为。图 12-3 可以直观地反映出，企业策略性创新的数量在政策断点之后出现了显著的下降，这说明退补政策对新能源汽车企业创新质量调整确实产生了影响。故假设 1 和假设 2 都得到了验证。

表 12-3 2016 年退补政策对企业创新质量及研发投入的影响

| 变量 | 主效应回归 | | | | | |
|---|---|---|---|---|---|---|
| | 因变量：研发投入 | | | 因变量：策略性创新 | | |
| | 一阶 | 二阶 | 三阶 | 一阶 | 二阶 | 三阶 |
| 断点年份（2016） | 0.177<br>(1.45) | 0.080**<br>(1.99) | 0.030*<br>(1.76) | -0.449<br>(-1.65) | -0.176*<br>(-1.96) | -0.070*<br>(-1.84) |
| 样本量 | 264 | 264 | 264 | 264 | 264 | 264 |
| $R^2$ | 0.9258 | 0.9257 | 0.9256 | 0.7520 | 0.7519 | 0.7517 |

注：括号内为 t 值；* 表示在 10%水平上显著；** 表示在 5%水平上显著；*** 表示在 1%水平上显著。

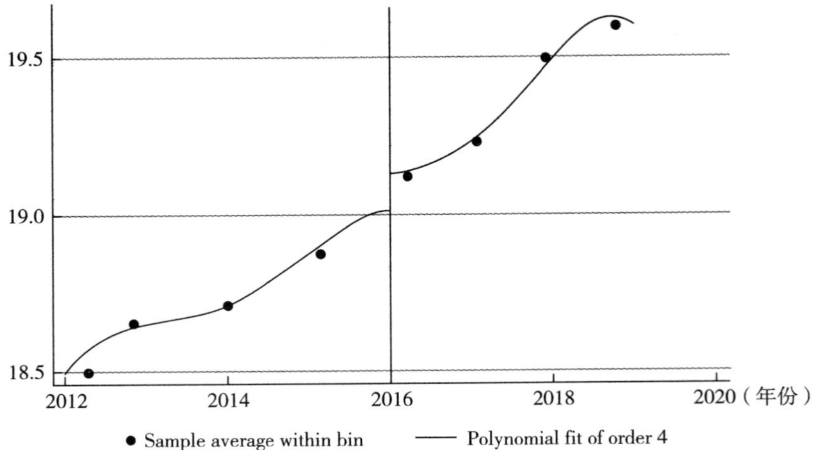


图 12-2　研发投资回归结果

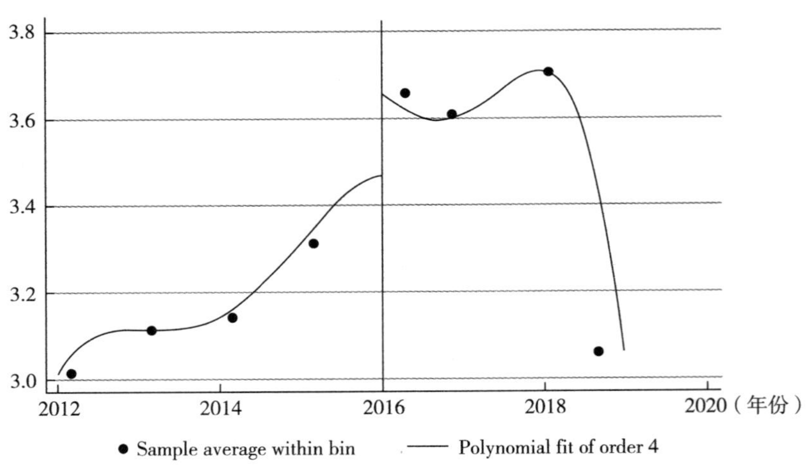


图 12-3　策略性创新回归结果

### （三）调节作用回归分析

表 12-4 以企业的所有权性质为调节变量，检验政府退补之后，国有企业和非国有企业分别在研发投入和创新质量调整方面的差异。在研发投入水平方面，国有企业和非国有企业在面临政府退补的情况下，国有企业的研发投入增加程度显著低于非国有企业，表 12-4 中各阶系数都在 10%的水平上显著（t=-1.74，-1.83，-1.84），因此假设 3a 成立。从减少企业策略性创新行为来看，非国有

企业对策略性创新数量减少的程度显著高于国有企业，断点回归的二阶和三阶系数都在10%水平上显著（t=1.75，1.77），因此假设3b成立。

**表12-4 所有权性质对研发投入与企业策略性创新行为的调节作用**

| 变量 | 研发投入 | | | 策略性创新 | | |
|---|---|---|---|---|---|---|
| | 一阶 | 二阶 | 三阶 | 一阶 | 二阶 | 三阶 |
| 断点年份（2016） | 0.208* | 0.098** | 0.042** | −0.539* | −0.223** | −0.099** |
| | (1.67) | (2.36) | (2.31) | (−1.83) | (−2.27) | (−2.31) |
| 断点年份（2016）×所有权性质 | −0.110* | −0.044* | −0.015* | 0.246 | 0.099* | 0.035* |
| | (−1.74) | (−1.83) | (−1.84) | (1.64) | (1.75) | (1.77) |
| 样本量 | 221 | 221 | 221 | 221 | 221 | 221 |
| $R^2$ | 0.9312 | 0.9313 | 0.9313 | 0.7438 | 0.7442 | 0.7443 |

注：括号内为t值；*表示在10%水平上显著；**表示在5%水平上显著；***表示在1%水平上显著。

表12-5是以企业财务资源作为调节变量，检验政府退补之后，财务资源丰富程度对企业研发投入和策略性创新行为的调节作用。结果表明，企业的财务资源越丰富，在面临退补时对研发投入的力度更强，其各阶系数的显著性分别在1%和5%水平上显著（t=2.81，2.32，2.00）。同时，掌握财务资源更充裕的企业，在面临补贴退坡时的策略性创新减少程度比财务资源匮乏的企业降低程度更小，其回归结果的一阶系数在10%的水平上显著（t=1.83）。因此假设4a和假设4b都得到了验证。

**表12-5 财务资源对研发投入与企业策略性创新行为的调节作用**

| 变量 | 研发投入 | | | 策略性创新 | | |
|---|---|---|---|---|---|---|
| | 一阶 | 二阶 | 三阶 | 一阶 | 二阶 | 三阶 |
| 断点年份（2016） | 0.200 | 0.149* | 0.049 | −0.373 | −0.086 | −0.042 |
| | (0.78) | (1.75) | (1.34) | (−1.07) | (−0.75) | (−0.85) |
| 断点年份（2016）×企业财务资源 | 2.254*** | 0.900** | 0.369** | 1.940* | 0.511 | 0.142 |
| | (2.81) | (2.32) | (2.00) | (1.83) | (1.00) | (0.59) |
| 样本量 | 264 | 264 | 264 | 264 | 264 | 264 |
| $R^2$ | 0.6713 | 0.6671 | 0.6644 | 0.5929 | 0.5889 | 0.5878 |

注：括号内为t值；*表示在10%水平上显著；**表示在5%水平上显著；***表示在1%水平上显著。

## 五、稳健性检验

### （一）安慰剂检验

为确保结论的可靠性，本章进行了安慰剂检验。本章认为，政府退补政策影响企业行为的断点发生在 2016 年，那么如果假设以其他年份为断点，回归结果出现了显著的跳跃，则表示原假设的断点回归结果不可靠。因此在表 12-6 中，分别取 2015 年和 2017 年为假设的断点进行回归分析。

可以看到，在相同的条件下，以 2015 年和 2017 年分别为政策断点的回归结果并不显著，说明 2015 年和 2017 年都不是政策断点，回归结果稳健。

**表 12-6 安慰剂检验结果**

| 变量 | 假设 2015 年为断点 | | 假设 2017 年为断点 | |
|---|---|---|---|---|
| | 策略性创新 | 研发投入 | 策略性创新 | 研发投入 |
| 断点年份 | -0.030<br>(-0.20) | 0.155<br>(2.07) | -0.383<br>(-1.68) | 0.141<br>(1.22) |
| 样本量 | 264 | 264 | 264 | 264 |
| $R^2$ | 0.7262 | 0.9026 | 0.7312 | 0.8983 |

注：括号内为 t 值。

### （二）控制变量有效性检验

断点回归要求控制变量要满足平滑性假设，在断点处不会出现“跳跃点”。如果控制变量无法满足平滑性假设，则表示结果变量不是由处理变量完全解释的。本章采用陈林等（2019）的方法，选取企业规模、投资回报率、所有权性质、股权集中度等指标替代本章中的结果变量重新进行断点回归。表 12-7 的回归结果显示全部的控制系数在 5%水平上都不显著，表明控制变量没有出现断点，因此上述假设得到了支持。

表 12-7 控制变量的连续性检验

| 变量 | 多项式规范 | | |
| --- | --- | --- | --- |
| | 一阶 | 二阶 | 三阶 |
| 企业规模 | -0.217<br>(-0.76) | 0.025<br>(0.27) | -0.008<br>(-0.21) |
| 投资回报率 | -3.04<br>(-1.61) | -0.12<br>(-0.27) | -0.21<br>(-1.69) |
| 所有权性质 | -0.01<br>(-0.15) | 0.00<br>(0.12) | -0.00<br>(-0.09) |
| 股权集中度 | 0.031<br>(0.80) | 0.008<br>(0.65) | 0.004<br>(0.73) |

注：括号内为 t 值。

## 六、本章小结

### （一）研究结论

本章借鉴黎文靖和郑曼尼（2016）对创新质量的分类，将创新分为策略性创新和实质性创新，基于信号理论和资源基础论，研究在补贴退坡政策信号的影响下，企业研发创新质量选择的转变，解释发生转变背后的原因。采用多项式断点回归方法，采用 2012~2019 年的相关数据，以 2016 年为断点，评估政府“断奶”对新能源汽车企业的创新战略调整以及研发投入情况的影响，为提高政策的可行性和有效性提供科学的决策依据。

研究发现：第一，政府退补政策显著刺激了企业加强研发投入的力度，其中，非国有企业在面临补贴退坡时对研发投入的力度比国有企业更大，财务资源更丰富的企业的研发投入程度更高。掌握核心技术才是新能源汽车企业立足于市场的根本。在补贴退坡背景下，没有掌握核心技术的车企难免要面临被合并的风险，而政府补贴退坡的根本目的是希望打破车企骗补、发展无序的局面，重新树立新能源汽车的行业规则和标准。由于非国有企业天然的趋利性和对危机意识的敏感性（Ruiqi et al.，2017；Fan & Wang，2021），当面临政府补贴退坡时，它们更有动机进行研发活动，获取更强的竞争优势。此外，对于财务资源丰富的企业而言，退补所激发的企业创新动机能够获得财务资源的支持和保障，企业倾向于将更多的财务资源投入到企业研发活动中。

第二，政府补贴退坡政策显著减少了企业的策略性创新行为，其中，非国有企业在减少策略性创新活动的程度上显著大于国有企业，财务资源相对匮乏的企业减少策略性创新的意愿和力度更强。研究表明，政府的退补政策显著影响了企业创新战略的选择，有效地减少了企业的策略性创新行为。一方面，政府“断奶”政策意味着新能源汽车企业将不再能轻易获得政府补贴，企业通过策略性创新释放创新信号的行为会减少。另一方面，退补还表示新能源汽车企业将面临更公平但竞争更激烈的市场环境，为了保住和提升市场份额，车企有动机减少无益的策略性创新。对于非国有企业来说，外部资源的断补促使其更好地利用已有的内部创新资源，集中优势资源从事实质性创新活动。同样，内部财务资源紧缺的企业有动力去调整创新战略，重新整合、构建和配置内部资源，把稀缺的研发经费投入到能真正促进企业发展、提升市场竞争力的实质性创新活动中。

可见，政府“断奶”有利于刺激企业调整创新战略，减少策略性创新活动。同时，退补政策还有利于企业加大研发投入的力度，加强行业的竞争氛围，引导市场变得更加公平和有序。

### （二）研究贡献

首先，本章从补贴退坡的角度揭示了政府科技创新政策对企业的影响。尽管现有文献已经探讨了政府补贴在促进行业发展同时所带来的负面影响，但是其聚焦于持续补贴过程对企业行为或绩效产生的影响。对于当受到外部政策冲击时，企业应该如何应对和调整已有的创新战略，已有研究并没有给出明确的答案。因此本章借助补贴退坡的契机，以 2016 年为政策断点，从实证方面填补了新能源汽车面临补贴退坡时在研发投入调整和创新质量选择方面的研究空白，为政府科技政策对企业创新行为的影响机制提供了不同的理论视角。其次，从企业的视角，基于信号理论和资源基础论解释了在政府发放补贴的过程中企业创新质量选择背后的根本动机，补充和完善了该层面的理论空白。最后，从政府的视角，打开政策失灵和错配的“黑箱”，为政府加强制度设计和提高监管手段提供理论依据。

# 第十三章　研究结论

迈进深地、挺进深海、探进深空、跃进深蓝，在科学探索和中国现代化建设的征途上，自主科技创新是国家复兴富强的关键动力。中国科技创新政策在引领国家创新发展方向、引导企业创新行为和规范创新制度建设方面发挥了重要的作用。本书的目的便是通过上、下两篇的设计，系统深入地梳理中国科技创新政策，扎实清晰地厘清科技创新政策在企业高质量创新中的作用机理。

## 一、中国科技创新政策梳理

上篇主要探讨了世界及中国科技创新政策的演进和内容梳理。结论如下：

第一，通过梳理美国、英国、俄罗斯、欧盟和日本等技术先进国家和地区的国家级创新战略及其科技创新政策着力点，包括美国的《美国创新新战略》、英国的《我们的增长计划：科学和创新》、俄罗斯的《俄罗斯2013—2020年国家科技发展纲要》、欧盟的《地平线2020计划》、日本的《科学技术创新综合战略2014——为了创造未来的创新之桥》。我们发现，技术先进国家无一不是将战略性领域的关键技术创新作为国家创新战略的焦点，并作为国家间综合竞争的撒手锏。这一点我们需要清晰地看到，并做好长期积累和艰苦拼搏的准备。同时，技术先进国家更加关注创新的激励机制建设和创新服务对象的广泛性，以便提高各国创新的可持续力量的发展。

第二，我们借鉴已有研究的成果，对中国科技创新政策的发展历程进行了梳理，总结出七个创新发展阶段，分别是：第一阶段，向科学进军（1949～1977年）；第二阶段，科学技术是第一生产力（1978～1984年）；第三阶段，全面科技体制改革阶段（1985～1994年）；第四阶段，科教兴国战略（1995～2005年）；第五阶段，提高自主创新能力（2006～2012年）；第六阶段，创新驱动发展战略

（2013~2020年）；第七阶段，科技政策聚焦自立自强（2021年至今）。中国的创新政策与经济发展阶段相辅相成，在摸着石头过河的经济探索中，创新政策也在各个阶段呈现出鲜明的特点。对创新发展阶段的清晰界定有利于更加深刻地理解企业的创新行为。

第三，本书梳理了中国科技创新政策体系，包括科技创新要素政策（具体包括科技人才政策、科技投入政策、科技创新基础条件平台与基地政策、科技管理体制改革与创新政策统筹协调、科技创新环境政策等）、科技创新主体政策（涉及企业技术创新政策、科研院所与高校政策、创新创业服务机构政策等）、科技创新网络政策（具体包括产业技术政策、科技创新区域政策、产学研结合政策、科技成果转化政策、军民结合政策等）。

第四，本书分别针对重点区域和重点行业进行了科技创新政策的文本挖掘。北京市科技创新政策的文本挖掘结论如下：

（1）从时间演进来看，1982~2021年，创新政策数量总体呈上升趋势，其中，1988年、2011年和2020年政策发文数量快速增长。因此，本书将北京市科技政策按照1982~1987年、1988~2010年、2011~2019年、2020~2021年划分为4个阶段。在不同的阶段，北京市科技政策的演变具有不同的特点。从行业分类来看，第一阶段（1982~1987年），北京市科技创新政策对第二产业的支持力度最大，政策支持强度高达73%。从第二阶段（1988~2010年）开始，战略性新兴产业的政策支持强度占据首位，并且总体呈连续上升趋势。第一产业的政策支持强度在第二阶段达到高峰，随后呈现下降趋势。第三产业和高新技术产业的政策支持强度呈增长趋势，小幅波动。从支持主体来看，从第一阶段（1982~1987年）至第四阶段（2020~2021年），支持企业的创新政策的绝对数量最多。高校院所和科技人才的支持情况从绝对数量上和支持强度方面都比较接近，社团组织在各阶段的政策支持数量和强度始终较低。

（2）从创新政策类型来看，第一阶段供给型政策工具的政策支持强度最高，为50%；其次是环境型政策，为36.73%。从第二阶段开始，环境型政策工具的使用强度取代供给型，连续三个阶段的使用强度都排在首位，围绕46%上下浮动。需求型政策工具的使用强度在各个阶段始终最低，均在19%以下。总体来看，“推广应用”“资质认定”“财政支持”“科技经费”“服务平台建设”“财政监督”“人才激励”“法律法规”“产权制度”“培训服务”等科技创新政策工具使用最频繁。具体来说，对于供给型政策工具，资金支持和技术支持的政策使用数量最多，人才支持的政策强度维持稳定，信息支持政策在第三阶段和第四阶段有所使用，两阶段中被使用的次数小于10。对于需求型政策工具，“政府推广/推荐”在各阶段的使用频次最高，“贸易管制”在第二阶段的使用强度激增至

30.06%，到第三阶段和第四阶段回落到10%以下；“政府采购/购买”则在第一阶段使用强度较高，达23.08%，到第二阶段以后下降至小于15%的水平；“服务外包”的使用强度较低，可以忽略不计。对于环境型政策工具，公共服务使用强度在各阶段总体上呈现上升趋势，策略性措施则总体呈现下降趋势，“科技金融”“财税措施”和“法规管制”在各阶段使用强度都有所起伏变化。其中，“法规管制”的使用强度在各阶段中都居于首位。

新能源汽车行业科技创新政策的文本挖掘结果如下：

（1）在第一阶段（2007~2010年），新能源汽车产业发展进入起步期。此时的政策主要以政策引导和开展试点工作为主，围绕“节能与新能源汽车”发展战略规划进行宏观层面的布局。对新能源汽车产业的供给端（包括产业链的上、中、下游）使用供给型和环境型政策工具，在颁布各项产业准入规则和要求的同时，也通过“资金补贴/补助”等方式鼓励新能源产业的技术发展。在新能源汽车的需求端开展各项试点工作，采取示范推广、健全配套设施等途径开拓市场。

（2）在第二阶段（2011~2015年），新能源汽车产业发展步入正轨。围绕“纯电驱动”技术转型战略，率先对公共交通工具实行全面电动化，并且由国家带头建设和完善充电基础设施。同时，采取高额购车补助，连续减免新能源汽车车船税、购置税等方式刺激消费。通过打政策的组合拳，从推动供给端到拉动需求端进一步加快新能源汽车市场化进程。

（3）在第三阶段（2016~2020年），新能源汽车产业发展取得了实质性进展，也标志着产业由起步期正式迈入了成长期。该阶段的政策重心主要在于发展新能源汽车动力蓄电池技术，并通过补贴退坡的方式引导新能源市场由政策驱动转向市场驱动。

## 二、科技创新政策对企业创新质量的影响机理

本书下篇采用实证研究范式，主要探究了科技创新政策对企业创新质量的影响机理，影响路径如图13-1所示。

第一，从补贴时间点和类型来看：①事后补贴、人才补贴与环境补贴作为一种资源支撑与利好信号，激励企业投入更多的资源在研发创新活动中，显著地促进了企业的创新产出。表明政府补贴对企业创新具有积极的影响，弥补了市场机制的失灵。②不同类别的政策补贴对企业创新质量的影响具有异质性。事后补贴和环境补贴更能促进企业的实质性创新而不是策略性创新。人才补贴更能促进企

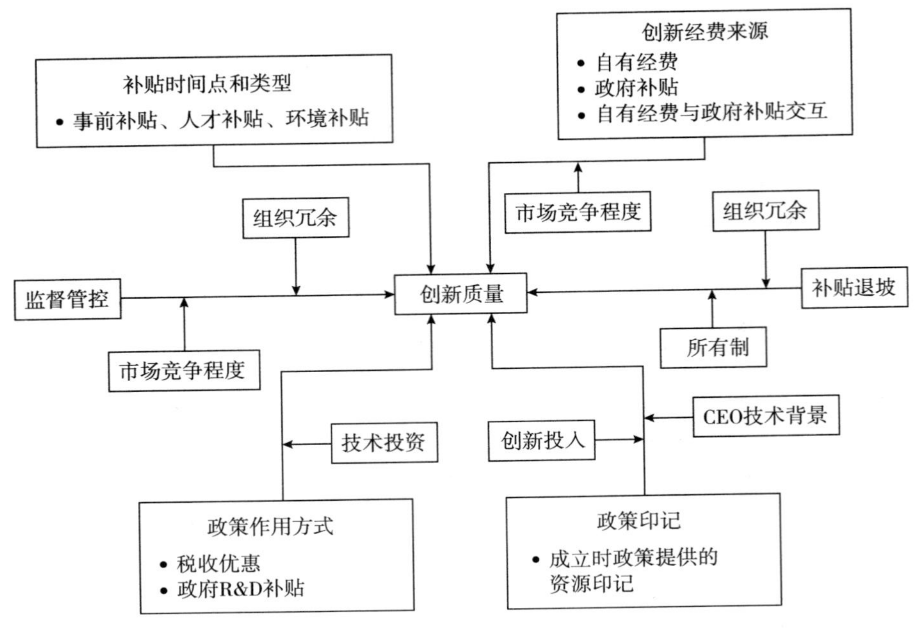


**图 13-1　科技创新政策与企业创新质量的作用路径**

业的策略性创新而不是实质性创新。

第二，从企业创新经费来源来看：①企业自有创新经费和政府研发补助无论对策略性创新还是对实质性创新都具有显著促进作用。从回归系数的 Suest 检验来看，相比于策略性创新，自有创新经费和政府的研发补助更多地促进了实质性创新。结果表明，政府的研发补助对企业的创新产出存在积极的影响，有利于提高社会的整体创新水平。这一结论呼应了已有研究中对创新投入提高企业创新能力的论断（Wang，2018）。②从政府补贴与企业自有经费的交互作用来看，政府研发补助对企业自有创新经费用于策略性创新产生了促进作用，而对自有创新经费用于实质性创新的影响不显著。这一结果从信号理论视角验证了政府研发补贴腐蚀了企业的创新活动的结论。为了迎合政府的补助要求，企业将研发经费投入到投机性质的策略性创新中，揭示了企业为了追求数量而进行寻补贴的动机，与黎文靖和郑曼妮（2016）的研究结论相呼应。然而，政府补贴并没有对企业研发经费从事实质性创新带来影响，因此，依靠“自己的钱”比依靠“别人的钱”更加可靠。③市场竞争程度较弱的行业中的企业出现政府研发补助刺激自有创新经费做策略性创新的现象更加突出。结论表明，政府补贴并不能有效地促进市场竞争程度较弱的企业进行实质性创新，反而会造成政府资

源的无效消耗。

第三，从政策作用方式来看：①税收优惠作为一种事后激励，影响企业的经营过程，有利于稳定企业的研发投入，对创新效果和高质量创新产出均具有促进作用。这一结论与李晨光和张永安（2014）以及李维安等（2016）的研究结论是一致的。表明政府的间接激励政策对发挥企业在创新中的主体地位、牢固市场作用机制具有重要作用。②政府的 R&D 补贴对企业创新的作用效果却截然相反。作为一种事前激励，政府 R&D 补贴更多地体现了政府的意志，对企业创新活动反而形成一种干扰，扭曲价格要素，诱导企业对创新补贴的寻租行为和对政府的依赖，最终对创新绩效和创新质量都具有消极作用。③技术能力越强的企业，政策对高质量创新产出的作用越弱，企业更加倾向于遵循已有的技术轨迹，而对政府的政策依赖减弱。然而，创新政策对低质量创新产出的作用并不会受到企业技术能力强弱的影响，也就是说，企业通过投机性或策略性创新行为获得政府政策优惠的动机并不因企业技术能力存在差异而不同。

第四，从政策印记的角度来看：①成立在经济衰退期间的企业未来更倾向于选择利用式创新。创始时期资源的限制使企业倾向于选择保守型的利用式创新战略以“求生存”。初创企业内部储备的资源有限、外部环境的不确定性使其不管是通过融资还是通过产品销售从外部获得新的资源的预期都持谨慎态度，再加上风险承受能力较弱，因此，企业更倾向于选择研发成本低且容易获得短期财务回报的利用式创新，资源匮乏印记使这种保守型的投资习惯会在企业存续期间一直持续下去。②创新资源投入的增多会对企业资源匮乏印记有削弱作用。企业的创新资源越多，企业成立初期的资源匮乏印记就会越弱，企业不再局限于最初的“求生存”战略。本身实力和抗风险能力的提升，使企业更愿意通过承担高风险、研发新的技术和产品，即探索式创新来“求发展”，开辟新的市场，稳固市场地位，实现企业价值的提升。企业可通过适时调整创新战略塑造其核心竞争优势。③CEO 技术背景对企业成立时期资源匮乏印记与利用式创新之间关系有显著负向调节作用，即当企业选聘有研发技术背景的 CEO 后，企业的利用式创新倾向显著降低。本书的实证表明，有技术背景的 CEO 能促进企业的探索式创新。有过技术职业经历的 CEO，对新技术、新产品的变动更敏感，更重视企业的核心技术的研发，与成立在经济衰退时期企业资源匮乏印记产生的保守型投资战略产生冲突，进而减弱了企业的利用式创新倾向。

第五，从补贴退坡视角看：①政府退补政策显著刺激了企业加强研发投入的力度，其中，非国有企业在面临补贴退坡时对研发投入的力度比国有企业更大；财务资源更丰富的企业的研发投入程度更高。②政府补贴退坡政策显著减少了企业的策略性创新行为，其中，非国有企业在减少策略性创新活动的程度上显著大于国有企业；财务资源相对匮乏的企业减少策略性创新的意愿和力度更强。

## 三、决策建议

当前中国在世界经济和政治舞台上发挥着不可替代和不可磨灭的作用。国家的科技创新实力是核心竞争力最为重要的基石。在科技创新政策的历史演进中，我们经历了市场换技术、引进消化吸收等众多的探索和实践。不得不承认，中国在某些关键技术领域和高精尖行业依然存在被“卡脖子”的事实，时代留给中国高新技术企业和科技工作者一个不小的难题。历史的经验教训告诉我们，关键技术是买不来、学不来、要不来的，我们要坚定地走自主创新之路，实现科技领域的自立自强。

政策是制度的核心体现。科技政策对构建国家创新体系、提升自主创新能力具有至关重要的作用。未来中国的科技创新政策应该聚焦于以下五个方面：

第一，加强企业的主体地位。企业是创新的主体，创新政策要更多地释放企业的创新活力，给予企业更多创新环境支持、创新失败的容忍、创新平台的搭建，为企业高新技术突破提供制度上的保障。

第二，加强基础研究。未来中国应加大对基础研究的投入，促进科技创新的源头创新。此外，还要加强国际与国内合作，加速科研成果转化，提高科研成果的研发效率。

第三，加强核心技术突破。未来中国要注重解决关键核心技术“瓶颈”，推进芯片、高端制造、人工智能等领域的创新。同时还应通过政策引导和产业协同，推进创新产业集群的形成。

第四，推进科技人才培养。未来中国要加大科技人才培养的力度，培养高素质的科研人才并引进战略科技人才，促进人才的流动和交流，加强科技人才队伍的建设。

第五，加强知识产权保护。未来中国应加强知识产权保护，完善知识产权法律体系和管理体系，提高知识产权保护的能力和水平，保障科技创新成果的合法权益。

# 参考文献

［1］ Acemoglu D. , et al. Innovation, reallocation and growth ［J］ . American Economic Review, 2018 (11): 3450-3491.

［2］ Allred B. B. , Park W. G. The influence of patent protection on firm innovation investment in manufacturing industries ［J］ . Journal of International Management, 2007, 13 (2): 91-109.

［3］ Almus M. , Czarnitzki D. The effects of public R&D subsidies on firms' innovation activities: the case of Eastern Germany ［J］ . Journal of Business & Economic Statistics, 2003, 21 (2): 226-236.

［4］ Anokhin S. , Schulze W. S. Entrepreneurship, innovation and corruption ［J］ . Journal of Business Venturing, 2009, 24 (5): 465-476.

［5］ Arrow K. J. The economic implications of learning by doing ［J］ . The Review of Economic Studies, 1962, 29 (3): 155-173.

［6］ Arrow K. Economic welfare and the allocation of resources for invention ［M］ . Princeton: Princeton University Press, 1962.

［7］ Backhuijs J. B. , Holterman W. G. M. , Oudman R. S. , et al. Reporting on intangible assets ［EB/OL］ . researchgate. net/publication/265074086 _ Reporting _ on_ intangible_ assets.

［8］ Belderbos R. Entry Mode, Organizational Learning, and R&D in Foreign Affiliates: Evidence from Japanese Firms ［J］ . Strategic Management Journal, 2003, 24 (3): 235-259.

［9］ Ben-Amar W. , André P. Separation of ownership from control and acquiring firm performance: The case of family ownership in Canada ［J］ . Journal of Business Finance & Accounting, 2006, 33 (3-4): 517-543.

［10］ Benner M. J. , Tushman M. L. Exploitation, exploration, and process management: The productivity dilemma revisited ［J］ . Academy of Management Review,

2003, 28 (2): 238-256.

[11] Bennett J. A., Sias R. W., Starks L. T. Greener pastures and the impact of dynamic institutional preferences [J]. The Review of Financial Studies, 2003, 16 (4): 1203-1238.

[12] Blanes J. V., Busom I. Who Participates in R&D Subsidy Programs? The Case of Spanish Manufacturing Firms [J]. Research Policy, 2004, 33 (10): 1459-1476.

[13] Boeing P., Mueller E., Sandner P. China's R&D explosion—Analyzing productivity effects across ownership types and over time [J]. Research policy, 2016, 45 (1): 159-176.

[14] Boeing P. The allocation and effectiveness of China's R&D subsidies: Evidence from listed firms [J]. Research Policy, 2016, 45 (9): 1774-1789.

[15] Borrás S., Edquist C. The choice of innovation policy instruments [J]. Technological Forecasting and Social Change, 2013, 8 (80): 1513-1522.

[16] Branstetter L., Sakakibara M. Japanese research consortia: a micro econometric analysis of industrial policy [J]. The Journal of Industrial Economics, 1998, 46 (2): 207-233.

[17] Bronzini R., Piselli P. The impact of R&D subsidies on firm innovation [J]. Research Policy, 2016 (45): 442-457.

[18] Buccirossi P., Ciari L., Duso T., et al. Competition policy and productivity growth: An empirical assessment [J]. Review of Economics and Statistics, 2013, 95 (4): 1324-1336.

[19] Busom I., Corchuelo B., Ros E. M. Tax incentives and direct support for R&D: What do firms use and why? [EB/OL]. dialnet. unirioja. es.

[20] Butler A. W., Keefe M. O. C., Kieschnick R. Robust determinants of IPO underpricing and their implications for IPO research [J]. Journal of Corporate Finance, 2014 (27): 367-383.

[21] Buyl T., Boone C., Hendriks W., et al. Top management team functional diversity and firm performance: The moderating role of CEO characteristics [J]. Journal of Management Studies, 2011, 48 (1): 151-177.

[22] Cao X., Cumming D., Zhou S. State ownership and corporate innovative efficiency [J]. Emerging Markets Review, 2020 (44): 100699.

[23] Cappelen A., Raknerud A., Rybalka M. The effects of R&D tax credits on patenting and innovations [J]. Research Policy, 2012, 41 (2): 334-345.

[24] Carboni O. A. R&D subsidies and private R&D expenditures: Evidence from Italian manufacturing data [J] . International Review of Applied Economics, 2011, 25 (4): 419-439.

[25] Chan M. C. C. , Watson J. , Woodliff D. Corporate governance quality and CSR disclosures [J] . Journal of Business Ethics, 2014 (125): 59-73.

[26] Chen J. , Heng C. S. , Tan B. C. Y. , et al. The distinct signaling effects of R&D subsidy and non-R&D subsidy on IPO performance of IT entrepreneurial firms in China [J] . Research Policy, 2018, 47 (1): 108-120.

[27] Chen Y. S. , Shen C. H. , Lin C. Y. The benefits of political connection: Evidence from individual bank-loan contracts [J] . Journal of Financial Services Research, 2014, 45 (3): 287-305.

[28] Chesbrough H. W. Open innovation: The new imperative for creating and profiting from technology [M] . Cambridge: Harvard Business Review Press, 2003.

[29] Chiappini R. , Montmartin B. , Pommet S. , et al. Can direct innovation subsidies relax SMEs' financial constraints? [J] . Research Policy, 2022, 51 (5): 104493.

[30] Chin M. K. , Hambrick D. C. , Treviño L. K. Political ideologies of CEOs: The influence of executives' values on corporate social responsibility [J]. Administrative Science Quarterly, 2013, 58 (2): 197-232.

[31] Choi J. , Lee J. Repairing the R&D market failure: Public R&D subsidy and the composition of private R&D [J] . Research Policy, 2017, 46 (8): 1465-1478.

[32] Christensen C. M. The innovator's dilemma: when new technologies cause great firms to fail [M] . Cambridge: Harvard Business Review Press, 2013.

[33] Chung C. N. , Luo X. R. Leadership succession and firm performance in an emerging economy: Successor origin, relational embeddedness, and legitimacy [J]. Strategic Management Journal, 2013, 34 (3): 338-357.

[34] Clausen T. H. Do subsidies have positive impacts on R&D and innovation activities at the firm level [J]? Structural Change and Economic Dynamic, 2009, 20 (4): 239-253.

[35] Connelly B. L. , Hoskisson R. E. , Tihanyi L. , et al. Ownership as a form of corporate governance [J] . Journal of Management Studies, 2010, 47 (8): 1561-1589.

[36] Cooke P. , Heidenreich M. , Braczyk H. J. Regional Innovation Systems

[M] . London: Routledge, 2003.

[37] Corredoira R. A., McDermott G. A. Adaptation, bridging and firm upgrading: How non-market institutions and MNCs facilitate knowledge recombination in emerging markets [J] . Journal of International Business Studies, 2014 (45): 699-722.

[38] Daily C. M., Certo S. T., Dalton D. R. International experience in the executive suite: The path to prosperity? [J] . Strategic Management Journal, 2000, 21 (4): 515-523.

[39] Dang J., Motohashi K. Patent statistics: A good indicator for innovation in China? Patent subsidy program impacts on patent quality [J] . China Economic Review, 2015 (35): 137-155.

[40] David P. A., Hall B. H., Toole A. A. Is public R&D a complement or substitute for private R&D? A review of the econometric evidence [J] . Research Policy, 2000, 29 (4-5): 497-529.

[41] Davis G. F., Cobb J. A. Resource dependence theory: Past and future [J]. Stanford's Organization Theory Renaissance, 2010 (28): 21-42.

[42] Deng Z., Yan J., Van Essen M. Heterogeneity of political connections and outward foreign direct investment [J] . International Business Review, 2018, 27 (4): 893-903.

[43] Dezsö C. L., Ross D. G. Does female representation in top management improve firm performance? A panel data investigation [J] . Strategic Management Journal, 2012, 33 (9): 1072-1089.

[44] DiMaggio P. J., Powell W. W. The iron cage revisited: Institutional isomorphism and collective rationality in organizational fields [J] . American Sociological Review, 1983 (11): 147-160.

[45] Dobrev S. D, Gotsopoulos A. Legitimacy vacuum, structural imprinting, and the first mover disadvantage [J] . Academy of Management Journal, 2010, 53 (5): 1153-1174.

[46] Dosi G., Marengo L., Pasquali C. How much should society fuel the greed of innovators? On the relations between appropriability, opportunities and rates of innovation [J] . Research Policy, 2006, 35 (8): 1110-1121.

[47] Du S., Vieira E. T. Striving for legitimacy through corporate social responsibility: Insights from oil companies [J] . Journal of Business Ethics, 2012 (110): 413-427.

[48] Du X., Luo J. Political connections, home formal institutions, and internationalization: Evidence from China [J]. Management and Organization Review, 2016, 12 (1): 103-133.

[49] Fabrizio K. R., Poczter S., Zelner B. A. Does innovation policy attract international competition? Evidence from energy storage [J]. Research Policy, 2017, 46 (6): 1106-1117.

[50] Faccio M., Masulis R. W., McConnell J. J. Political connections and corporate bailouts [J]. The Journal of Finance, 2006, 61 (6): 2597-2635.

[51] Fama E. F., Jensen M. C. Separation of ownership and control [J]. The Journal of Law and Economics, 1983, 26 (2): 301-325.

[52] Fan S., Wang C. Firm age, ultimate ownership, and R&D investments [J]. International Review of Economics & Finance, 2021 (76): 1245-1264.

[53] Feldman M. P., Kelley M. R. The ex ante assessment of knowledge spillovers: Government R&D policy, economic incentives and private firm behavior [J]. Research Policy, 2006, 35 (10): 1509-1521.

[54] Gao G. Y., Murray J. Y., Kotabe M., et al. A "strategy tripod" perspective on export behaviors: Evidence from domestic and foreign firms based in an emerging economy [J]. Journal of International Business Studies, 2010, 41 (3): 377-396.

[55] Goolsbee A. Does government R&D policy mainly benefit scientists and engineers? [J]. The American Economic Review, 1998, 88 (2): 298-302.

[56] Greenhalgh C., Rogers M. The value of innovation: The interaction of competition, R&D and IP [J]. Research Policy, 2006, 35 (4): 562-580.

[57] Griliches Z. Patent statistics as economic indicators: A survey [M]. Chicago: University of Chicago Press, 2007.

[58] Guan J. C., Yam R. C. M. Effects of government financial incentives on firms' innovation performance in China: Evidences from Beijing in the 1990s [J]. Research Policy, 2015, 44 (1): 273-282.

[59] Gu L. Product market competition, R&D investment, and stock returns [J]. Journal of Financial Economics, 2016, 119 (2): 441-455.

[60] Guo D., Guo Y., Jiang K. Government-subsidized R&D and firm innovation: evidence from China [J]. Research Policy, 2016 (45): 1129-1144.

[61] Hall B. H., Harhoff D., Recent research on the economics of patents [J]. Annual Review of Economics, 2012, 4 (1): 541-565.

[62] Hall B. H., Lerner J. The financing of R&D and innovation [EB/OL]. https://doi.org/10.1016/S0169-7218 (10) 01014-2.

[63] Hall B. H. The Financing of Research and Development [J]. Oxford Review of Economic Policy, 2002 (18): 35-51.

[64] Hambrick D. C., Fukutomi G. D. S. The seasons of a CEO's tenure [J]. Academy of Management Review, 1991, 16 (4): 719-742.

[65] Hambrick D. C., Mason P. A. Upper echelons: The organization as a reflection of its top managers [J]. Academy of Management Review, 1984, 9 (2): 193-206.

[66] Haner U. E. Innovation quality—a conceptual framework [J]. International Journal of Production Economics, 2002, 80 (1): 31-37.

[67] Harhoff D., Körting T. Lending relationships in Germany-Empirical evidence from survey data [J]. Journal of Banking & Finance, 1998, 22 (10-11): 1317-1353.

[68] Hashmi A. R. Competition and innovation: The inverted-U relationship revisited [J]. Review of Economics and Statistics, 2013, 95 (5): 1653-1668.

[69] Hausman C., Rapson D. S. Regression discontinuity in time: Considerations for empirical applications [J]. Annual Review of Resource Economics, 2018, 10 (1): 533-552.

[70] Heckman J. J. Sample selection bias as a specification error [J]. Econometrica: Journal of the Econometric Society, 1979 (5): 153-161.

[71] Hillman A. J., Keim G. D., Schuler D. Corporate political activity: A review and research agenda [J]. Journal of Management, 2004, 30 (6): 837-857.

[72] Hillman A. J., Withers M. C., Collins B. J. Resource dependence theory: A review [J]. Journal of Management, 2009, 35 (6): 1404-1427.

[73] Hoegl M., Gibbert M., Mazursky D. Financial constraints in innovation projects: When is less more? [J]. Research Policy, 2008, 37 (8): 1382-1391.

[74] Holz C. A. China's industrial state-owned enterprises: Between profitability and bankruptcy [M]. Singapore: World Scientific, 2003.

[75] Hormiga E., García-Almeida D. J. Accumulated knowledge and innovation as antecedents of reputation in new ventures [J]. Journal of Small Business and Enterprise Development, 2016, 23 (2): 428-452.

[76] Huang H., Xu C. Soft budget constraint and the optimal choices of research and development projects financing [J]. Journal of Comparative Economics, 1998,

26 (1): 62-79.

[77] Hünermund P., Czarnitzki D. Estimating the causal effect of R&D subsidies in a pan-European program [J]. Research Policy, 2019, 48 (1): 115-124.

[78] Hussinger K. R&D and subsidies at the firm level: An application of parametric and semiparametric two-step selection models [J]. Journal of Applied Econometrics, 2008, 23 (6): 729-747.

[79] Jansen J. J. P., Van Den Bosch F. A. J., Volberda H. W. Exploratory innovation, exploitative innovation, and performance: Effects of organizational antecedents and environmental moderators [J]. Management Science, 2006, 52 (11): 1661-1674.

[80] Janssen O., Van Yperen N. W. Employees' goal orientations, the quality of leader-member exchange, and the outcomes of job performance and job satisfaction [J]. Academy of Management Journal, 2004, 47 (3): 368-384.

[81] Jensen M. C, Meckling W. H. Theory of the firm: Managerial behavior, agency costs and ownership structure [J]. Journal of Financial Economics, 1976, 3 (4): 305-360.

[82] Jiang H., Pan S., Ren X. Does administrative approval impede low-quality innovation? evidence from Chinese manufacturing firms [J]. Sustainability, 2020, 12 (5): 1910.

[83] Jiang Q., Tan O. Corruption and enterprise innovation under the background of transition in China [EB/OL]. ieeexplore. iee. org/xplore/home. jsp.

[84] Jia N. Are collective political actions and private political actions substitutes or complements? Empirical evidence from China's private sector [J]. Strategic Management Journal, 2014, 35 (2): 292-315.

[85] Jia N., Huang K. G., Man Zhang C. Public governance, corporate governance, and firm innovation: An examination of state-owned enterprises [J]. Academy of Management Journal, 2019, 62 (1): 220-247.

[86] Jin J., Han L. Assessment of Chinese green funds: Performance and industry allocation [J]. Journal of Cleaner Production, 2018 (171): 1084-1093.

[87] Johnson V. What is organizational imprinting? Cultural entrepreneurship in the founding of the Paris Opera [J]. American Journal of Sociology, 2007, 113 (1): 97-127.

[88] Kang J. K., Kim J. M. The geography of block acquisitions [J]. The Journal of Finance, 2008, 63 (6): 2817-2858.

[89] Karltorp K., Guo S., Sandén B. A. Handling financial resource mobilisation in technological innovation systems–The case of chinese wind power [J]. Journal of Cleaner Production, 2017 (142): 3872–3882.

[90] Khwaja A. I., Mian A. Do lenders favor politically connected firms? Rent provision in an emerging financial market [J]. The Quarterly Journal of Economics, 2005, 120 (4): 1371–1411.

[91] Kim C., Bettis R. A. Cash is surprisingly valuable as a strategic asset [J]. Strategic Management Journal, 2014, 35 (13): 2053–2063.

[92] Kleer R. Government R&D subsidies as a signal for private investors [J]. Research Policy, 2010, 39 (10): 1361–1374.

[93] Kollmann T., Stockmann C. Antecedents of strategic ambidexterity: effects of entrepreneurial orientation on exploratory and exploitative innovations in adolescent organisations [J]. International Journal of Technology Management, 2010, 52 (1–2): 153–174.

[94] Lee D. S., Lemieux T. Regression discontinuity designs in economics [J]. Journal of Economic Literature, 2010, 48 (2): 281–355.

[95] Lee M., Son B., Lee H. Measuring R&D effectiveness in Korean companies [J]. Research–Technology Management, 1996, 39 (6): 28–31.

[96] Libecap G. D. Economic variables and the development of the law: The case of western mineral rights [J]. The Journal of Economic History, 1978, 38 (2): 338–362.

[97] Li J., Qian C. Principal–principal conflicts under weak institutions: A study of corporate takeovers in China [J]. Strategic Management Journal, 2013, 34 (4): 498–508.

[98] Lin H., et al. Can political capital drive corporate green innovation? Lessons from China [J]. Journal of Cleaner Production, 2014 (64): 63–72.

[99] Lin J. Y., Monga C. Growth identification and facilitation: The role of the state in the dynamics of structural change [J]. Social Science Electronic Publishing, 2010, 29 (3): 259–310.

[100] Liu F., Simon D. F., Sun Y. T., Cao C., China's innovation policies: Evolution, institutional structure, and trajectory [J]. Research Policy, 2011 (40): 917–931.

[101] Li X. Behind the recent surge of Chinese patenting: An institutional view [J]. Research Policy, 2012, 41 (1): 236–249.

［102］ Luo X. R.， Wang D. Are politically endorsed firms more socially responsible? Selective engagement in corporate social responsibility ［J］. Journal of Business Ethics，2021，170（3）：535-555.

［103］ Luo Y. Industrial dynamics and managerial networking in an emerging market：The case of China ［J］. Strategic Management Journal，2003，24（13）：1315-1327.

［104］ Luo Y.， Zhao H.， Wang Y.， et al. Venturing abroad by emerging market enterprises：A test of dual strategic intents ［J］. Management International Review，2011，51（4）：433-459.

［105］ Lynn L. H.， Reddy N. M.， Aram J. D. Linking technology and institutions：the innovation community framework ［J］. Research Policy，1996，25（1）：91-106.

［106］ MacLean T. L.， Behnam M. The dangers of decoupling：The relationship between compliance programs，legitimacy perceptions，and institutionalized misconduct ［J］. Academy of Management Journal，2010，53（6）：1499-1520.

［107］ Marquis C.， Qian C. Corporate social responsibility reporting in China：Symbol or substance? ［J］. Organization Science，2014，25（1）：127-148.

［108］ Marquis C. The pressure of the past：Network imprinting in intercorporate communities ［J］. Administrative Science Quarterly，2003，48（4）：655-689.

［109］ Marquis C.， Tilcsik A. Imprinting：Toward a multilevel theory ［J］. The Academy of Management Annals，2013，7（1）：195-245.

［110］ Matejek S.， Gössling T. Beyond legitimacy：A case study in BP's "green lashing" ［J］. Journal of Business Ethics，2014，120（4）：571-584.

［111］ McDermott C. M.， O'connor G. C. Managing radical innovation：an overview of emergent strategy issues ［J］. Journal of Product Innovation Management：an international publication of the product development & management association，2002，19（6）：424-438.

［112］ Meijer A.， Van der Veer R.， Faber A.， et al. Political innovation as ideal and strategy：the case of aleatoric democracy in the City of Utrecht ［J］. Public Management Review，2017，19（1）：20-36.

［113］ Miller M.， Dupont B. D.， Fera V.， et al. Measuring and reporting intellectual capital from a diverse Canadian industry perspective：experiences，issues and prospects ［EB/OL］. oecd. org/industry/ind/1947855. pdf.

［114］ Nag R.， Corley K. G.， Gioia D. A. The intersection of organizational identity, knowledge, and practice: attempting strategic change via knowledge grafting [J] . Academy of Management Journal, 2007, 50 (4): 821-847.

[115] Neicu D. , Teirlinck P. , Kelchtermans S. Dipping in the policy mix: do R&D subsidies foster behavioral additionality effects of R&D tax credits? [J]. Economics of Innovation and New Technology, 2016, 25 (3): 218-239.

[116] Nohria N. , Gulati R. Is slack good or bad for innovation? [J] . Academy of Management Journal, 1996, 39 (5): 1245-1264.

[117] O'Reilly III C. A. , Tushman M. L. Organizational ambidexterity: Past, present, and future [J] . Academy of Management Perspectives, 2013, 27 (4): 324-338.

[118] Owen R. , Stilgoe J. , Macnaghten P. , et al. A framework for responsible innovation [J] . Responsible Innovation: Managing the Responsible Emergence of Science and Innovation in Society, 2013 (14): 27-50.

[119] Park S. H. , Li S. , Tse D. K. Market liberalization and firm performance during China's economic transition [J] . Journal of International Business Studies, 2006, 37 (1): 127-147.

[120] Peng M. W. , Luo Y. Managerial ties and firm performance in a transition economy: The nature of a micro-macro link [J] . Academy of Management Journal, 2000, 43 (3): 486-501.

[121] Penrose E. The Theory of the Growth of the Firm [M] . Oxford: Blackwell, 1959.

[122] Powell B. State development planning: Did it create an east Asian miracle? [J] . Review of Austrian Economics, 2005, 18 (3-4): 305-323.

[123] Rahmandad H. , Sterman J. Heterogeneity and network structure in the dynamics of diffusion: Comparing agent-based and differential equation models [J]. Management Science, 2008, 54 (5): 998-1014.

[124] Rodrik D. Industrial Policy for the Twenty-first Century [M] . Princeton: Princeton University Press, 2008.

[125] Romero-Martínez A. M. , Ortiz-de-Urbina-Criado M. , Ribeiro Soriano D. Evaluating European Union support for innovation in Spanish small and medium enterprises [J] . The Service Industries Journal, 2010, 30 (5): 671-683.

[126] Rothwell R. Reindustrialization and technology: Towards a national policy framework [J] . Science and Public Policy, 1985, 12 (3): 113-130.

[127] Rothwell R. , Zegveld W. Industrial Innovation and Public Policy: Pre-

paring for the 1980s and the 1990s [M]. Westport: Praeger, 1981.

[128] Rothwell R., Zegveld W. Reindustrialization and technology [M]. London: Longman RTI (Research Triangle Institute) International, 1985.

[129] Ruiqi W., Wang F., Xu L., et al. R&D expenditures, ultimate ownership and future performance: Evidence from China [J]. Journal of Business Research, 2017 (71): 47-54.

[130] Scott P. G., Falcone S. Comparing public and private organizations: An exploratory analysis of three frameworks [J]. The American Review of Public Administration, 1998, 28 (2): 126-145.

[131] Shleifer A., Vishny R. W. Corruption [J]. The Quarterly Journal of Economics, 1993, 108 (3): 599-617.

[132] Shleifer A., Vishny R. W. Politicians and firms [J]. The Quarterly Journal of Economics, 1994, 109 (4): 995-1025.

[133] Song Y., Li G., Wang Q., et al. Scenario analysis on subsidy policies for the uptake of electric vehicles industry in China [J]. Resources, Conservation and Recycling, 2020 (161): 104927.

[134] Spence M. Signaling in retrospect and the informational structure of markets [J]. American Economic Review, 2002, 92 (3): 434-459.

[135] Stinchcombe A. L. Social structure and organizations [M]. Chicago, IL: Rand McNally, 1965.

[136] Sun X., Liu X., Wang Y., et al. The effects of public subsidies on emerging industry: An agent-based model of the electric vehicle industry [J]. Technological Forecasting and Social Change, 2019 (140): 281-295.

[137] Su Z., Xiao Z., Yu L. Do political connections enhance or impede corporate innovation? [J]. International Review of Economics & Finance, 2019 (63): 94-110.

[138] Söderblom A., Samuelsson M., Wiklund J., et al. Inside the black box of outcome additionality: Effects of early-stage government subsidies on resource accumulation and new venture performance [J]. Research Policy, 2015, 44 (8): 1501-1512.

[139] Teng D., Yi J. Impact of ownership types on R&D intensity and innovation performance—evidence from transitional China [J]. Frontiers of Business Research in China, 2017, 11 (1): 1-25.

[140] Thaler R. Mental accounting and consumer choice [J]. Marketing Sci-

ence, 1985, 4 (3): 199-214.

[141] Tokila A., Haapanen M., Ritsila J. Evaluation of investment subsidies: When is deadweight zero? [J]. International Review of Applied Economics, 2008 (22): 585-600.

[142] Tong T. W., He W., He Z. L., et al. Patent regime shift and firm innovation: Evidence from the second amendment to China's patent law [EB/OL]. http://doi.org/10.5465/ambpp.2014.1417abstract.

[143] Tuggle C. S., Sirmon D. G., Reutzel C. R., et al. Commanding board of director attention: investigating how organizational performance and CEO duality affect board members' attention to monitoring [J]. Strategic Management Journal, 2010, 31 (9): 946-968.

[144] Vanacker T., Collewaert V., Zahra S. A. Slack resources, firm performance, and the institutional context: Evidence from privately held European firms [J]. Strategic Management Journal, 2017, 38 (6): 1305-1326.

[145] Voss G. B., Sirdeshmukh D., Voss Z. G. The effects of slack resources and environmentalthreat on product exploration and exploitation [J]. Academy of Management Journal, 2008, 51 (1): 147-164.

[146] Walker K., Wan F. The harm of symbolic actions and green-washing: Corporate actions and communications on environmental performance and their financial implications [J]. Journal of Business Ethics, 2012, 109 (2): 227-242.

[147] Wang J. Innovation and government intervention: A comparison of Singapore and Hong Kong [J]. Research Policy, 2018, 47 (2): 399-412.

[148] Wankhade L., Dabade B. M. Analysis of quality uncertainty due to information asymmetry [J]. International Journal of Quality & Reliability Management, 2006, 23 (2): 230-241.

[149] Wernerfelt B. A resource-based view of the firm [J]. Strategic Management Journal, 1984, 5 (2): 171-180.

[150] White III G. O., Boddewyn J. J., Galang R. M. N. Legal system contingencies as determinants of political tie intensity by wholly owned foreign subsidiaries: Insights from the Philippines [J]. Journal of World Business, 2015, 50 (2): 342-356.

[151] Wu A. The signal effect of government R&D subsidies in China: does ownership matter? [J]. Technological Forecasting and Social Change, 2017 (117): 339-345.

[152] Wu J., Liu Cheng M. The impact of managerial political connections and quality on government subsidies: Evidence from Chinese listed firms [J]. Chinese Management Studies, 2011, 5 (2): 207-226.

[153] Wu Y. The effects of state R&D tax credits in stimulating private R&D expenditure: A cross-state empirical analysis [J]. Journal of Policy Analysis and Management, 2005, 24 (4): 785-802.

[154] Xie Q. Firm age, marketization, and entry mode choices of emerging economy firms: Evidence from listed firms in China [J]. Journal of World Business, 2017, 52 (3): 372-385.

[155] Xu N., Xu X., Yuan Q. Political connections, financing friction, and corporate investment: Evidence from Chinese listed family firms [J]. European Financial Management, 2013, 19 (4): 675-702.

[156] Yang C. H., Huang C. H., Hou T. C. T. Tax Incentives and R&D Activity: Firm-level Evidence from Taiwan [J]. Research Policy, 2012, 41 (9): 1578-1588.

[157] Yang D., Wang A. X., Zhou K. Z., et al. Environmental strategy, institutional force, and innovation capability: A managerial cognition perspective [J]. Journal of Business Ethics, 2019, 159 (4): 1147-1161.

[158] Yan J. Z., Chang S. J. The contingent effects of political strategies on firm performance: A political network perspective [J]. Strategic Management Journal, 2018, 39 (8): 2152-2177.

[159] Zainol A., Nair M., Kasipillai J. R&D reporting practice: case of a developing economy [J]. Journal of Intellectual Capital, 2008, 9 (1): 122-132.

[160] Zhang J., Tan J., Wong P. K. When does investment in political ties improve firm performance? The contingent effect of innovation activities [J]. Asia Pacific Journal of Management, 2015, 32 (2): 363-387.

[161] Zhao M. CSR-based political legitimacy strategy: Managing the state by doing good in China and Russia [J]. Journal of Business Ethics, 2012, 111 (4): 439-460.

[162] Zheng W., Singh K., Mitchell W. Buffering and enabling: The impact of interlocking political ties on firm survival and sales growth [J]. Strategic Management Journal, 2015, 36 (11): 1615-1636.

[163] Zhou K. Z., Gao G. Y., Zhao H. State ownership and firm innovation in China: An integrated view of institutional and efficiency logics [J]. Administrative

Science Quarterly，2017，62（2）：375-404.

［164］ Zimmerman M. A.，Zeitz G. J. Beyond survival：Achieving new venture growth by building legitimacy［J］. Academy of Management Review，2002，27（3）：414-431.

［165］ Zucker L. G.，Darby M. R. Star scientists，innovation and regional and national immigration［EB/OL］. nber. org/papers/w13547.

［166］ Zulfiqar M.，Hussain K. CEO compensation and firm innovation：moderating role of ownership concentration［J］. International Journal of Innovation Management，2020，24（6）：2050058.

［167］ 白俊红．中国的政府 R&D 资助有效吗？来自大中型工业企业的经验证据［J］．经济学（季刊），2011，10（4）：1375-1400.

［168］ 白旭云，王砚羽，苏欣．研发补贴还是税收激励——政府干预对企业创新绩效和创新质量的影响［J］．科研管理，2019，40（6）：9-18.

［169］ 步丹璐，黄杰．企业寻租与政府的利益输送——基于京东方的案例分析［J］．中国工业经济，2013（6）：135-147.

［170］ 岑杰，陈力田．二元创新节奏、内部协时与企业绩效［J］．管理评论，2019，31（1）：101-112+146.

［171］ 陈海彬．光伏产业补贴退坡政策是否抑制了企业的 R&D 投入——基于光伏上市公司的实证研究［J］．经济研究导刊，2019（12）：17-18.

［172］ 陈金勇，汤湘希，孙建波．管理层持股激励与企业技术创新［J］．软科学，2015，29（9）：29-33.

［173］ 陈劲，柳卸林．自主创新与国家强生——建设中国特色的创新型国家中的若干问题与对策研究［M］．北京：科学出版社，2008.

［174］ 陈林，万攀兵，许莹盈．混合所有制企业的股权结构与创新行为——基于自然实验与断点回归的实证检验［J］．管理世界，2019，35（10）：186-205.

［175］ 陈玲，杨文辉．政府研发补贴会促进企业创新吗？——来自中国上市公司的实证研究［J］．科学学研究，2016，34（3）：433-442.

［176］ 陈清泰．促进企业自主创新的政策思考［J］．管理世界，2006（7）：1-3+52.

［177］ 陈云松．农民工收入与村庄网络基于多重模型识别策略的因果效应分析［J］．社会，2012，32（4）：68-92.

［178］ 戴晨，刘怡．税收优惠与财政补贴对企业 R&D 影响的比较分析［J］．经济科学，2008（3）：58-71.

［179］董勋．吸收能力与组织记忆对中小企业创新的影响研究［D］．哈尔滨：哈尔滨工程大学，2015.

［180］范小宁．高管团队特征对企业技术多元化与二元式创新关系影响研究［D］．太原：山西大学，2018.

［181］冯天丽，井润田．制度环境与私营企业家政治联系意愿的实证研究［J］．管理世界，2009，191（8）：81-91+123.

［182］钢巴图．技术创新对企业风险承担的影响机理研究［D］．呼和浩特：内蒙古大学，2019.

［183］高伟，胡潇月．新能源汽车政策效应：规模抑或创新中介？［J］．科研管理，2020，41（4）：32-44.

［184］顾远东，彭纪生．组织创新氛围对员工创新行为的影响：创新自我效能感的中介作用［J］．南开管理评论，2010，13（1）：30-41.

［185］关玉蕊．风险偏好、创新方式选择与绩效的关系研究［D］．天津：天津财经大学，2016.

［186］郭立新，陈传明．组织冗余与企业技术创新绩效的关系研究——基于中国制造业上市公司面板数据的实证分析［J］．科学学与科学技术管理，2010，31（11）：52-60.

［187］何玉润，林慧婷，王茂林．产品市场竞争、高管激励与企业创新——基于中国上市公司的经验证据［J］．财贸经济，2015（2）：125-135.

［188］胡善成，靳来群．政府研发补贴促进了策略创新还是实质创新？——理论模型与实证检验［J］．研究与发展管理，2021，33（3）：109-120.

［189］胡元木．技术独立董事可以提高 R&D 产出效率吗？——来自中国证券市场的研究［J］．南开管理评论，2012，15（2）：136-142.

［190］胡元木，纪端．董事技术专长、创新效率与企业绩效［J］．南开管理评论，2017，20（3）：40-52.

［191］黄萃，苏竣，施丽萍，程啸天．中国高新技术产业税收优惠政策文本量化研究［J］．科研管理，2011，32（10）：46-54+96.

［192］黄萃，赵培强，李江．基于共词分析的中国科技创新政策变迁量化分析［J］．中国行政管理，2015（9）：115-122.

［193］江飞涛，李晓萍，直接干预市场与限制竞争：中国产业政策的取向与根本缺陷［J］．中国工业经济，2010（9）：26-36.

［194］江诗松，何文龙，路江涌．创新作为一种政治战略：转型经济情境中的企业象征性创新［J］．南开管理评论，2019，22（2）：104-113.

［195］睢华蕾，王胜利．政府补贴对企业研发投入的效应再检验［J］．技

术经济与管理研究，2021（8）：68-72.

［196］康志勇．政府补贴促进了企业专利质量提升吗？［J］．科学学研究，2018，36（1）：69-80.

［197］黎文靖，郑曼妮．实质性创新还是策略性创新？——宏观产业政策对微观企业创新的影响［J］．经济研究，2016，51（4）：60-73.

［198］李晨光，张永安．区域创新政策对企业创新效率影响的实证研究［J］．科研管理，2014，35（9）：25-35.

［199］李凤羽，杨墨竹．经济政策不确定性会抑制企业投资吗？——基于中国经济政策不确定指数的实证研究［J］．金融研究，2015（4）：115-129.

［200］李连燕，张东廷．高新技术企业智力资本价值创造效率的影响因素分析——基于研发投入、行业竞争与内部现金流的角度［J］．数量经济技术经济研究，2017，34（5）：55-71.

［201］李玲，陶厚永．纵容之手、引导之手与企业自主创新——基于股权性质分组的经验证据［J］．南开管理评论，2013，16（3）：69-79+88.

［202］李瑞雪，彭灿，杨晓娜．双元创新与企业可持续发展：短期财务绩效与长期竞争优势的中介作用［J］．科技进步与对策，2019，36（17）：81-89.

［203］李维安，李浩波，李慧聪．创新激励还是税盾？——高新技术企业税收优惠研究［J］．科研管理，2016，37（11）：61-70.

［204］李文贵，余明桂．民营化企业的股权结构与企业创新［J］．管理世界，2015（4）：112-125.

［205］李文茜，刘益．技术创新、企业社会责任与企业竞争力——基于上市公司数据的实证分析［J］．科学学与科学技术管理，2017，38（1）：154-165.

［206］李延喜，曾伟强，马壮，等．外部治理环境、产权性质与上市公司投资效率［J］．南开管理评论，2015，18（1）：25-36.

［207］李燕，李应博，韩伯棠．创新政策异质性与战新产业公司财富效应研究［J］．科研管理，2016，37（S1）：523-532.

［208］李瑛玫，史琦．内部控制能够促进企业创新绩效的提高吗？［J］．科研管理，2019，40（6）：86-99.

［209］李政，陆寅宏．国有企业真的缺乏创新能力吗——基于上市公司所有权性质与创新绩效的实证分析与比较［J］．经济理论与经济管理，2014（2）：27-38.

［210］梁莱歆，马如飞，田元飞．R&D 资金筹集来源与企业技术创新——基于我国大中型工业企业的实证研究［J］．科学学与科学技术管理，2009，30（7）：89-93.

［211］林洲钰，林汉川，邓兴华．所得税改革与中国企业技术创新［J］．中国工业经济，2013（3）：111-123.

［212］林洲钰，林汉川，邓兴华．政府补贴对企业专利产出的影响研究［J］．科学学研究，2015，33（6）：842-849.

［213］刘凤朝，孙玉涛．我国科技政策向创新政策演变的过程、趋势与建议——基于我国 289 项创新政策的实证分析［J］．中国软科学，2007（5）：34-42.

［214］刘建国．衰退情景下组织绩效与研发补贴对决策者创新意愿的影响——基于实验研究的证据［J］．系统工程，2017，35（8）：76-84.

［215］刘力钢，孙亚．高管技术专长对创新投入的影响研究［J］．科学决策，2018（10）：1-33.

［216］刘睿智，胥朝阳．竞争战略、企业绩效与持续竞争优势——来自中国上市公司的经验证据［J］．科研管理，2008（6）：36-43.

［217］刘云，黄雨歆，叶选挺．基于政策工具视角的中国国家创新体系国际化政策量化分析［J］．科研管理，2017，38（S1）：470-478.

［218］刘云，叶选挺，杨芳娟，谭龙，刘文澜．中国国家创新体系国际化政策概念、分类及演进特征——基于政策文本的量化分析［J］．管理世界，2014（12）：62-69+78.

［219］柳光强．税收优惠、财政补贴政策的激励效应分析——基于信息不对称理论视角的实证研究［J］．管理世界，2016（10）：62-71.

［220］陆国庆，王舟，张春宇．中国战略性新兴产业政府创新补贴的绩效研究［J］．经济研究，2014，49（7）：44-55.

［221］路雅茜，郭淑娟．会计稳健性、高管薪酬业绩敏感性与 R&D 投入——来自 A 股上市公司的经验证据［J］．金融与经济，2018（11）：49-55.

［222］罗勇根，杨金玉，陈世强．空气污染、人力资本流动与创新活力——基于个体专利发明的经验证据［J］．中国工业经济，2019（10）：99-117.

［223］吕新军．股权结构、高管激励与上市公司治理效率——基于异质性随机边界模型的研究［J］．管理评论，2015，27（6）：128-139.

［224］马嘉楠，翟海燕，董静．财政科技补贴及其类别对企业研发投入影响的实证研究［J］．财政研究，2018（2）：77-87.

［225］马亮，仲伟俊，梅姝娥．新能源汽车补贴政策“退坡”问题研究［J］．软科学，2018，32（4）：26-30.

［226］毛其淋，许家云．政府补贴对企业新产品创新的影响——基于补贴强度“适度区间”的视角［J］．中国工业经济，2015（6）：94-107.

［227］缪小明，赵静．基于专利数据的汽车产业技术轨道研究［J］．科研管理，2014，35（10）：101-106.

［228］逄淑媛，陈德智．专利与研发经费的相关性研究——基于全球研发顶尖公司 10 年面板数据的研究［J］．科学学研究，2009，27（10）：1500-1505.

［229］彭宜新．公共政策对国家创新系统影响研究［J］．科技进步与对策，2009，26（7）：94-97.

［230］邱晓华，郑京平，万东华，冯春平，巴威，严于龙．中国经济增长动力及前景分析［J］．经济研究，2006（5）：4-12.

［231］渠帅．研发减税、企业研发风险与研发效率［D］．南京：南京大学，2019.

［232］饶品贵，岳衡，姜国华．经济政策不确定性与企业投资行为研究［J］．世界经济，2017，40（2）：27-51.

［233］尚航标，房珈竹，李卫宁．CEO 职业背景对创业企业技术创新影响研究［J］．华东经济管理，2018，32（7）：142-149.

［234］邵颖红，程与豪．政府补贴与政府采购对企业创新的影响效应［J］．统计与决策，2021，37（3）：181-184.

［235］施萧萧，张庆普．组织惯性对企业渐进性创新能力影响研究［J］．科学学与科学技术管理，2017，38（11）：101-115.

［236］史会斌，杨东．研发投入和双元创新的战略协同效应研究［J］．技术经济与管理研究，2019（12）：16-20.

［237］宋娇娇，孟溦．上海科技创新政策演变与启示———基于 1978—2018 年 779 份政策文本的分析［J］．中国科技论坛，2020（7）：14-23.

［238］孙光国，刘爽，赵健宇．大股东控制、机构投资者持股与盈余管理［J］．南开管理评论，2015，18（5）：75-84.

［239］孙玉涛，刘凤朝．R&D 经费“来源-执行”组织结构演变及专利产出效应——以美国为例［J］．科学学研究，2012，30（8）：1173-1180.

［240］唐恒，高清，孙莹琳，等．基于文本挖掘的中小企业知识产权政策研究——来自中央层面的数据［J］．科技管理研究，2022，42（1）：92-100.

［241］唐清泉，徐欣．企业 R&D 投资与内部资金——来自中国上市公司的研究［J］．中国会计评论，2010，8（3）：341-362.

［242］田明静．中国经济增长量的评估［D］．银川：宁夏大学，2017.

［243］涂端午．教育政策文本分析及其应用［J］．复旦教育论坛，2009，7（5）：22-27.

［244］汪红霞，罗学洪，林金官．收入不平等、技术进步与空气污染——基

于污染厌恶弹性效用模型的研究［J］．统计学报，2020，1（1）：71-81.

［245］汪红霞，唐星，许佩蓉，董秋丽．环境补贴对区域创新能力的作用效果及影响机制——基于空间溢出的研究视角［J］．统计学报，2021，2（4）：53-66.

［246］王斌，宋春霞．大股东股权质押、股权性质与盈余管理方式［J］．华东经济管理，2015，29（8）：118-128.

［247］王桂军，张辉．促进企业创新的产业政策选择：政策工具组合视角［J］．经济学动态，2020（10）：12-27.

［248］王洪波．经济衰退中企业技术创新研究［J］．合肥工业大学学报（社会科学版），2009，23（4）：27-33.

［249］王静，张西征．企业资源禀赋、创新行为与出口选择［J］．国际商务（对外经济贸易大学学报），2013（5）：23-36.

［250］王军，黄凌云．政策补贴对中国海外投资企业产品创新的影响［J］．研究与发展管理，2017，29（3）：87-97.

［251］王俊．R&D 补贴对企业 R&D 投入及创新产出影响的实证研究［J］．科学学研究，2010，28（9）：1368-1374.

［252］王林，沈坤荣，吴琼，秦伟平．探索式创新、利用式创新与新产品开发绩效关系——环境动态性的调节效应研究［J］．科技进步与对策，2014，31（15）：24-29.

［253］王文兵，王启玘．基于财政补贴退坡背景下新能源汽车产业发展路径探究［J］．经济研究参考，2020（3）：110-119.

［254］王文博，陈昌兵，徐海燕．包含制度因素的中国经济增长模型及实证分析［J］．当代经济科学，2002（2）：33-37+93.

［255］王小鲁，樊纲，胡李鹏．中国分省市场化指数报告（2018）［M］．北京：社会科学文献出版社，2019.

［256］王砚羽，谢伟．历史的延续：组织印记研究述评与展望［J］．外国经济与管理，2016，38（12）：91-102.

［257］王砚羽，谢伟，乔元波，李习保．隐形的手：政治基因对企业并购控制倾向的影响——基于中国上市公司数据的实证分析［J］．管理世界，2014，251（8）：102-114+133.

［258］王业静，于海云．二元创新战略对新创企业绩效的影响机制研究：产学研合作的调节作用［J］．研究与发展管理，2018，30（4）：118-127.

［259］王一．TMT 网络特征、双元创新与企业竞争优势的关系研究［D］．长春：吉林大学，2017.

［260］魏志华，吴育辉，李常青，曾爱民．财政补贴，谁是“赢家”——基于新能源概念类上市公司的实证研究［J］．财贸经济，2015（10）：73-86.

［261］文芳，胡玉明．高管团队特征与企业 R&D 投资——来自中国上市公司的经验证据［C］//中国会计学会．中国会计学会 2007 年学术年会论文集（下册）．［出版者不详］，2007：173-186.

［262］文芳，胡玉明．中国上市公司高管个人特征与 R&D 投资［J］．管理评论，2009，21（11）：84-91+128.

［263］文雯．补贴退坡，新能源汽车如何爬坡过坎？［J］．金融经济，2019（9）：49-51.

［264］吴剑峰，杨震宁．政府补贴、两权分离与企业技术创新［J］．科研管理，2014，35（12）：54-61.

［265］吴群刚．变革与繁荣：中国经济崛起的制度视角［M］．北京：清华大学出版社，2006.

［266］吴伟伟，张天一．非研发补贴与研发补贴对新创企业创新产出的非对称影响研究［J］．管理世界，2021，37（3）：137-160+10.

［267］夏喆，章梓钰．融资约束、政府补贴与企业创新选择——基于生命周期视角［J］．湖北经济学院学报，2021，19（2）：51-59+126.

［268］肖文，林高榜．政府支持、研发管理与技术创新效率——基于中国工业行业的实证分析［J］．管理世界，2014（4）：71-80.

［269］肖振鑫，高山行，高宇．企业制度资本对突破式创新的影响研究——技术能力与探索性市场学习的中介作用［J］．科学学与科学技术管理，2018，39（5）：101-111.

［270］谢子远．国家高新区集聚效应实证研究［J］．科研管理，2014，35（5）：138-145.

［271］邢斐，王红建．企业规模、市场竞争与研发补贴的实施绩效［J］．科研管理，2018，39（7）：43-49.

［272］邢新朋，梁大鹏．开发式创新、探索式创新及平衡创新的前因和后果：环境动荡性和新创企业绩效［J］．科技管理研究，2016，36（13）：1-7+15.

［273］熊勇清，黄恬恬，苏燕妮．新能源汽车消费促进政策对制造商激励效果的差异性——“政府采购”与“消费补贴”比较视角［J］．科学学与科学技术管理，2018，39（2）：33-41.

［274］许昊，万迪昉，徐晋．风险投资、区域创新与创新质量甄别［J］．科研管理，2017，38（8）：27-35.

［275］薛光明．北京中关村创新政策研究——基于一个政策分类框架［J］．

现代商贸工业，2016，37（32）：121–123.

［276］薛澜．中国科技创新政策40年的回顾与反思［J］．科学学研究，2018，36（12）：2113–2115+2121.

［277］杨文珂，马钱挺，何建敏，苏屹．基于绿色创新补助政策的银企系统性风险研究［J］．科研管理，2021，42（10）：156–165.

［278］姚东旻，朱泳奕．指引促进还是"锦上添花"？——我国财政补贴对企业创新投入的因果关系的再检验［J］．管理评论，2019，31（6）：77–90.

［279］叶光亮，程龙，张晖．竞争政策强化及产业政策转型影响市场效率的机理研究——兼论有效市场与有为政府［J］．中国工业经济，2022（1）：74–92.

［280］殷华方，潘镇，鲁明泓．中国外商直接投资产业政策测量和有效性研究：1979~2003［J］．管理世界，2006（7）：34–45+171–172.

［281］余明桂，回雅甫，潘红波．政治联系、寻租与地方政府财政补贴有效性［J］．经济研究，2010，45（3）：65–77.

［282］苑德宇，李德刚，宋小宁．产业集聚、企业年龄与政府补贴［J］．财贸经济，2018，39（9）：39–56.

［283］曾德明，李励，王泓略．研发强度对二元式创新的影响——来自汽车产业上市公司的实证研究［J］．科学学与科学技术管理，2016，37（1）：69–79.

［284］张阿洋．持续经营能力、政府环境补贴与企业绿色技术创新［J］．财会通讯，2021（22）：52–55.

［285］张宝建，李鹏利，陈劲，等．国家科技创新政策的主题分析与演化过程——基于文本挖掘的视角［J］．科学学与科学技术管理，2019，40（11）：15–31.

［286］张耕，高鹏翔．行业多元化、国际多元化与公司风险——基于中国上市公司并购数据的研究［J］．南开管理评论，2020，23（1）：169–179.

［287］张洪辉．上市公司的财政补贴："雪中送炭"还是"锦上添花"?［J］．经济评论，2015（3）：134–146.

［288］张杰，陈志远，杨连星，新夫．中国创新补贴政策的绩效评估：理论与证据［J］．经济研究，2015，50（10）：4–17+33.

［289］张杰，高德步，夏胤磊．专利能否促进中国经济增长——基于中国专利资助政策视角的一个解释［J］．中国工业经济，2016（1）：83–98.

［290］张杰，郑文平．创新追赶战略抑制了中国专利质量么?［J］．经济研究，2018，53（5）：28–41.

［291］张琴．技术背景 CEO、技术创新与企业绩效——基于民营高科技企业的实证分析［J］．经济问题，2018（5）：82-87.

［292］张庆垒，乔均，刘春林，汤恩义．转型经济下研发强度对利用式创新和探索式创新的影响研究［J］．软科学，2018，32（10）：1-4+33.

［293］张炜，费小燕，方辉．区域创新政策多维度评价指标体系设计与构建［J］．科技进步与对策，2016，33（1）：142-147.

［294］张笑，赵明辉，张路蓬．政府创新补贴、高管关系嵌入与研发决策——WSR 方法论视角下制造业上市公司的实证研究［J］．管理评论，2021，33（5）：194-207.

［295］张雪．CEO 特征、公司创业导向与创新绩效［D］．兰州：兰州大学，2018.

［296］张永安，闫瑾．基于文本挖掘的科技成果转化政策内部结构关系与宏观布局研究［J］．情报杂志，2016，35（2）：44-49.

［297］赵筱媛，苏竣．基于政策工具的公共科技政策分析框架研究［J］．科学学研究，2007（1）：52-56.

［298］中国科技创新政策体系报告研究编写组．中国科技创新政策体系报告［M］．北京：科学出版社，2021.

［299］钟昌标，黄远浙，刘伟．新兴经济体海外研发对母公司创新影响的研究——基于渐进式创新和颠覆式创新视角［J］．南开经济研究，2014（6）：91-104.

［300］周建霞，马一超，刘景芝．我国科技创新政策体系及内容［M］．石家庄：河北人民出版社，2022.

［301］周铭山，张倩倩．“面子工程”还是“真才实干”？——基于政治晋升激励下的国有企业创新研究［J］．管理世界，2016，279（12）：116-132+187-188.

［302］周煊，程立茹，王皓．技术创新水平越高企业财务绩效越好吗？——基于 16 年中国制药上市公司专利申请数据的实证研究［J］．金融研究，2012（8）：166-179.

［303］周业付，乔越然．克强指数与上海市经济增长关系的实证研究［J］．华东经济管理，2015，29（12）：15-18.

［304］朱明皓，窦水海，贾冀，中国企业产业技术创新政策效果分析［J］．科研管理，2017（7）：26-36.

［305］邹国平，刘洪德，王广益．我国国有企业规模与研发强度相关性研究［J］．管理评论，2015，27（12）：171-179.